国家社会科学基金重大项目

"基于多维视角的 2020 年以后我国相对贫困问题研究"

（项目编号 :19ZDA051）成果

——"十四五"时期国家重点出版物出版专项规划项目——

中国的贫困治理

CHINA'S POVERTY GOVERNANCE

王小林 张晓颖 冯贺霞 等 著

社会科学文献出版社
SOCIAL SCIENCES ACADEMIC PRESS (CHINA)

前　言

21 世纪以来，人类社会取得的最伟大的发展成就，莫过于中国在 2020 年底消除了绝对贫困，全面建成小康社会。近三年，新冠疫情席卷全球，人类发展再次受到巨大挑战。受疾病流行、气候变化、战争冲突等影响，数以亿计的人口重返贫穷，饱受食品、医疗、能源等供给不足的挑战。国际社会若不能快速重塑全球发展格局，把各国的重点目标重新拉回人类发展的主轨道，联合国 2030 年可持续发展目标将大概率无法如期实现。

在面临诸多巨大风险挑战的条件下，中国于 2020 年底如期打赢了脱贫攻坚战，全面建成小康社会，实现了第一个百年奋斗目标。按照国家战略规划，2021~2035 年再奋斗 15 年，然后基本实现社会主义现代化。到 2035 年，人的全面发展、全体人民共同富裕取得更为明显的实质性进展。实现共同富裕目标，最艰巨、最繁重的任务仍然在农村。因此，在 2020 年消除绝对贫困之后，中国接续实施乡村振兴战略。希望通过全面推进乡村振兴，为共同富裕补齐短板，强化弱项。

2021~2035 年，中国的减贫战略将走向何方？ 2019 年全国哲学社会科学工作办公室设置了国家社会科学基金重大项目"基于多维视角的 2020 年以后我国相对贫困问题研究"，我们团队有幸中标。在重大项目的支持下，我们对中国贫困治理的理论解释、多维相对贫困标准、多维相对贫困人口（基于生活质量缺陷）、多维相对贫困区域（基于县域基本公共服务均等化）等基础理论问题进行研究，并开展实证分析。同时，对教育、就业、普惠金融、农村产业融合、扶贫车间等涉及缓解相对贫困、实现乡村全面振兴的专题展开研究，并结合中国推动共同富裕的东西部协作和对口支援制度，对实现共同富裕的区域协作制度进行了讨论。

整理三年来重大项目的部分研究成果，形成了《中国的贫困治理》一书，具体分工如下。第一章、第二章，王小林、张晓颖；第三章，王小林、冯贺霞；第四章，奚哲伟、王小林；第五章，冯贺霞、王小林；第六章，陈爱丽、王小林；第七章，张秀梅、奚哲伟、王小林；第八章，奚哲伟、史婵、王小林；第九章，冯贺霞、王小林；第十章，张晓颖、王小林；第十一章，王小林、谢妮芸。

本书凝炼了世界上最大的发展中国家——中国靠自主发展知识摆脱贫困的实践经验。受项目组时间和能力所限，不少重要的问题还有待进一步深入讨论。希望本书既对当下中国的乡村振兴理论研究和实践工作具有一定参考价值，也对发展中国家的反贫困战略和政策制定者、学术研究者和发展实践者有所裨益。

王小林

2022 年 12 月 22 日

于书馨公寓

目　录

第1章　导论

反贫困始终是古今中外治国安邦的一件大事。2000年《联合国千年宣言》签署以来，全球生活在极端贫困中的人数一直稳步下降。然而，这一趋势在2020年被打断，受新冠疫情、地区冲突、气候变化、通货膨胀等影响，全球出现规模性返贫现象。各国如果不能把共识重新凝聚在促进全球减贫和发展目标上，人类社会将大概率无法如期实现2030年可持续发展目标。中国共产党坚持以人民为中心的发展思想，坚持发挥中国特色社会主义制度能够集中力量办大事的政治优势，坚持调动广大贫困群众的积极性、主动性、创造性，坚持构建益贫性经济增长政策、包容性社会发展政策，并实施多维度精准扶贫方略，在2020年底如期打赢脱贫攻坚战，全面建成小康社会。2021年以来，接续实施乡村振兴战略，巩固拓展脱贫攻坚成果，推动高质量发展，不断提升人民美好生活水平，逐步迈向共同富裕。这无疑为扭转陷入低谷的全球减贫形势，提供了可借鉴的中国方案。图1-1表明，按照世界银行提出的每人每天消费低于1.9美元（2011年PPP）的极端贫困标准衡量，中国的极端贫困发生率从1981年的88.09%

下降到 2017 年的 0.53%，2018~2020 年稳定在 0.3% 以下。这标志着中国已经全面消除极端贫困。

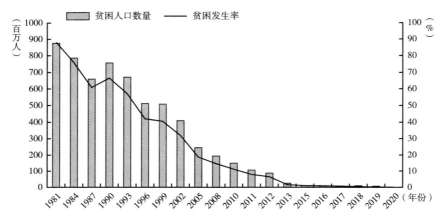

图1-1　1981~2020年中国极端贫困人口数量与贫困发生率
注：极端贫困标准为每人每天消费低于 1.9 美元（2011 年 PPP）。
资料来源：世界银行 PovcalNet，2021。

1.1　中国减贫的世界价值

首先，中国贡献了世界减贫总量的 70% 以上。1981~2017 年，世界极端贫困人口减少 12.28 亿人，其中中国减少 8.71 亿人，贡献了世界减贫总人数的 70% 以上。正是由于中国在消除极端贫困方面的突出贡献，联合国千年发展目标中的减贫目标在 2015 年如期实现。2012 年党的十八大召开以来，中国坚持实施精准扶贫方略，消除绝对贫困，全面建成小康社会，接续实施乡村振兴战略，扎实推进共同富裕。根据世界银行全球贫困监测数据，中国提前十多年实现了联合国设定的到 2030 年消除极端贫困（3% 以下）的目标，为全球低迷的减贫形势注入强劲的中国动力（见图 1-2）。若以更高的中度贫困标准（每人每天消费低于 3.2 美元，2011 年 PPP）衡量，在 2019 年，中国中度贫困人口比例降到 2.08%。按照世界银行针对共享繁荣提出的贫困发生率下降到 3% 以下的参照标准衡量，中国已经实现消除中度贫困目标。中国也为中等收入国家消除中度贫困树立了典范。

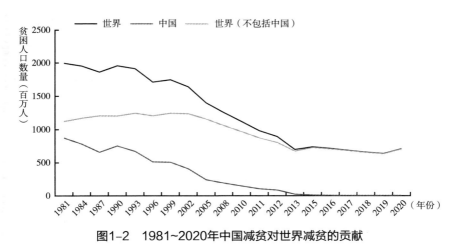

图1-2　1981~2020年中国减贫对世界减贫的贡献

注：极端贫困标准为每人每天消费低于 1.9 美元（2011 年 PPP）。

资料来源：世界银行 PovcalNet，2021；2018~2020 年数据源于世界银行预测数据。

其次，中国实践了世界上最大规模的多维度精准扶贫。贫困不仅表现为收入不足以维持基本生活需要，而且表现为获得教育、健康、社会保障、居住条件、就业等方面的能力不足。综观世界各国的减贫举措，大多针对收入贫困给予政策支持；而针对能力不足的经济、社会和环境开发则缺乏大规模的实践。党的十八大以来，中国针对"贫"和"困"的相互交织，在生产、就业、教育、健康、社保、移民搬迁和生态扶贫等诸多方面实施政策组合拳，探索实践了针对近一亿农村人口的多维度精准帮扶。中国消除绝对贫困的标准是多维度的标准，即农村居民人均年收入高于国家贫困标准 2300 元（2010 年不变价），相当于每人每天消费不低于 2.29 美元（2011 年 PPP），不愁吃、不愁穿，义务教育、基本医疗和住房安全有保障（包括饮用水）。到 2020 年底中国贫困人口全部脱贫，是按照上述多维贫困标准得到第三方评估和全国脱贫普查确认的。在这一过程中，中国形成在共产党领导下，市场主体、社会力量广泛参与，贫困群体自强不息的脱贫攻坚合力，走出了一条中国特色减贫道路，丰富了世界减贫理论体系。这条减贫道路不是来自发达国家或国际组织的发展援助及其附加的减贫"药方"，而是基于自主发展的知识创新和社会实践。

1.2　中国减贫的理论贡献

贫困是个复杂的经济社会问题，彻底摆脱贫困既需要坚持以人民为中心的政治经济哲学，也需要经济增长有利于贫困人口，还需要社会发展具有包容性，构建一个有利于大规模消除贫困的政治、经济和社会环境。此外，生态环境的改善，也被世界证实为应对气候变化、可持续减贫的自然条件。

1.2.1　坚持党的领导和人民群众的力量

执政党团结人民形成减贫与发展共识是中国特色减贫道路的政治制

度基础。一项制度的形成既受历史文化背景影响，也取决于执政党治国理政的政治哲学。消除贫困、改善民生，逐步实现共同富裕，既厚植于中华民族的传统文化，也扎根于中国共产党关于建设什么样的社会主义现代化强国、怎样建设社会主义现代化强国的理论认知和实践探索。党的十八大以来，中国共产党坚持以人民为中心的发展思想，并落实到经济社会发展各个环节。坚决打赢精准脱贫攻坚战，坚决打赢污染防治攻坚战，成为全面建成小康社会的发展共识，做到发展为了人民、发展依靠人民、发展成果由人民共享。2017 年 2 月 21 日，习近平总书记在主持十八届中共中央政治局第三十九次集体学习时指出，各方参与是合力，坚持专项扶贫、行业扶贫、社会扶贫等多方力量有机结合的"三位一体"大扶贫格局，发挥各方面积极性。党的十九大以来，按照补短板、强弱项的系统思维，接续实施乡村振兴战略，改善收入分配，推动高质量发展，构筑实现共同富裕的制度基础。凝聚全社会力量形成发展共识，构筑减贫的制度基础，是中国特色减贫道路的理论贡献之一。

如何摆脱贫困是广大发展中国家面临的一个普遍而深刻的问题。中国于 2020 年底消除绝对贫困，走出了一条中国特色减贫道路，形成了中国特色反贫困理论。始终坚持党的领导和人民群众的力量，这是中国特色反贫困理论的"特色"所在。这一中国特色反贫困理论的根本经验，早在习近平《摆脱贫困》一书中的多篇文章中得到深刻的论述。[1]

《摆脱贫困》的开篇之作是《干部的基本功——密切联系人民群众》，首先回答了贫困地区的发展靠什么这一基本问题。习近平同志指出："千

---

[1] 《摆脱贫困》1992 年 7 月由福建人民出版社出版，收录了习近平同志担任中共宁德地委书记期间自 1988 年 9 月至 1990 年 5 月的重要讲话、文章。

条万条，最根本的只有两条：一是党的领导；二是人民群众的力量。"党的领导是通过具体的路线、方针、政策来体现的，而我们的干部是党的路线、方针、政策的具体执行者，干部只有到人民群众中去，并且同人民群众保持血肉相连的关系，才能使党的方针、政策得到更好的贯彻。这是干部的基本功，即密切联系人民群众，全心全意为人民服务。密切联系群众是中国共产党的优良传统，这一政治思想由毛泽东于1942年提出，得到中国共产党历代领导人的坚持和发展。

干部必须廉洁奉公。在《廉政建设是共产党人的历史使命》一文中，习近平同志明确指出，"穷地区，穷家底，脱贫致富的任务非常艰巨，这就更需要我们讲廉政，以此团结和带领群众"，"反腐败，讲廉政——我们别无选择"。关于共产党人如何承担起廉政建设的历史使命，习近平同志指出，我们必须过好"两关"。第一关是自我关。安天下，必须先正其身。这需要自觉接受马克思主义基本理论的教育，社会主义和爱国主义的教育，革命传统教育，艰苦奋斗教育和国情教育。第二关是"人情关"。这也是贫困地区基层干部和熟人社会中的干部最难过的一关。在《加强脱贫第一线的核心力量——建设好农村党组织》一文中，习近平同志指出，"党对农村的坚强领导，是使贫困的乡村走向富裕道路的最重要的保证"。在农村的各种组织中，党支部是领导核心，这一格局只能坚持和完善，不能动摇或削弱。因此，要选好党支部书记，带好一班人。

在发展中国家，普遍存在扶贫资金和项目的"精英捕获"，使得国内扶贫资金和国际发展援助的有效性备受国际社会质疑。在打赢脱贫攻坚战的整个历史进程中，中国共产党通过反腐败、廉政制度建设、村务信息公开、村民参与以及第三方评估等治理措施，提高扶贫资金的精准使用和有效性。2012年以来，中国向12.8万个贫困村派遣第一书记，就是在脱贫攻坚中坚持党的领导，提升贫困村干部廉洁自律、艰苦奋斗的"钉钉子"精神。不断加强贫困村党支部建设，为贫困治理注入了坚强的领导力量。到 2020 年底，贫困村全部出列。全国累计选派 25.5 万个驻村工作队、300 多万名第一书记和驻村干部，同近 200 万名乡镇干部和数百万村干部一道奋战在扶贫一线，鲜红的党旗始终在脱贫攻坚主战场上高高飘扬。坚持党的领导，为脱贫攻坚提供坚强政治和组织保证。

根本改变贫困落后面貌，需要广大人民群众发扬"滴水穿石"般的韧劲和默默奉献的艰苦创业精神，进行长期不懈的努力。密切联系人民群众是由中国共产党的性质和使命所决定的，也是中国共产党在长期革命斗争中形成并坚持的优良传统作风。坚持调动广大贫困群众积极性、主动性、创造性，激发脱贫内生动力，是中国打赢脱贫攻坚战的一条根本经验。脱贫必须摆脱思想意识上的贫困。通过扶贫和"志智"双扶相结合，把人民群众对美好生活的向往转化成脱贫攻坚的强大动能，增强"弱鸟先飞、滴水穿石"的韧性，大家一起"撸起袖子加油干"，中国才实现了消除绝对贫困的伟大目标和历史使命。

1.2.2　益贫性经济增长是脱贫攻坚和乡村振兴的经济基础

构建益贫性经济增长、包容性社会发展和多维度精准帮扶"三支柱"公共政策体系，是中国特色减贫道路的另一理论贡献。一个国家要实现大规模消除绝对贫困的目标，首先需要构建利于广泛就业增收的市场环境，特别是经济增长要有利于贫困地区和贫困人口就业增收。益贫性经济增长，就是指贫困地区或贫困人口的收入增长幅度要高于全国平均水平。这是消除绝对贫困、补好发展短板、缩小发展差距、逐步实现共同富裕的必经之路。

中国自 20 世纪 80 年代初，通过农村土地制度改革、劳动力密集型和出口导向型工业化，以及相继发生的城市化等一系列比较有利于贫困人口就业增收的经济制度建设，为大规模减贫奠定了坚实的经济制度基础。针对一些贫困地区在市场经济环境中无法摆脱贫困的现状，中国于 1986 年开启了针对贫困地区的区域性扶贫开发战略。其中，比较有代表性的发展理论是贫困地区具有"后发优势"。习近平在《摆脱贫困》一书中提出"弱鸟先飞"，就是针对贫困地区如何实现经济起飞的一种政治经济实践。"弱鸟先飞"蕴含了贫困地区在乡村建设中可以而且必须实现益贫性经济增长的发展理念。习近平主席于 2015 年 10 月 16 日在《携手消除贫困 促进共同发展——在 2015 减贫与发展高层论坛的主旨演讲》中指出："为了打赢这场攻坚战，我们将把扶贫开发作为经济社会发展规划的主要内容，大幅增加扶贫投入，出台更多惠及贫困地区、贫困人口的政策措施，提高市场机制的益贫性，推进经济社会包容性发展，实施一系列更有针对性的重大发展举措。"这清楚地表明中国反贫困的"三支柱"公共政策。

在《摆脱贫困》一书中，关于益贫性经济增长的理念主要蕴含了以下三层含义。

一是贫困地区具有"先飞"的意识和潜能，即"弱鸟可望先飞，至贫可能先富"。强调在发展理念上，贫困地区不是永远落后，要树立"先飞"的意识，在具有比较优势的领域可以实现"先飞"。也就是说，坚定信心，找对路子，可以突破增长的瓶颈。培养"先飞"的意识和潜能，并在脱贫攻坚中进一步形成"志智"双扶的精准扶贫措施，提升贫困地区和贫困人口的内生发展动力和能力。

二是"要使弱鸟先飞，飞得快，飞得高，必须走出一条因地制宜发展经济的路子"。在《为官一场 造福一方》一文中，习近平同志指出："桥"，即搭桥，为群众发展商品生产疏通渠道，架设桥梁；至于"路"，就是确定本地经济发展的路子，要从中央和省（区、市）的总体部署，从全局工作的大背景、大前提和本地区的实际情况来考虑。强调在发展路径上，贫困地区通过农业和工业的现代化"两个轮子"一起转，做到"丰满羽翼"。当然，前提条件是要走市场经济的道路，"力图飞洋过海，要向外飞，在国际市场上经风雨，在商品经济中见世面"。贫困地区的发展，要着力于农业现代化，着力于乡村工业化，着力于经济市场化。

三是"没有终生廉洁、终生为民的鸿鹄之志，期待飞得持久、'扶摇直上'是困难的"。强调在发展保障上，贫困地区和基层干部要加强廉政治理。综观世界上无法摆脱贫困的发展中国家，无不存在极其严重的腐败问题。干部的贪腐，会严重破坏发展的市场环境，削弱干部的责任意识。2015 年，针对脱贫攻坚期 12.8 万个贫困村基层组织薄弱、涣散的瓶颈，中共中央组织部、中央农村工作领导小组、国务院扶贫办印发《关于做好选派机关优秀干部到村任第一书记工作的通知》。这是加强贫困村治理的重要举措。

党的十八大之前，中国劳动力密集型制造业、基础设施建设和城镇化建设快速发展，为贫困地区人口增收就业提供了广泛的机会。至 2020年底，在脱贫攻坚中中国始终坚持并实现了"贫困地区农民人均可支配收入增长幅度高于全国平均水平"，即"弱鸟可以先飞"，贫困地区可以实现益贫性经济增长的目标。习近平总书记多次指出，实现第一个百年奋斗目标，重中之重是打赢脱贫攻坚战。党的十八大之后，在产业帮扶、就业帮扶、消费帮扶的政策作用下，全国范围内形成了益贫性经济增长环境。

《人类减贫的中国实践》白皮书显示，中国贫困地区农村居民人均可支配收入，从 2013 年的 6079 元增长到 2020 年的 12588 元，年均增长 11.6%，增速持续快于全国农村平均水平，2020 年高出 2.3 个百分点。另据世界银行全球贫困监测数据，我国城乡居民收入五等份数据中，第五组（20%）的收入占全体收入的份额由 2012 年的 5.3%，上升到 2019 年的 6.7%，提高 1.4 个百分点（见图 1-3）。图 1-3 表明，与美国相比，我国最低收入组（五等份第五组，20%）占全体收入份额呈现不断提升的良好趋势，而美国则呈现相反的趋势。

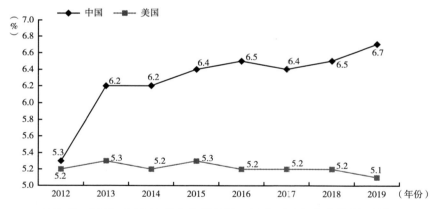

图1-3　2012~2019年收入五等份第五组（20%）占全体收入份额

资料来源：世界银行，2022 年。

2021~2035 年，中国依然坚持农业农村优先发展。2022 年 3 月 31 日，习近平总书记在《求是》杂志发表署名文章《坚持把解决好"三农"问题作为全党工作重中之重 举全党全社会之力推动乡村振兴》。"弱鸟先飞"的理念，在全面推进乡村振兴时期，仍具有鲜明的时代价值。西部地区的乡村建设行动，在经济建设上，仍要坚持益贫性经济增长的理念，既要有先飞的决心，也要有先飞的行动和结果。具体表现为：一是基础设施建设方面，作为先行资本投入，要以县域为基本单元，在县域内实现互联互通，在县域间实现基本均等；二是产业发展方面，结合全国产业布局优化、供应链安全、西部地区价值链提升、利益共享等发展理念，促进西部地区具有比较优势的产业优先快速发展；三是生产性服务业方面，以数据要素、数字技术和数字平台为依托，推动西部地区生产性服务业蓬勃发展，为一二三产业赋予新动能，促进生产向服务延伸。

1.2.3　包容性社会发展是脱贫攻坚和乡村振兴的社会基础

包容性社会发展政策是可持续减贫的动力基础。教育和健康是形成人力资本的基础，更是人的自由全面发展的基础，而普遍获得、不落一人的社会保障体系则是人们面对风险打击，提高韧性、恢复生计的安全网。2012~2020 年，中国全面推进教育扶贫、健康扶贫和社会保障扶贫，形成包容性发展的社会制度基础。基于数字技术和平台经济的消费帮扶与电商扶贫模式创新，则为广泛的社会参与"无感帮扶"提供了数字技术方案。在数字技术的支持下，不仅贫困人口分享了数字技术红利，而且对于社会大众来说"人人扶贫""人人公益"触手可及。包容性的社会帮扶模式，也是中国对全球贫困治理的创新贡献。

包容性社会发展是指贫困人口可以公平地获得教育、健康、社会保障等基本公共服务，"让每个人都有人生出彩的机会"，强调的是发展机会公平、发展能力的普遍获得，是可持续脱贫、乡村建设以及共同富裕的社会基础。《摆脱贫困》论述了关于构建包容性社会发展体系的几层含义。

一是科学认知贫困与教育的关系。《我们应怎样办好教育》一文对闽东贫穷与教育落后互为因果的"恶性循环"做出准确分析判断。越穷的地方越难办教育，但越穷的地方越需要办教育，越不办教育就越穷。这种马太效应，实际上也反映出"穷"和"愚"互为因果的恶性循环。

二是贫困地区"教育先行"的战略定位。"在闽东老、少、边、岛、贫的现实态势下，建设为开放所亟需的、为经济发展所亟需的软环境，必定要把人才作为软环境中最为重要的一环。""经济靠科技，科技靠人才，人才靠教育。教育发达—科技进步—经济振兴是一个相辅相成、循序递进的统一过程，其基础在于教育。""我们必须站在这样的战略高度上看问题，真正把教育摆在先行官的位置，努力实现教育、科技、经济相互支持、相互促进的良性循环。"

三是"三位一体"的教育体系。把发展基础教育和发展职业技术教育、成人教育结合起来，使得教育适应闽东农村经济的发展。基础教育是整个教育体系的奠基工程，既要拓展规模，又要提高教育质量。这实质上就是要求基础教育的普遍获得。"职业技术教育主要是培养新一代劳动者和中、初级技术人才。""闽东地区主要是农村，需要有一个'泥土味十足'的教育特色。我们的目标是培养更多的能脱贫致富的知识型劳动者。"为此，必须结合起来发展"三位一体"的教育体系。在脱贫攻坚过程中，"三位一体"教育体系的教育理念，通过"教育脱贫一批"在全国得到贯彻落实，为可持续脱贫奠定了坚实的人才资本基础。

为了促进贫困户公平获得教育基本公共服务，在国家教育帮扶和就业帮扶政策支持下，按照"三位一体"的教育体系实施了各类帮扶。《脱贫攻坚普查公报（第三号）》显示，2014 年建档立卡以来，有家庭成员享受过学生资助政策的建档立卡户达 807.1 万户，其中中等职业学校免学费 103.9 万户，雨露计划 [1] 职业技能培训 160.7 万户；有家庭成员接受职业技能培训的达 929.5 万户，就读技工学校的达 47.6 万户，参加过招聘会或得到政策咨询、职业指导、岗位信息推荐等就业服务的达 1199.9 万户，享受过创业扶持的达 212.5 万户。《国家脱贫攻坚普查公报（第二号）》显示，建档立卡户义务教育阶段适龄少年儿童全面实现义务教育有保障。其中，国家贫困县建档立卡户适龄少年儿童中，98.83% 在校就学，0.26% 送教上门，0.91% 因身体状况不具备学习条件、休学、延缓入学、已初中毕业等不在校。非国家贫困县建档立卡户适龄少年儿童中，99.06% 在校就学，0.57% 送教上门，0.37% 因身体状况不具备学习条件、休学、延缓入学、已初中毕业等不在校。

脱贫攻坚期间，习近平同志关于构建包容性社会发展的理念，已经拓展到基本公共服务的主要领域，包括教育、医疗和社会保障等。以健康扶贫为例，2015 年初，建档立卡贫困户"因病致贫"比例高达 42%。2017 年 2 月，习近平总书记在主持十八届中共中央政治局第三十九次集体学习时强调，要落实教育扶贫和健康扶贫政策，突出解决贫困家庭大病、慢性病和学生上学等问题。在脱贫攻坚期间，"健康扶贫一批"成为打赢脱贫攻坚战，提升贫困人口人力资本水平的重大举措。

健康扶贫的政策措施主要包括三方面。一是建立兜底保障机制，让贫困人口"看得起病"。提高贫困户参加基本医保（新农合）的财政补

---

[1] "雨露计划"，指国家对于贫困家庭子女参加中等职业教育、高等职业教育，给予家庭扶贫助学补助。

助水平；完善大病保险政策，对贫困人口在起付线、报销比例和封顶线等方面给予重点倾斜，全面实施县域内农村贫困人口住院先诊疗后付费和"一站式"结算。加大对"因病致贫"家庭的医疗救助。二是开展分类救治工作，让贫困人口"看得好病"。实施大病集中救治一批、慢病签约服务健康管理一批、重病兜底保障一批的"三个一批"行动计划。三是提升医疗卫生服务能力，让贫困人口"方便看病"。利用东西部协作、对口支援和定点扶贫资源，对贫困县乡医院开展"结对帮扶""组团式帮扶"。全面提升贫困地区疾病诊断和治疗能力。

《国家脱贫攻坚普查公报（第二号）》显示，建档立卡贫困人口全面实现基本医疗有保障。其中，国家贫困县建档立卡贫困人口中，99.85%参加城乡居民基本医疗保险，0.14%参加职工基本医疗保险，0.01%为新生儿等正在办理参保手续、处于参军等特殊保障状态或暂时不需要。非国家贫困县建档立卡贫困人口中，99.74%参加城乡居民基本医疗保险，0.24%参加职工基本医疗保险，0.01%为新生儿等正在办理参保手续或处于参军等特殊保障状态。

衡量一国公民健康状况的两个关键指标是五岁以下儿童死亡率和人均预期寿命，前者反映了每一千名活产儿在五岁前的死亡率，后者反映了儿童出生时的平均预期寿命。根据世界卫生组织数据，党的十八大以来，中国五岁以下儿童死亡率从2011年的14.6‰下降到2020年的7.3‰，降低了一半，已经接近美国的水平，且显著低于印度和南非（见图1-4）。从另一个指标来看，中国不仅降低了五岁以下儿童死亡率，而且出生在中国的儿童预期可以活得更加健康长寿。图1-5表明，中国人均预期寿命在2012~2020年稳步提升，从75.01岁增加到77.10岁；同期，美国的人均预期寿命却从78.74岁下降到77.28岁。此外，我国人均预期寿命远高于印度和俄罗斯这两个"金砖国家"。这两项关键指标，揭示了健康扶贫起到了十分重要的作用。

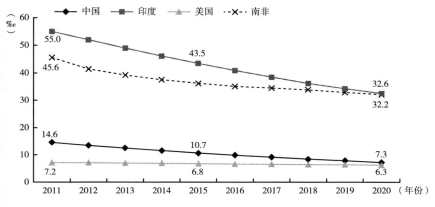

图1-4 2011~2020年五岁以下儿童死亡率国际比较

资料来源：世界银行，2022 年。

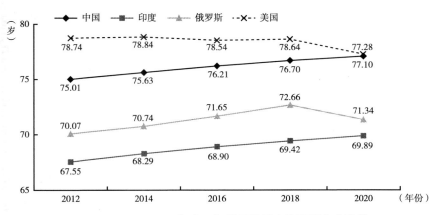

图1-5 2012~2020年中国与美国等国人均预期寿命比较

资料来源：世界银行，2022 年。

1.2.4　多维度精准扶贫是消除绝对贫困的根本保障

贫困的现实告诉我们，并不是所有的人都可以通过益贫性经济增长和包容性社会发展政策摆脱贫困。针对"贫困恶性循环"这一顽疾，2014 年中国对 9000 多万贫困人口建档立卡，按照贫困人口不愁吃、不愁穿，义务教育、基本医疗、住房安全有保障（"两不愁三保障"）脱贫目标，实施多维度精准帮扶。正是在"三支柱"公共政策的作用下，中国彻底消除了绝对贫困。

坚持精准扶贫方略，用发展的办法消除贫困根源，是中国消除绝对贫困过程中，在世界上的一项伟大创举。在脱贫攻坚中，围绕扶持谁、谁来扶、怎么扶、如何退等问题，中国于 2012~2020 年实施了一套精准扶贫政策组合拳，因村因户因人施策，因贫困原因施策，因贫困类型施策，真正发挥了拔穷根的作用。精准扶贫的一些关键思想，在《摆脱贫困》一书中已经有所体现。

首先，贫困的表现是多维度的，致贫的原因也是多方面的。《摆脱贫困》一书中多篇文章谈到了对闽东贫困现状的认知。在对闽东农业、工业的经济贫困做出深刻剖析后，习近平同志提出"教育是不是也'贫困'？"之问。这事实上已经把对贫困的认知从货币维度拓展到了非货币维度，国际上近几十年来主要从收入和消费角度来定义贫困，使得反贫困的政策主要聚焦于收入支持政策。然而，习近平同志关于教育是不是也"贫困"之问，拓展了我们对贫困的认知。这为"两不愁三保障"多维度精准扶贫提供了理论准备。关于贫穷与教育落后互为因果的恶性循环的分析，对反贫困治理提出不能把经济贫困解决了再解决教育贫困的要求。

其次，习近平多次论述为贫困地区"造血"，培育"内生能力"。关于如何培育"内生能力",他提出在商品经济及市场经济中做文章。经济靠科技,科技靠人才,人才靠教育。按照这种逻辑体系,不仅教育扶贫成为闽东摆脱贫困的重要抓手,而且在脱贫攻坚中进一步丰富为实行发展生产、易地搬迁、生态补偿、发展教育、社会保障兜底"五个一批"的政策"组合拳"。多维度政策"组合拳"是在"六个精准"的精准扶贫方略下实施的。多维度精准扶贫,不仅提高了贫困人口的生产和就业增收能力,更为关键的是提升了教育和健康水平,为可持续脱贫奠定了坚实的人力资本,对于依靠其他政策措施仍无法摆脱贫困的人口,国家通过社会保障兜底帮他们拔掉穷根。

党的十八大以来,平均每年 1000 多万人脱贫,相当于一个中等国家的人口脱贫。贫困人口收入水平显著提高,全部实现"两不愁三保障",脱贫群众不愁吃、不愁穿,义务教育、基本医疗、住房安全有保障,饮水安全也有了保障。《人类减贫的中国实践》显示,现行标准下9899 万农村贫困人口全部脱贫,832 个贫困县全部摘帽,12.8 万个贫困村全部出列,区域性整体贫困得到解决,完成了消除绝对贫困的艰巨任务。

在新冠疫情、气候变化、战争与冲突等百年未有之大变局下,在面对诸多发展挑战的情况下,中国消除绝对贫困创造了世界奇迹,为广大发展中国家实现 2030 年消除贫困的目标提供了中国方案。图 1-1 和图1-2 表明,按照世界银行的极端贫困标准(每人每天消费低于 1.9 美元,2011 年 PPP,2564 元 / 年)计算,2012~2020 年,中国 8000 多万人口摆脱极端贫困。中国提前十多年实现了联合国设定的到 2030 年消除极端贫困(3% 以下)的目标。

最后,强大的反贫困执行体系是中国特色减贫道路的重要保障。一项好的制度成功与否关键在执行。党的十八大以来，以习近平同志为核心的党中央把脱贫攻坚摆在治国理政突出位置，多措并举、精准发力。脱贫攻坚期内，在实行"中央统筹、省负总责、市县抓落实"工作机制的同时，党政主要部门的精锐力量被投向脱贫攻坚主战场。全国累计选派 25.5 万个驻村工作队、300 多万名第一书记和驻村干部，同近 200 万名乡镇干部和数百万村干部一道，打通扶贫工作"最后一公里"。

1.3　共建"一带一路"减贫之路

联合国开发计划署发布的《2021 年全球多维贫困指数》，从教育、健康和生活水平方面估计了 109 个发展中国家的多维贫困状况。其中，覆盖了 32 个"一带一路"沿线国家。[1] 表 1-1 表明，2019 年这 32 个沿线国家的多维贫困发生率为 21.36%。其中，农村多维贫困发生率为 29.38%，显著高于城市的 7.49%。从城乡分布来看，沿线国家的多维贫困人口中有 87.10% 分布在农村，有 12.90% 分布在城市。由此可见，城乡间多维贫困状况差距较大，农村贫困水平相对更高。这可能主要缘于城乡间发展的不平衡性，城乡居民在教育、健康状况和生活水平等方面存在明显差距。因此，中国在与沿线国家开展合作时，基于中国"不愁吃、不愁穿，义务教育、基本医疗和住房安全有保障"的多维度精准扶

---

[1]　包括：阿尔巴尼亚、亚美尼亚、孟加拉国、不丹、波黑、埃及、格鲁吉亚、印度、印度尼西亚、伊拉克、约旦、哈萨克斯坦、吉尔吉斯斯坦、老挝、马尔代夫、摩尔多瓦、蒙古国、黑山、缅甸、尼泊尔、北马其顿、巴基斯坦、菲律宾、塞尔维亚、斯里兰卡、叙利亚、塔吉克斯坦、泰国、土库曼斯坦、乌克兰、越南、也门。

贫实践经验，以及中国一直把农村贫困作为反贫困的主战场的实践经验，与沿线国家分享中国农村脱贫攻坚和乡村振兴战略实施的经验，对缓解沿线国家多维贫困具有重要价值。

表1-1 2019年"一带一路"沿线国家多维贫困状况

单位：%，万人

	贫困发生率	贫困人口数量	占"一带一路"贫困人口比重
农村	29.38	50469.70	87.10
城市	7.49	7472.31	12.90
总体	21.36	57942.01	

资料来源：联合国开发计划署《2021年全球多维贫困指数》。

基于中国消除绝对贫困的理论和实践，通过共建"一带一路"减贫之路，可以为实现联合国2030年可持续发展目标做出贡献。构建人类命运共同体，共商共建共享"一带一路"，落实全球发展倡议，是中国参与全球治理的重大理论创新和实践贡献。在博鳌亚洲论坛2021年年会开幕式上，习近平主席强调，我们将本着开放包容精神，同愿意参与的各相关方共同努力，把"一带一路"建成"减贫之路""增长之路"。截至2022年4月，中国已与149个国家、32个国际组织签署200多份共建"一带一路"合作文件。在共建"一带一路"中，分享中国减贫经验，是中国特色减贫方案为其他国家提供借鉴的可行选择之一。

在共建"一带一路"减贫之路中，落实全球发展倡议。面对当前复杂的国际政治形势，全球贫困治理受到巨大挑战。在发展共识上，通过践行全球发展倡议，重振落实2030年议程的全球合作，对推动实现联合国可持续发展目标至关重要。虽然广大发展中国家的政治制度和基本国情不一样，但以人为本的发展理念，消除贫困、改善民生的制度建设，应该具有共识基础。以构筑全球发展共同体为目标，把消除绝对贫困、应对粮食危机和气候变化等发展议题列入优先发展序列，避免把减贫、粮食安全和气候变化等发展议题政治化、边缘化，凝聚国际社会的发展共识，是全球当务之急。

分享中国可持续减贫"三支柱"公共政策，惠及共建"一带一路"国家。在共建"一带一路"减贫与增长之路中，分享益贫性经济增长、包容性社会发展和多维度精准帮扶公共政策经验，对广大发展中国家应对贫困与饥荒、保障粮食安全和维护经济社会稳定具有现实意义。通过政策沟通，达成发展共识；在设施联通、贸易畅通、资金融通中，构建益贫性经济增长；在民心畅通中，促进包容性社会发展。

此外，中国在具体的扶贫项目和乡村振兴项目实施与执行中，积累了较为丰富的经验，不同的发展中国家可以需求为导向，有针对性地借鉴中国减贫与发展知识。中国在国内发达地区结对贫困地区开展脱贫攻坚的区域协作方面，也积累了丰富经验。既有跨省区的东西部协作，也有省内的区域扶贫协作。它是实现共同富裕的国内区域协作的制度实践。中国特色减贫方案的制度创新和减贫实践，可供其他发展中国家借鉴。

第 2 章　中国贫困治理的理论解释

2.1　引言

2015 年联合国 2030 年可持续发展目标提出到 2030 年在全世界消除一切形式的贫困。这是联合国继 2000 年提出千年发展目标之后，第二个消除贫困的世界蓝图。它包括两个减贫子目标：第一，到 2030 年时，在全世界所有人口中消除极端贫困，即消除每人每天消费不到 1.9 美元的绝对贫困；第二，"到 2030 年时，各国按其标准界定的陷入各种形式贫困的不同年龄段男女和儿童人数至少减半"（United Nations，2015），即到 2030 年各国按照自己设定的多维贫困标准，实现贫困人口数量比 2016 年至少减半。

中国 2011~2020 年执行的农村贫困标准是农村居民年收入 2300 元（2010 年不变价），按照 2011 年国际购买力平价折算，相当于每人每天 2.29 美元（王小林、张晓颖，2017）。这个标准高于世界银行 1.9 美元的极端贫困标准。党的十八大以来，中国的脱贫攻坚取得了显著成就。根据世界银行全球贫困监测数据，按照极端贫困标准（1.9 美元，2011 年

PPP），中国提前 10 多年实现了联合国 SDGs（Sustainable Development Goals, 可持续发展目标）减贫子目标。《国家脱贫攻坚普查公报（第二号）》显示："根据国家贫困县建档立卡户普查结果和非国家贫困县建档立卡户抽样调查结果推算，中西部 22 省（区、市）建档立卡户全面实现不愁吃、不愁穿，义务教育、基本医疗、住房安全有保障（'两不愁三保障'），饮水安全也有保障。另外，根据国家农村贫困监测调查，2020 年国家贫困县农村居民人均可支配收入 12588 元，党的十八大以来年均增长 11.6%，高于全国农村居民 2.3 个百分点。"针对联合国第二个减贫子目标，中国制定的多维脱贫目标是"到 2020 年，稳定实现农村贫困人口不愁吃、不愁穿，义务教育、基本医疗和住房安全有保障"，即"两不愁三保障"的脱贫目标。

也就是说，除了收入脱贫外，还要保障"义务教育、基本医疗和住房安全"。为了实现这一目标，中国从 2014 年起对农村贫困人口进行精准识别、建档立卡，并进行了史无前例的逐户精准帮扶。针对建档立卡信息所确认的致贫原因，逐户采取帮扶措施，在产业、就业、教育、健康、社会保障、生态扶贫 [1] 等多个方面因贫施策。到 2020 年底，现行标准下农村贫困人口如期实现"两不愁三保障"脱贫目标。中国提前 10 多年实现了联合国设定的第二个减贫子目标。

中国经济发展推动贫困人口数量以史无前例的速度和规模减少（World Bank，2018），有关经验值得其他发展中国家学习（张栖，2017）。总结中国消除绝对贫困的经验，既对于 2021~2035 年相对贫

---

[1] "生态扶贫"，指通过实施重大生态工程建设、加大生态补偿力度、大力发展生态产业、创新生态扶贫方式等，加大对贫困地区、贫困人口的支持力度，以达到推动贫困地区扶贫开发与生态保护相协调、脱贫致富与可持续发展相促进的扶贫目标。

困治理相关制度和政策的制定具有重要价值，也对于其他发展中国家学习和借鉴中国扶贫经验具有现实意义。一些学者从不同学科视角解释了中国消除绝对贫困的经验，主要形成了以下四类观点。其一，经济学视角的观点：经济体制改革带动了收入增长和农村减贫（Ward，2016；Dollar，2007；Montalvo and Ravallion，2010；Ravallion and Chen，2007；姚树洁等，2019；朱玲、何伟，2018），中国实施了有利于穷人的经济发展政策（张磊，2007；Bert，2016）。其二，政治学视角的观点：坚持党的领导和政府主导是中国扶贫的基本经验（姚树洁等，2019；黄承伟，2017，2018；吴国宝，2018；李小云等，2018）。其三，发展学视角的观点：坚持开发式扶贫，促进贫困人口全面发展（World Bank，2009；范小建，2008；汪三贵，2008；孙久文等，2018），坚持经济发展与阶段性国家扶贫战略相结合、扶贫开发与社会保障相结合（杨骕骝等，2018）是基本经验。其四，跨学科视角的研究则认为，在有中国特色的国家、市场和社会交织互动模式的驱动下，贫困人口把握发展机会，摆脱贫困（李小云等，2018，2019）；中国在经济、社会发展和扶贫开发中形成了贫困治理的基本框架（王小林，2018；王小林、冯贺霞，2020；檀学文，2020）。

已有相关成果从不同学科角度为解释中国减贫成就和经验提供了丰富的观点：经济学视角的观点突出自由市场经济的作用，但不能回答许多已经建立了自由市场经济模式的发展中国家为什么不能实现减贫目标的问题；政治学视角的研究突出中国特色社会主义政治制度在减贫中的制度优势，但如果没有给出一些具有普遍适用性的解释，其他发展中国家就无法学习中国的减贫经验；发展学视角的观点过度突出了开发式扶贫中"专项扶贫计划"的重要性，忽视了经济和社会发展政策的减贫作用；跨学科视角的研究最具全面性，但还缺乏更加系统的理论框架和学界共识。贫困治理是国家治理的重要组成部分，影响着国家治理体系和治理能力现代化水平。中国过去 40 多年在消除绝对贫困的过程中，特别是脱贫攻坚以来，形成了什么样的贫困治理结构？这是本章研究的基本问题。本章试图构建一个贫困治理分析框架，对中国消除绝对贫困的经验做出新的解释。

2.2　贫困治理分析框架

2.2.1　治理与贫困

20 世纪 80 年代以来，"治理"一词被广泛用于各类学术研究及政策报告中，在社会科学的各类分支学科中都有应用（Mark，2015）。虽然对治理的定义和应用方式存在许多差异，但其共同要素是：强调制度的规则和质量，重视加强制度的合法性和有效性，以及关注治理过程与公私关系安排（Kooiman，1999）。治理是指由政府但不限于政府的一系列机构和行动者为社会秩序与集体行动创造条件的过程（Stoker，2018），是个人和机构（公共和私人机构）管理公共事务的多种方式的总和。这是一个持续的过程，个人和机构可以采取合作行动，包括执行合规的正式制度，同意认为符合其利益的非正式制度安排（The Commission on Global Governance，1995）。治理是决策及实施（或未实施）的过程（UNESCAP，2009）。世界银行把"治理"定义为一个国家的权威机构行使权力的传统和制度。它包括选择、监督和替换政府的过程，政府有效制定和执行健全政策的能力，以及尊重公民与国家围绕经济和社会事务管理而互动的制度（Kaufmann et al.，2010）。

从上述定义来看，治理强调的核心要素主要有以下三个：一是治理过程，这一过程主要涉及公共事务的集体行动；二是公私安排，突出私人部门、非政府组织在公共服务供给中的作用[1]；三是治理结构，强调由政府单一治理向政府与市场和网络（社会组织）合作治理转变。在 20 世纪末，国家与社会的关系发生了重大变化，各国和各国际组织越来越多地鼓励社会行动者参与公共事务管理活动。这些社会行动者包括私营公司、非政府组织和非营利服务提供者（Mark，2015）。因此，治理通常是将行政系统与市场主体和社会组织结合起来共同处理公共事务的混合行动。这就涉及治理过程中政府、市场和社会三者之间关系的变革。

20 世纪 90 年代以前，治理与贫困间的关系并不密切。在 1990 年联合国《人类发展报告》首次发布人类发展指数后，贫困的定义逐渐从"基本需要"不足拓展到"基本能力"不足，对贫困人口的定义也从单纯的收入不足扩展到教育、医疗等多维度的福利和权利被剥夺（Sen，1999）。相应地，经济合作与发展组织、世界银行、国际货币基金组织也因向发展中国家推荐"结构调整计划"失败而转向寻求"良治"或"善政"。"良治"广泛地出现在这些国际组织的报告以及针对低收入国家所制定的减贫战略文件中，并被作为解决发展中国家贫困问题的一个"良方"。因此，治理与贫困间的关系越来越紧密。

国际货币基金组织认为，良治对处于各个发展阶段的国家都很重

---

[1]　20 世纪 80 年代以来，"公私伙伴关系"已经发展成为世界上广泛使用的一种新治理工具（Hodge and Greve，2007）。

要。良治的方法是集中精力提升政府账户的透明度、公共资源管理的有效性，支持发展和维护有利于私营部门有效开展活动的经济环境（IMF，1997）。亚洲开发银行把"良治"与"益贫、可持续经济增长"和"社会保护"作为推动亚洲减贫的战略支柱。亚洲开发银行认为，治理质量对于减贫至关重要，良治能够促进全社会参与国家事务，促进出台有利于穷人的政策并健全宏观经济管理制度（ADB，1999）。治理质量特别是良治也被世界银行、经济合作与发展组织等国际发展机构作为分配国际发展援助的一个附加条件（王小林、张晓颖，2017）。不过，从实践来看，即使经历了长达20多年的良治体系建设，治理改革对减贫的作用仍十分有限（Sundaram and Chowdhury，2016）。

2.2.2　治理分析框架

治理分析框架是一种旨在展示治理概念在分析集体行动方面潜力的实用方法。它的基本假设有两点。第一，在任何社会中都可以找到治理过程。治理是针对具体的社会事实或研究主题，参与解决集体问题的行动者之间相互作用的过程，这些过程引致了有关决策和社会规范的制定。第二，治理过程作为可观察的现象，也可以从非规范的角度进行分析（Hufty，2011a），即非规范性分析，或称个案分析。

治理分析框架不是一个规范或约定俗成的概念，它是一种分析治理过程的实用方法，它包括以下五种分析工具：问题、行动者、社会规范、过程和节点（Hufty，2011b）。其中，行动者主要是指公共问题的利益相关者，可以是团队，也可以是个人。行动者针对问题采取集体行动（协议或决定），形成规范。过程是一系列状态下行动者、社会规范和节点之间的相互关系。过程、社会规范可能是正式的，也可能是非正式的。治理分析框架以问题为导向，从行动者、节点、社会规范和过程方面对治理进行研究，能使对治理的研究更具约束性和科学性。

治理至少有结构、过程、机制和战略四个方面的含义。作为一种结构，治理意味着正式制度和非正式制度的架构；作为一个过程，治理旨在反映更动态和相互作用的过程，尤其指决策中所涉及的持续的指导过程；作为一种机制，治理意味着决策、遵守和控制（或工具）的制度程序；作为一种战略，它意味着行动者努力参与制度和机制的设计，以塑造社会选择和社会偏好（David，2012）。

贫困治理是指国家或地方政府对贫困的全过程管理。其宏观方面涉及政府、市场、社会三者在解决贫困问题中的关系和责任，为消除贫困所采取的战略和政策工具以及贫困治理过程中的责任问责；其微观方面涉及对贫困的识别、分析、监测和评估等（王小林，2018）。也就是说，贫困治理涉及贫困问题、治理过程、治理战略（包括政策工具），以及在治理贫困过程中形成的诸如政府、市场和社会三者之间的关系结构。

2.2.3　贫困治理分析框架

基于上述分析，本章提出贫困治理的五个基本要素，即贫困问题、减贫战略、行动者、治理过程和治理结构，并在此基础上构建贫困治理分析框架（见表 2-1），以便对一个国家的贫困治理集体行动进行过程和结构分析。

表2-1　中国式贫困治理分析框架

要素	特征	工具
贫困问题	• 贫困认知，例如基本需要不足、基本能力不足，"贫"与"困"相互交织 • 贫困识别，例如以贫困区域、社区、个体或家庭作为贫困识别对象 • 致贫原因分析，涉及经济维度、社会维度、生态环境维度等	• 给穷人赋权 • 改善教育、健康等公共服务，提升能力增加市场准入 • 保障经济政治安全（避免经济动荡，防治灾害，减少腐败等）
减贫战略	• 贫困治理的顶层设计，包括目标、任务、行动等 • 正式和非正式的制度安排	• 单一目标治理 • 多目标治理 • 综合治理
行动者	• 宏观行为体 • 微观行动者	• 政府主导 • 基于市场的益贫性增长 • 社会组织 • 社区主导型发展 • 帮扶责任人
治理过程	• 分阶段配置减贫资源、实施减贫政策和项目的一系列活动 • 包括水平治理和垂直治理措施	• 政府、社会与市场间的关系 • 横向财政转移支付 • 集权与分权 • "自上而下"和"自下而上"两种方式
治理结构	• 强垂直、弱水平 • 强水平、弱垂直 • 垂直与水平协同治理	• 维度完整性 • 目标一致性 • 行动有效性

（1）贫困问题。任何一个国家都存在贫困问题，且因对贫困问题的定义和认知不同，不同国家形成了不同的减贫战略。如果把贫困问题定义为收入不足以满足基本需要，则减贫战略可能集中体现在以增加收入为目标或以收入支持政策为主；若把贫困问题定义为能力不足，则相应的减贫战略可能包括教育、健康等基本能力的提升。习近平总书记关于扶贫扶志、扶贫扶智的重要论述，既包括提升贫困群众自力更生能力的

内涵，也包括通过教育扶贫、健康扶贫提升贫困人口人力资本的内涵。如果把贫困问题定义为既有"贫"也有"困"，贫困治理措施则可能包括诸如增加收入、赋权、改善公共服务、保障安全等。此外，从技术或操作的角度看，贫困治理还涉及贫困监测、识别、瞄准、评估、扶贫（干预）等诸多具体问题。

（2）减贫战略。作为战略，治理是指对治理系统的设计、创建和调整。因此，治理指的是行动过程中的治理和行动者的制度设计（David，2012）。针对贫困问题，国家需要制定减贫战略，确定减贫的战略目标、任务、责任主体、制度和政策，动员资金、人员等，并对贫困的监测、识别、评估等技术性问题做出顶层制度设计。战略在国际组织、各国政府以及各类非政府组织的贫困治理中几乎无处不在。例如，世界银行和国际货币基金组织帮助低收入国家制定为期 3 年的减贫战略文件，中国则制定了为期 10 年的《中国农村扶贫开发纲要》。一个国家的减贫战略体现了该国针对贫困问题所形成的集体智慧和社会共识。

（3）行动者。在任何一个国家，都存在贫困治理的行动者。行动者通常可以被划分为两类：宏观行为体（责任主体）和微观行动者。政府机构通常为主要的宏观行为体，但市场力量和社会组织也是重要的宏观行为体。宏观行为体主要解决"怎么治"的问题，它处理的是政府、市场和社会三者之间的责任分工及其相互联系问题，它决定贫困治理的顶层设计和制度框架。在中国，政府作为宏观行为体的特征突出，特别是党的十八届三中全会以来，习近平总书记明确要求"五级书记一起抓扶贫"，中国共产党作为执政党坚决承担了贫困治理的责任。在撒哈拉以南非洲国家，世界银行、经济合作与发展组织等国际发展组织通过国际发展援助帮助非洲国家减贫，这些国际发展组织作为贫困治理宏观行为体的特征比较明显。国际发展援助资金主要来源于赠予国的财政预算，主要用于提供公共产品和公共服务。在印度和孟加拉国，非政府组织在贫困治理中扮演着重要角色。由于仅靠公共产品和公共服务不足以支撑一个国家的经济增长和减贫，同时任何非政府组织都无法对一个国家的减贫战略进行顶层设计，并持续开展贫困治理，因此培育有利于穷人发展的经济增长模式才是市场提供的最佳减贫方式。可见，参与贫困治理的宏观行为体不仅需要有国家机构、国际发展组织，还需要有市场主体和社会组织。贫困治理的微观行动者主要解决"谁来扶"的问题，其主要在贫困社区、家庭和个体等微观层面发挥干预作用。

（4）治理过程。贫困治理过程是指一个国家或地区针对贫困问题实施减贫战略、配置减贫资源、推行减贫政策和项目的一系列活动。贫困治理过程涵盖两方面关键活动，即贫困水平治理和贫困垂直治理。从贫困水平治理的内涵看：首先涉及"谁来治"，指政府、市场和社会在贫困治理中形成的协调方式；其次还包括"如何治"，即治理的维度，可以是单一的经济、社会或环境维度，也可以是三者之间的组合，还有的包括政治维度。贫困垂直治理有"自上而下"和"自下而上"两种方式。其中，"自上而下"的垂直治理主要指一个国家的减贫战略和政策如何自上而下地实施和执行；"自下而上"的垂直治理主要体现为贫困人口的需求表达和治理参与。

（5）治理结构。在贫困治理过程中，通过水平治理和垂直治理的相互组合和相互间作用，可以形成特定的贫困治理结构。不同国家的贫困水平治理和垂直治理过程不同，因而会形成不同的贫困治理结构。通过分析贫困治理结构，可以观察到不同行为体在贫困治理过程中的角色及其行动的有效性，进而可以洞察和解释一个国家贫困治理的特征。这也使得对不同国家的贫困治理特征进行比较研究成为可能。虽然研究者无法给定什么样的贫困治理结构是"好的"或"坏的"，但至少可以从结构上分析贫困治理的维度完整性、目标一致性、行动有效性，从而可以判断一个国家的贫困治理能力。

按照上述分析框架，本章对改革开放以来 40 多年中国贫困治理过程的历史演进及其主要特征进行了归纳（见表 2-2），并在下文（本章第三部分和第四部分）分别从贫困水平治理结构和垂直治理结构两个方面，对中国贫困治理演进的主要特征展开详细论述。

表2-2　中国贫困治理过程的历史演进及主要特征（1978~2020年）

减贫战略阶段	贫困问题	行动者	
		宏观行为体	微观行动者
改革开放初期（1978~1985年）	1978 年 2.5 亿农村贫困人口（按农民人均纯收入 206 元/年的贫困标准）	政府 + 市场	农村人口
"三西"ª 农业建设（1982~1992年）	"三西"ª 地区（共47个县）赤贫，干旱、水土流失严重，人畜饮水困难，灾害频繁，植被破坏严重，粮食产量低且不稳	政府部门：国务院"三西"地区农业建设领导小组（14个成员单位）及办公室、地方政府 国际组织：世界银行、亚洲开发银行等	"三西"地区农村人口
国家八七扶贫攻坚计划（1994~2000年）	8000 万贫困人口（按农民人均纯收入 327 元/年的贫困标准），592 个贫困县，多位于中西部地区的深山区、石山区、荒漠区，生产生活条件极为恶劣，贫困人口食不果腹、衣不蔽体、住不避风雨	政府部门：领导小组ᵇ（26个成员单位ᶜ）及办公室、地方政府 市场主体：银行 社会扶贫力量：东部发达地区，定点挂钩扶贫单位，大专院校、科研机构，民主党派、工商联、工会、共青团、妇联、残联、扶贫基金会和民间组织	592 个贫困县的贫困户、新办企业、扶贫经济实体

减贫战略阶段	贫困问题	行动者	
		宏观行为体	微观行动者
中国农村扶贫开发纲要（2001~2010 年）	9422 万农村贫困人口（按农民人均纯收入 1196 元/年的贫困标准），592 个贫困县	政府部门：领导小组（32 个成员单位）及办公室、地方政府 市场主体：国有企业、大中型农产品加工企业 社会扶贫力量：在八七扶贫攻坚时期四种社会扶贫力量的基础上，增加了社区主导型发展项目试点	592 个贫困县的贫困户、扶贫开发龙头企业、合作社
中国农村扶贫开发纲要（2011~2020 年）、脱贫攻坚战（2015~2020 年）	2011 年 1.22 亿农村贫困人口（按农民人均纯收入 2300 元/年的贫困标准），14 个集中连片特困地区，832 个贫困县贫困人口吃、穿、义务教育、基本医疗、住房安全无保障	政府部门：领导小组（49 个成员单位[d]）及办公室、地方政府 市场主体：国有企业、民营企业、跨国公司 社会扶贫力量：东西部扶贫协作和对口支援，定点扶贫对贫困县全覆盖，社会组织，互联网＋扶贫	全部建档立卡贫困户、新型农业经营主体、帮扶责任人

注：a."三西"地区指甘肃省河西地区、定西地区和宁夏回族自治区的西海固地区。b."领导小组"是国务院扶贫开发领导小组的简称。c. 根据国办发〔2003〕24 号文件，2003 年为 27 个成员单位。2008 年提出"大扶贫"和全面建立农村最低生活保障制度后，2009 年两次增补成员单位：一次是增补全国工商联（国办发〔2009〕37 号文件）；另一次是增补民政部为副组长单位，增补外交部、住建部、原旅游局为成员单位（国办发〔2009〕62 号文件）。d. 根据国办发〔2013〕63 号文件，当时是 37 个成员单位；2015 年出台《关于打赢脱贫攻坚战的决定》后，经历两次增补，先增至 46 个成员单位（国办发〔2015〕76 号文件），后增至 49 个成员单位（国办发〔2018〕34 号文件）。

2.3　中国的贫困水平治理结构分析

1978 年以来，中国在丰富的减贫实践中逐渐形成了较为完整的贫困治理结构，其中，贫困水平治理结构包括三个方面：一是政府、市场和社会的关系；二是中央统筹多部门合作的"一中心多部门协同治理"；三是针对多维贫困问题所形成的行业扶贫、专项扶贫和社会扶贫"三位一体"的大扶贫格局。

2.3.1　政府、市场和社会的关系

市场在中国贫困治理过程中发挥着配置资源的基础性作用。经济增长是减贫的先决条件（Dollar，2007），中国 40 多年的减贫经验证明了这一点（Bert，2016）。1978 年实行改革开放以来，通过推进土地制度改革、农产品价格市场化和人口流动等，中国循序渐进地建立了有利于穷人的市场经济制度，让多数有能力的人先摆脱了贫困。表 2-2 表明，1978~1985 年，中国并没有设立专门的扶贫开发机构，那一时期的大规模减贫基本靠市场机制发挥作用。即使在 1982 年设立了国务院"三西"地区农业建设领导小组及办公室，也仅对"三西"地区 47 个县实施区域性扶贫开发，全国层面的减贫主要靠土地制度改革和市场取向的改革发挥作用。

政府在中国贫困治理过程中发挥着主导减贫战略和政策的作用。已有相关研究表明，尽管运行良好的市场机制是经济增长和减贫的核心，但市场机制本身也存在失灵，这使得经济学的"涓滴效应"无法自动惠及贫困人口，因此需要有为政府来弥补市场失灵（王小林、张晓颖，2017）。中国政府主导扶贫开发，采取了加强贫困地区的基础设施建设、提升公共产品和服务供给能力、实施大规模农业综合开发等措施，取得了较好的减贫成就（吴国宝，2018；李小云等，2018）。国务院在做出

"三西"地区农业建设重大决策之后，相继制定和发布了《国家八七扶贫攻坚计划（1994—2000年）》《中国农村扶贫开发纲要（2001—2010年）》《中国农村扶贫开发纲要（2011—2020年）》，中共中央、国务院于2015年又制定和发布了《关于打赢脱贫攻坚战的决定》，体现了政府在贫困治理中的作用。

社会是中国贫困治理中的重要补充力量。当政府和市场同时失灵时，就需要社会组织发挥扶贫的作用。自实施《国家八七扶贫攻坚计划（1994—2000年）》以来，中国广泛调动社会各界参与扶贫开发的制度安排越来越清晰。八七扶贫攻坚计划虽然强调社会动员机制，但在具体工作中，主要把社会扶贫定义为政府主导的东西部扶贫协作，党政机关对贫困县的"定点扶贫"，大专院校、科研机构，以及民主党派、工商联、工会、共青团、妇联、残联、民间组织等参与的扶贫。因此，这个阶段不具有真正意义上的社会扶贫，还是以政府及其相关职能部门扶贫为主。在实施《中国农村扶贫开发纲要（2001—2010年）》和《中国农村扶贫开发纲要（2011—2020年）》的20年中，真正意义上的社会组织参与贫困治理的制度才得以建立起来。特别是2015年中共中央、国务院做出"打赢脱贫攻坚战"的决定以来，通过电商扶贫、消费扶贫和"互联网＋扶贫"等社会动员体系，全社会参与贫困治理的制度框架基本形成，社会组织、志愿者、公民个人等社会力量在脱贫攻坚中发挥了重要作用。

东西部扶贫协作和对口支援制度充分发挥了中国特色社会主义制度的优越性，通过采取东部地区向西部地区的横向财政转移支付、干部交流、公共服务人才援助、投资和贸易促进等措施，逐步形成了东西部扶贫协作和对口支援从单向援助向双向合作共赢转变的局面。东西部互助互学、协同发展成为中国贫困治理的一条独特经验。

2.3.2　中央统筹多部门合作的"一中心多部门协同治理"

在中国，贫困水平治理的一个典型特征是设置跨部门的扶贫开发领导小组，政府、市场和社会相关力量形成合力。改革开放初期，通过开展农村土地制度和粮食购销体制改革，中国取得了农村人口大规模脱贫的成就，按照当时的贫困标准，农村贫困人口从 1978 年的 2.5 亿减少到 1982 年的 1.45 亿，但仍有一些贫困地区无法依靠市场和自身的力量脱贫。因此，1982 年设立国务院"三西"地区农业建设领导小组，成员单位由原农牧渔业部、原水利电力部、原国家经委、原国家计委、原林业部、原商业部、原民政部等十多个部委以及中国科学院构成，下设"三西"办公室。"三西"农业建设针对"三西"地区 47 个干旱缺水的县，实施农业综合开发。经过十年的努力，"三西"地区农业建设成效显著（王小林、张晓颖，2017）。这是中国开展"一中心多部门协同治理"贫困的初步尝试。1986 年，国务院贫困地区经济开发领导小组成立，下设办公室，与"三西"办公室合署办公；1993 年更名为国务院扶贫开发领导小组。截至 2020 年，这一领导小组的成员单位达 49 个（详见表2-2）。

国务院扶贫开发领导小组是中国开展跨部门、跨区域协作，制定跨领域减贫政策的核心机构。国务院扶贫开发领导小组虽然成员单位构成随着各阶段工作重点的调整而有所不同，但组长始终由国务院副总理担任，小组成员始终由各相关部委副部级以上领导构成，通过定期召开会议，共同协调解决贫困治理中的各类主要问题。国务院扶贫开发领导小组对党中央、国务院负责，这就保证了相关部委的扶贫政策与国家发展目标、扶贫纲要目标的一致性。从成立之初，该领导小组的成员单位就涵盖了治理"贫"和"困"的相关政府部门和单位。从表 2-2"宏观行为体"一列中可以看出，国务院扶贫开发领导小组的成员单位不断增多，这体现出 40 多年来中国政府不断强化在持续治理贫困过程中的责任。虽然各成员单位是水平合作，但具有目标一致性，必须服从"一中心"——国务院扶贫开发领导小组的统一领导。国务院扶贫开发领导小组的成员单位在制定相关政策时，应围绕贫困治理问题向贫困地区和贫困人口倾斜。例如，国家发展和改革委员会、交通部、财政部要统筹考虑贫困地区的交通基础设施建设；教育部、国家卫健委要针对贫困地区和贫困人口制定专门的帮扶政策。

此外，除实施专项减贫战略外，全国性的经济社会发展战略，例如国民经济和社会发展五年规划、中央"一号文件"、乡村振兴战略等都将扶贫议题纳入其中。2015 年以来，党中央把脱贫攻坚战作为"三大攻坚战"之一，更加强调"一中心多部门协同治理"结构。

2.3.3 "三位一体"大扶贫格局

中国在多维度扶贫过程中，逐步形成了行业扶贫、专项扶贫和社会扶贫"三位一体"大扶贫格局。贫困水平治理覆盖了贫困治理中的区域贫困、家庭贫困、个体贫困等问题，针对这些问题形成了较为稳定的治理结构。从 1982 年"三西"地区农业建设的开展到 2015 年《关于打赢脱贫攻坚战的决定》等阶段性贫困治理战略文件的发布，在党中央的领导下，政府、市场和社会协同治理贫困的公共政策方向以及行业扶贫、专项扶贫和社会扶贫"三位一体"大扶贫格局逐步形成。

行业扶贫既包括制定向贫困地区和贫困人口倾斜的行业政策，又体现为组织实施具体的定点扶贫项目。这些政策或项目涉及发展特色产业、开展科技扶贫、完善基础设施、发展教育文化事业、改善公共卫生和人口服务管理、完善社会保障制度、重视资源和生态环境建设等多个方面。专项扶贫是指针对贫困地区和贫困人口，主要由地方扶贫办实施的扶贫项目。虽然各减贫战略实施阶段的专项扶贫内容有所增减，但贯穿各阶段的专项扶贫都包括"易地扶贫搬迁""产业扶贫"等，而具有阶段性的专项扶贫包括"整村推进""以工代赈""就业促进""旅游扶贫""电商扶贫"等。社会扶贫涵盖中央和国家机关各部门、企业和事业单位等对贫困地区开展的定点扶贫，东部发达地区对西部贫困地区的发展援助、经济合作和人才交流等，军队和武警部队的扶贫，企业和社会组织参与扶贫以及志愿者扶贫，工会、共青团、妇联、科协、侨联等群团组织以及海外华人华侨参与扶贫。

2.4　中国的贫困垂直治理结构分析

中国具有十分鲜明的贫困垂直治理特征。"自上而下"的贫困治理能够保证减贫目标和行动的一致性；"自下而上"的贫困治理有助于底层行动者的意愿向上传递，并在各行动者间建立激励相容的合作机制。中国实施《国家八七扶贫攻坚计划（1994—2000 年）》以来逐步形成"自上而下"为主、"自下而上"为辅的双轨制的贫困垂直治理结构。

2.4.1 "自上而下"：扶贫责任制

中国在贫困治理过程中，逐渐形成了"自上而下"的扶贫责任制。从实施《国家八七扶贫攻坚计划（1994—2000 年）》开始，到实施《中国农村扶贫开发纲要（2011—2020 年）》和《关于打赢脱贫攻坚战的决定》，中央统筹、省（区、市）负总责、市（地）县抓落实的工作机制逐渐形成。这种垂直治理通过各级扶贫开发领导小组、扶贫责任状和中央对贫困地区的财政转移支付得到贯彻落实。

第一，从国务院到市（地）县四级设立扶贫开发领导小组和办公室。国务院扶贫开发领导小组制定全国的减贫战略和政策，对省级扶贫开发领导小组进行指导和协调，每级扶贫开发领导小组对本级党委和政府负责，并协调本级扶贫开发领导小组成员单位。市（地）县级扶贫开发领导小组和办公室负责扶贫工作的具体落实。2015 年《关于打赢脱贫攻坚战的决定》发布以来，习近平总书记提出"五级书记一起抓扶贫"后，"自上而下"的贫困治理结构进一步得到强化。乡镇设有扶贫专干。为了解决村一级扶贫干部严重不足问题，2015 年开始向贫困村派遣第一书记，并加强对贫困村"驻村工作队"和"帮扶责任人"的选派管理工作。第一书记重点从各级机关、国有企事业单位的干部中选拔，协助那些发展能力弱的贫困村解决脱贫攻坚中的突出困难。2015~2018 年，全国累计选派第一书记45.9 万人，中央单位 2017 年新轮换的第一书记平均年龄为 37 岁，有研究生学历的第一书记占 47.4%，副处级以上的第一书记占 23.3%（赵兵，2018）。

第二，22 个省份层层签订脱贫攻坚责任状。2015 年《关于打赢脱贫攻坚战的决定》发布以来，中西部地区有扶贫开发任务的 22 个省份的党委和政府与中央签订了脱贫攻坚责任状。而且，这种责任状层层签订到了每一个贫困县。通过层层签订脱贫攻坚责任状的形式，中央统筹、省（区、市）负总责、市（地）县抓落实的管理体制"自上而下"地进一步得到夯实。

第三，中央加大对贫困地区"自上而下"的财政转移支付。一个循序渐进的扶贫过程需要有稳定的资金支持。国际发展援助不仅资金数量有限还附加了使用条件，不可能满足中国作为一个世界人口大国的脱贫需求，本国的财政预算向贫困地区和贫困人口持续倾斜支出对实现贫困治理目标尤为重要。

中国不断增加扶贫财政支出，体现了国家在贫困治理中的重要责任。"自上而下"的财政支持体系包括：中央对贫困地区的一般性转移支付、专项转移支付（专项扶贫资金）[1]以及涉农资金统筹整合。这些来自中央财政的资金，是贫困地区扶贫开发资金的主要来源。以专项扶贫资金为例，中央财政安排的专项扶贫资金从 2013 年的 394 亿元[2]增加到 2020年的 1461 亿元[3]。2016 年以来，为提高农村各项财政资金的使用效率，财政部会同国务院扶贫开发领导小组办公室（简称"扶贫办"）等部门开展涉农资金整合，保证了脱贫攻坚资金来源的稳定。例如，仅 2016 年一年就整合了 2300 亿元资金用于脱贫攻坚[4]。

---

[1]　一般性转移支付主要是中央对地方的财政补助，不指定用途，地方可自主安排支出；而专项转移支付主要服务于中央的特定政策目标，地方政府应当按照中央政府规定的用途使用资金。

[2]　《2013 年中央投入专项扶贫资金 394 亿　共 1650 万人脱贫》，http://cn.chinagate.cn/news/2014-05-26/content_32492830.htm。

[3]　《2020 年中央财政专项扶贫资金达 1461 亿元》,http://www.gov.cn/xinwen/2020-12/03/content_5566565.htm。

[4]　《刘永富：去年整合财政涉农资金 2300 亿用于脱贫攻坚》，http://www.china.com.cn/lianghui/news/2017-03/07/ content_40425538.htm。

2.4.2 "自下而上"：正式与非正式的信息反馈机制

与"自上而下"的垂直治理互为补充的是"自下而上"的垂直治理，它强调的是贫困人口的需求导向和他们对扶贫工作的评价、社会对扶贫工作的监督以及鼓励和尊重基层的扶贫实践创新。

2014 年之前，"自下而上"的信息反馈主要表现为地方政府对中央的扶贫诉求，例如争取贫困县"帽子"，争取行业扶贫、专项扶贫和社会扶贫项目。2014 年开始实施扶贫对象建档立卡政策以来，"自下而上"的渠道更加多元化了。在贫困识别过程中，除了按照建档立卡的指标体系对贫困户进行摸底外，还有村民小组评议这一重要环节。村民小组评议有利于规避村干部在扶贫对象建档立卡、扶贫项目与资金受益对象选择中的优亲厚友行为。在建档立卡过程中，村干部（包括扶贫干部）和贫困户共同识别和确认帮扶需求，以便精准施策。这都体现了"自下而上"的特征。

"自下而上"的信息反馈对扶贫工作产生了重要的纠偏作用，其途径有正式和非正式两种。其中，正式途径包括全国"12317"扶贫监督举报电话、国务院"互联网＋督查"平台等，广大基层群众可以通过电话、网页、微信小程序等途径向国家相关部门反映问题、提供线索。对于反映强烈、带有普遍性的重要问题线索，相关部门会督查并处理。非正式渠道主要指群众通过社交媒体表达诉求，形成舆论压力。一个典型的案例是：在实施精准脱贫政策之初，各地设计了大量的统计表格和形式多样的考核，耗费了基层干部的主要精力，大量社交媒体反映"扶贫干部忙于填表、无力扶贫的形式主义严重"[1]。因此，国务院扶贫办于 2016 年、2017 年先后印发《关于解决扶贫工作中形式主义等问题的通知》和《关于进一步克服形式主义减轻基层负担的通知》，2019 年中共中央办公厅印发《关于解决形式主义突出问题为基层减负的通知》。正是这种"自下而上"的扶贫信息反馈纠正了贫困治理中的形式主义问题。

此外，"自下而上"还体现为鼓励和尊重基层在扶贫实践中的创新试验。例如，贵州省六盘水市开展的扶贫"三变"改革实践，即资源变资产、资金变股金、农民变股东，就在贫困地区得到了推广；山东省菏泽市的"扶贫车间"，起初只是当地的一种就业扶贫创新，经实践有效后，在全国推行。再如，电子商务扶贫最初也是来自基层的创新，最后发展为全国的一项重要扶贫政策。

2.4.3 "上下互动"：考核、激励与问责

"上下互动"是提升扶贫绩效、避免扶贫政策出现较大失误的一个重要机制。"上下互动"除了表现为上述克服形式主义的诉求、基层的扶贫实践创新等"自下而上"的信息反馈得到"自上而下"的政策校正与推广外，还表现为：在扶贫工作成效考核和问责过程中，贫困人口反映的问题经过考核评估组确认后，通过中央对地方的问责和问题整改得以解决。

从扶贫工作成效考核看，以往以考核贫困县的地区生产总值为主，

---

[1] 王思铁：《扶贫工作中存在的形式主义问题，让基层干部大伤脑筋》，http://blog.sina.com.cn/s/blog_599a3d490102xut9.html。

缺少对扶贫政策成效的专门考核。2016 年以来，中国正式开展对中西部 22 个省份省级党委和政府扶贫开发工作成效的考核。其考核方式包括第三方独立评估和省际交叉考核，民主党派开展脱贫攻坚民主监督，另外还结合采用各种督查巡查、审计和社会监督等方式。它是中国开展有组织的开发式扶贫以来最为严格的考核，是一种典型的"上下互动"过程，不过，其"自上而下"的特征更为明显，"自下而上"只是补充。同时，扶贫工作成效考核机制中设置了举报制度，在制度上提供了民意反映渠道。

从第三方评估看，针对脱贫目标，2016~2020 年，每年由国务院扶贫开发领导小组对中西部 22 个省份的省级党委和政府的扶贫开发工作成效进行一次第三方评估，该评估结果成为扶贫工作成效考核的重要依据。评估的内容主要包括年度减贫计划的完成情况、财政扶贫资金的增长情况、贫困地区农民人均纯收入的增长情况、贫困识别准确率、贫困退出准确率、贫困人口对帮扶工作的满意度。第三方评估中，评估组开展随机抽样、入户核查，并由抽样贫困户对扶贫工作成效进行满意度评价，因此，它具有"自下而上"的特征。

从扶贫工作成效问责机制看，依据扶贫工作成效考核结果，由国务院扶贫开发领导小组对省级党委和政府主要负责人进行约谈，提出限期整改要求；情节严重、造成不良影响的，实行责任追究。扶贫工作成效考核结果是对省级党委和政府主要负责人与领导班子综合考核评价的重要依据。这种问责机制也层层传导到基层。自开展脱贫攻坚工作以来，中国逐渐建立了严格的扶贫工作成效问责机制，对不担当、不作为的领导干部给予公开通报批评或处分，对表现优秀的干部予以提拔。这一问责机制的建立，保证了贫困治理的目标一致性和行动有效性。

2.5　到2035年中国相对贫困治理取向

本章构建了一个贫困治理分析框架，重点从水平治理和垂直治理两个方面解释了中国1978~2020年消除绝对贫困的经验。党的十九届四中全会提出，建立解决相对贫困的长效机制。党的十九届五中全会进一步明确提出，实现巩固拓展脱贫攻坚成果同乡村振兴有效衔接。基于中国消除绝对贫困的经验，本章就2021~2035年中国相对贫困治理提出以下取向性观点。

2.5.1　水平治理和垂直治理结构仍适应相对贫困治理

政府、市场和社会协同治理贫困仍适用于相对贫困治理。改革开放初期，中国通过政府主导的土地制度改革和市场化取向改革，实现了经济增长，带动了大规模减贫。改革实践表明，仅靠广泛的放活经济权利不能完全改变农村落后的面貌。因此，1982年，国务院做出对最贫困的"三西"地区进行有计划的扶贫的决定。这在水平治理上实现了由市场主导减贫向市场和政府相结合减贫的转型。从实施《国家八七扶贫攻坚计划（1994—2000年）》到实施《中国农村扶贫开发纲要（2011—2020年）》，随着中国市场经济制度的不断完善，在政府主导的扶贫战略下，市场和社会的角色更加明确，在贫困水平治理上更加强调政府、市场和社会协同治理。相对贫困是告别维持生存的绝对贫困后的贫困现象，其治理仍须政府主导减贫战略和政策，建立有利于低收入人口增收和就业的市场机制，以及有利于低收入人口获得教育、健康和社会保障服务的社会发展机制。

中央统筹多部门合作的"一中心多部门协同治理"仍适应相对贫困治理。这一机制是实现跨部门贫困治理以及具体减贫目标和行动相一致的核心，也是中国特色政治制度的优势体现以及政府主导贫困治理的制度核心。人民日益增长的美好生活需要和不平衡不充分的发展之间的矛盾是多方面的，这就客观上要求多部门协同治理相对贫困。因此，在全面推进乡村振兴的过程中，对欠发达地区的帮扶仍可采取"一中心多部门协同治理"方式，在增收、就业、基本公共服务供给等方面协同治理。

"自上而下"与"自下而上"相结合的垂直治理须进一步完善。"自上而下"强调的是从中央到省（区、市）、市（地）县的责任分工体系，这一机制保证了政策的垂直落地。2021~2035 年中国实施乡村振兴战略，在该战略下统筹解决农村相对贫困问题，须持续关注欠发达地区的乡村振兴问题。因而，"自上而下"的制度和政策设计须始终体现"补好短板"的使命，把巩固拓展脱贫攻坚成果同乡村振兴有效衔接。"自下而上"则侧重的是低收入人口的需求、意愿、自力更生的能力，以及尊重基层的扶贫实践创新。不同于锁定并瞄准绝对贫困人口采取前所未有的精准帮扶，相对贫困治理须更注重激发低收入人口谋求发展的内生动力。

2.5.2 东西部协作制度在"双循环"新发展格局下治理相对贫困可大有作为

经过多年经验积累，特别是经过脱贫攻坚阶段的强化推进和大量实践，东西部协作关系已经远远超越扶贫协作的范畴，为更大范围内构建区域协调、协同发展新机制奠定了制度基础。东西部扶贫协作形成了双方政府部门、市场主体和社会力量多方联动的机制，探索了在市场经济条件下土地、资本、劳动力、科技、数据等各类要素在地区间进行优化配置的协同发展方式。2020 年后，中国将在构建以国内大循环为主体、国内国际双循环相互促进的新发展格局中做出更大成绩。相对贫困治理须在新发展格局下，聚焦发展不平衡不充分问题，以优化发展格局为切入点，提高治理成效。东西部扶贫协作恰恰是相对贫困治理可采取的一项关键制度安排。

2021~2035 年，要充分发挥东部地区科技和数据新要素的作用[1]，在数字技术和智能科技的支持下提升相对贫困治理水平。同时，要利用东部地区新要素优势，盘活西部地区的土地、劳动力资源，推动东西部要素充分流动，谋求东西部协同、协调发展，构建益贫性经济增长、包容性社会发展和多维度缓解相对贫困的治理格局。在脱贫攻坚期内，中国在产业扶贫、电商扶贫、消费扶贫方面已经形成了一些益贫性经济制度安排。在相对贫困治理阶段，须在新要素的驱动和电商平台的支持下，推动产业扶贫、电商扶贫、消费扶贫融合发展，带动乡村产业兴旺。特别是，要引导大型龙头企业与贫困地区开展合作，既满足企业延伸产业链的布局需要，又实现贫困地区"稳就业"的目标。要鼓励大学生创业、农民工返乡创业，通过市场化机制将脱贫农民与新型经营主体联结起来，逐步缩小发展差距，实现共同富裕。

要实现"精准到人"的帮扶政策与"双循环"区域协同发展格局相

---

[1]　参见《中共中央 国务院关于构建更加完善的要素市场化配置体制机制的意见》，http://www.gov.cn/zhengce/2020-04/09/ content_5500622.htm。

契合，优化 2021~2035 年相对贫困治理结构。"六个精准""五个一批"的精准扶贫政策，在中国消除绝对贫困的过程中发挥了攻坚作用。相对贫困治理是一个长期的过程，不仅需要强调治理成效，还需要统筹考虑治理成本。因此，要将"精准到人"的帮扶政策和与"双循环"格局相适应的区域协同发展政策结合起来，既精准促进低收入人口受益，又在区域协同发展方面形成带贫益贫格局。

2.5.3 优化市场和社会扶贫治理能解决内生动力和服务能力不足问题

在绝对贫困治理过程中，中国对贫困问题的阶段性识别和诊断、所采取的阶段性扶贫战略以及宏观行为体在贫困水平治理和垂直治理中的角色都十分明确，这是保证贫困治理得到有效开展的重要条件。从微观行动者来看，政府、市场和社会协同治理贫困的模式可以在制度上优化激励机制，增强低收入人口作为减贫主体的内生动力。至少在产业、就业扶贫政策和项目安排上，政府可以总结脱贫攻坚经验，出台一些激励低收入人口自力更生的有效政策。尽管各级政府不断强调"扶贫先扶志"，但是在脱贫攻坚过程中，贫困户仍出现了"内生动力不足"问题。这体现出贫困治理结构还存在一定问题，需要在乡村振兴制度设计中进一步完善。

充分发挥社会组织参与扶贫的制度优势，提升欠发达地区的乡村治理水平。在消除绝对贫困的过程中，社会组织发挥了不可替代的作用。当前，脱贫摘帽的贫困地区的乡村治理体系和治理能力还不高，在全面推进乡村振兴阶段，欠发达地区需要破解的难题还不少，例如村庄空心化、农民老龄化问题，农村"三留守"问题，妇幼保健、健康管理、移民搬迁社区治理问题，等等。这些问题，仅依靠政府和市场的力量都无法完全得到解决，需要充分发挥社会组织的优势，对低收入人口和家庭开展更加细致的社区服务工作。因此，相对贫困治理更应强化社会力量的参与。特别是，在数字服务蓬勃发展的信息时代，利用大数据平台的"双边"撮合能力，动员更加广泛的社会资源参与相对贫困治理，社会扶贫必将是一种有效的贫困治理方式。

　　总之，中国消除绝对贫困不仅是全面建成小康社会、实现第一个百年奋斗目标的标志性指标，也对建立解决相对贫困的长效机制、逐步实现共同富裕目标具有重要理论价值。中国在消除绝对贫困中形成的贫困治理，是国家治理体系的重要组成部分，影响着国家治理能力现代化水平。在新发展理念和新发展格局下，对贫困的水平治理和垂直治理结构进行优化，建立解决相对贫困问题的长效机制，将是 2021~2035 年相对贫困治理的政策取向。优化后的贫困治理结构，须有利于低收入人口的收入增长，有利于欠发达地区实现基本公共服务均等化，有利于畅通国内大循环，有利于区域协调发展。东西部扶贫协作可以升级为"双循环"格局下的东西部协作制度，在更大范围内发挥东西部协作的制度优势。2021~2035 年，在相对贫困治理中，须更充分发挥市场在资源配置中的决定性作用，利用科技和数据等新要素全面激活欠发达地区和低收入人口的内生活力和动力；更加充分地发挥社会组织在弥补政府失灵和市场失灵方面的优势，使其在相对贫困的长期治理过程中发挥作用。最终，在贫困治理上形成独具特色的相对贫困治理长效机制，为实现第二个百年奋斗目标奠定贫困治理制度基石。

参考文献

范小建，2008，《坚持开发式扶贫 努力完成既定目标》，《老区建设》第19期。

黄承伟，2017，《党的十八大以来脱贫攻坚理论创新和实践创新总结》，《中国农业大学学报》（社会科学版）第5期。

黄承伟，2018，《中国特色扶贫开发道路不断拓展》，《人民日报》8月26日，第5版。

李小云、徐进、于乐荣，2018，《中国减贫四十年：基于历史与社会学的尝试性解释》，《社会学研究》第6期。

李小云、于乐荣、唐丽霞，2019，《新中国成立后70年的反贫困历程及减贫机制》，《中国农村经济》第10期。

孙久文、李坚未、唐泽地、闫昊生，2018，《我国扶贫开发进程的战略演变与当前政策》，载孙久文、林万龙编《中国扶贫开发的战略与政策研究》，北京：科学出版社。

檀学文，2020，《走向共同富裕的解决相对贫困思路研究》，《中国农村经济》第6期。

汪三贵，2008，《在发展中战胜贫困——对中国30年大规模减贫经验的总结与评价》，《管理世界》第11期。

王小林，2018，《改革开放40年：全球贫困治理视角下的中国实践》，《社会科学战线》第5期。

王小林、冯贺霞，2020，《2020年后中国多维相对贫困标准：国际经验与政策取向》，《中国农村经济》第3期。

王小林、张晓颖，2017，《迈向2030：中国减贫与全球贫困治理》，北京：社会科学文献出版社。

吴国宝，2018，《改革开放40年中国农村扶贫开发的成就及经验》，《南京农业大学学报》（社会科学版）第 6 期。

杨骅骝、周绍杰、胡鞍钢，2018，《中国式扶贫：实践、成就、经验与展望》，《国家行政学院学报》第 6 期。

姚树洁、王洁菲、汪锋，2019，《新时代习近平关于扶贫工作重要论述的学理机制及文献分析》，《当代经济科学》第 1 期。

张桦，2017，《"中国反贫困之战取得显著成功"——专访世界银行亚太区贫困与公平局副局长翟思曼》，《今日中国》第 6 期。

张磊，2007，《中国扶贫开发政策演变》，北京：中国财政经济出版社。

赵兵，2018，《第一书记助力乡村振兴》，《人民日报》12 月 4 日，第 17 版。

朱玲、何伟，2018，《工业化城市化进程中的乡村减贫 40 年》，《劳动经济研究》第 4 期。

ADB. 1999. "Fighting Poverty in Asia and the Pacific: The Poverty Reduction Strategy." Asian Development Bank. https:// www.adb.org/bn/publications/poverty-reduction-strategy-asian-development-bank.

Bert, H. 2016. "China's Role in Efforts to Eradicate Poverty." *China Daily.* http://www.chinadaily.com.cn/opinion/2016- 10/17/content_27078271.htm, 2016-10/17.

David, L. 2012. "From 'Big Government' to 'Big Governance'？" in Levi-Haur D. eds. *The Oxford Handbook of Governance*. Oxford: Oxford University Press, pp. 3-18.

Dollar, D. 2007. "Poverty, Inequality, and Social Disparities During China's Economic Reform." World Bank Policy Research Working Paper Series, 28: 1-28.

Hodge, G. A., and Greve, C. 2007. "Public-Private Partnerships: An International Performance Review." *Public Administration Review*, 67(3): 545-558.

Hufty, M. 2011a. "Investigating Policy Processes: The Governance Analytical Framework (GAF)." in UrsMartin Wiesmann, and Hans, Hurni eds. *Research for Sustainable Development: Foundations, Experiences, and Perspectives.* Switzerland: Geographica Bernensia, pp. 403-424.

Hufty, M. 2011b. "Governance: Exploring Four Approaches and Their Relevance to Research." in Urs Martin Wiesmann, and Hans, Hurni eds. *Research for Sustainable Development: Foundations, Experiences, and Perspectives.* Switzerland: Geographica Bernensia, pp. 165-183.

IMF. 1997. "Good Governance: The IMF's Role." www.imf.org/external/pubs/ft/exrp/govern/govindex.htm.

Kaufmann, D., Kraay, A., and Mastruzzi, M. 2010. "The Worldwide Governance Indicators: Methodology and Analytical Issues." World Bank Policy Research Working Paper 5430. https://elibrary.worldbank.org/doi/abs/10.1596/1813-9450-5430.

Kooiman, J. 1999. "Social-Political Governance." *Public Management: An International Journal of Research and Theory*, 1(1): 67-92.

Mark, B. 2015. *Governance: A Very Short Introduction.* Oxford: Oxford University Press.

Montalvo, J. G., and Ravallion, M. 2010. "The Pattern of Growth and Poverty Reduction in China." *Journal of Comparative Economics*, 1(38): 2-16.

Ravallion, M., and Chen, S. 2007. "China's (Uneven) Progress Against Poverty." *Journal of Development Economics*, 82(1): 1-42.

Sen, A. 1999. *Development as Freedom.* Oxford: Oxford University Press.

Stoker, G. 2018. "Governance as Theory: Five Propositions." *International Social Science Journal*, 68(227-228): 15-24.

Sundaram, J. K., and Chowdhury, A. 2016. "Is Good Governance Key to Eliminating Poverty." Inter Press Service (IPS). www.ipsnews.net/2016/06/is-good-governance-key-to-eliminating-poverty.

The Commission on Global Governance. 1995. *Our Global Neighborhood.* Oxford: Oxford University Press.

UNESCAP. 2009. "What is Good Governance?" United Nations Economic and Social Commission for Asia and the Pacific. www.unescap.org/resources/whatgood-governance.

United Nations. 2015. "Transforming Our World: The 2030 Agenda for Sustainable Development." www.jinsustainable- development.un.org/post2015/ transformingourworld.

Ward, P. S. 2016. "Transient Poverty, Poverty Dynamics, and Vulnerability to Poverty: An Empirical Analysis Using a Balanced Panel from Rural China." *World Development*, 78: 541-553.

World Bank. 2009. "China - From Poor Areas to Poor People: China's Evolving Poverty Reduction Agenda – An Assessment of Poverty and Inequality." https://documents.worldbank.org/en/publication/documents-reports/documentdeta il/816851468219918783/china-from-poor-areas-to-poor-people-chinas-evolving-poverty-reduction-agenda-an-assessment-of-poverty-and- inequality.

World Bank. 2018. "China Systematic Country Diagnostic: Towards a More Inclusive and Sustainable Development." https://openknowledge.worldbank.org/ handle/10986/29422.

第 3 章　多维相对贫困标准

中国在经济快速增长和减少贫困方面取得了"史无前例的成就"（World Bank，2018）。具体来说：其一，到 2020 年，按照现价美元计算，中国人均 GDP 达到 10408.70 美元，即将迈入高收入国家行列；其二，中国率先实现联合国可持续发展目标所确定的 2030 年消除绝对贫困的目标。2017 年，1.9 美元（2011 年购买力平价）贫困标准下中国城乡绝对贫困人口比例下降到 0.5%，即使用 3.2 美元（2011 年购买力平价）中度贫困标准衡量，中国贫困人口比例也下降到 3% 以下。并且，中国现行贫困标准下的贫困人口在 2020 年底已经全部脱贫，实现"两不愁三保障"目标。[1] 可见，无论是按照国内贫困标准还是国际贫困标准，中国都实现了消除绝对贫困的目标。现行贫困标准下绝对贫困问题的解决，不等于 2020 年以后扶贫工作的终结，而是意味着新时代扶贫事业将从解决绝对贫困问题向缓解相对贫困状况转变（孙久文、夏添，2019；陈志刚等，2019）。

---

[1]　参见第一章。

第3章　多维相对贫困标准

新贫困标准的制定是 2021~2030 年实施乡村振兴战略时期需要考虑的首要问题，这不仅是相对贫困测量的重要基础，也是识别相对贫困对象并制定相应减贫政策的重要依据。针对中国的相对贫困标准问题，陈宗胜等（2013）建议用上一年农村居民的平均收入乘以均值系数作为下一年农村"相对贫困线"，并将 0.4~0.5 的均值系数作为界定"相对贫困"的标准。孙久文、夏添（2019）认为，2020 年后应分别以城市和农村居民中位数收入的一定比例作为城市和农村的相对贫困标准，以一定年限（例如 5 年或 10 年）为调整周期。王小林（2017）基于"贫困"一词的中文定义、全面小康和全面发展的要求以及联合国 2030 年可持续发展目标关于"消除一切形式的贫困"的要求等方面论证认为，2020 年后的贫困定义和贫困标准必将是多维度的。汪晨等（2020）则认为中国使用相对贫困标准为时过早。汪三贵、曾小溪（2018）认为，2020 年后贫困标准的制定可以考虑把社会公认的基本需求量转换为相应的价值量，并根据经济社会发展状况和生活水平做出调整。他们认为，这种方法更简单，可操作性更强；可以不使用"绝对贫困"一词，而采用"低收入""欠发达"等来表述。

随着中国人均收入水平的提升和现行标准下绝对贫困的消除，中国扶贫工作将由实现"两不愁三保障"目标向应对和缓解发展不平衡、不充分的多维相对贫困转变。如何制定 2021~2035 年中国的相对贫困标准，是当前扶贫研究的热点问题，学者提出了不同的观点，还没有达成基本共识。事实上，国家确定"十四五"时期（2021~2025 年）是巩固拓展 2013~2020 年脱贫攻坚成果的过渡期，并没有确定相对贫困标准。本章将研究的问题是：在中国于 2020 年消除绝对贫困、进入缓解相对贫困的重要经济社会发展阶段，如何制定相对贫困标准？具体问题包括：第一，中国的相对贫困标准是基于收入或消费的一维相对贫困标准还是多维相对贫困标准？第二，中国的相对贫困标准是否应该像一些学者所说的那样，以中位数收入一定比例作为相对贫困标准，并逐步和经济合作与发展组织成员接轨？第三，如果采用多维相对贫困标准，在2021~2035 年，这一标准应包括哪些维度？本章采用福利经济学与人类发展理论相结合的研究框架，通过对典型国家贫困标准的研究，提出中国 2021~2035 年进入缓解相对贫困、全面推进乡村振兴阶段的多维相对贫困标准政策取向。关于中国绝对贫困标准的讨论，作者已经在《贫困测量：理论与方法》一书中详细介绍了历史上中国不同发展阶段的绝对贫困标准。[1]

3.1　绝对贫困与相对贫困

长期以来，学者倾向于将贫困标准分为基于基本需要（生存需要）法所界定的绝对贫困和基于相对收入法所界定的相对贫困（阿马蒂亚·森，2001；王小林，2017）。而使用相对贫困线的国家的经济发展水平都很高，故相对贫困线又被称为"富裕国家确定贫困率最有效的方法"（UNDP，2007）。

---

[1]　参见王小林《贫困测量：理论与方法》（第二版），社会科学文献出版社，2017 年；WANG Xiaolin, *Multidimensional Poverty Measurement: Theory and Methodology*, Springer, 2022。

3.1.1　绝对贫困标准

绝对贫困标准的早期定义，源于 Rowntree（1901）对英国约克市的贫困线估计，即按照"获得维持体力的最低需要"的"购物篮子"所需要的货币预算确定贫困线。1963 年，欧桑斯基采用这一方法，对美国的绝对贫困进行了定义和测量（安格斯·迪顿，2014；王小林，2017）。1969 年，美国采纳了欧桑斯基对绝对贫困的定义。20 世纪中期，考虑到贫困者的社会需求和人力资本积累需要，贫困的收入测度中增加了诸如公共环境卫生、教育和文化设施等社会福利内容，由此产生了基本需要概念（Townsend，1979）。

"基本需要法"是发展中国家比较常用的测量绝对贫困的方式，核心是从消费角度确定维持个人生存所需的基本需要的种类和数量，并相应地折换成货币量作为收入或消费贫困线（王小林，2017）。传统的基本需要法涵盖了食物（包括饮水）、住房和衣着指标，后期增加了对教育、卫生厕所以及健康保健的关注。World Bank（2001）认为"贫困是福祉被剥夺的现象"，并按照基本需要法来定义和测量贫困（有关基本需要包括食物基本需要和非食物基本需要）。尽管人们对贫困的定义还涉及教育、健康、住所等非食物基本需要，但由于贫困测量手段的滞后，长期以来都把非食物基本需要简单折算为货币量来测量贫困。

世界银行采用基本需要法帮助发展中国家制定国家贫困线，并从最贫困的国家中选出一部分代表，将这些国家的贫困线加以平均，进而得出全球贫困线（安格斯·迪顿，2014）。1978 年世界银行行长罗伯特·麦克纳马拉在《世界发展报告》的序言中指出，"大约 8 亿人继续陷于我所称的绝对贫困之中：一种以营养不良、文盲、疾病、肮脏的环境、高婴儿死亡率为特征的生活条件，以及预期寿命低，低于任何合理的人类尊严定义"（World Bank，1978）。对绝对贫困的这一界定显然很宽泛，涵盖了贫困的多个层面，但贫困人口具体数量的确定是以经济资源所衡量的贫困标准为基础的（World Bank，2017）。这个贫困线最初的标准是每人每天1美元。2008年，世界银行根据15个最贫穷国家[1]的贫困线平均值，确定每人每天1.25美元为全球贫困线。2015年，世界银行将每人每天1.25美元的贫困线按照2011年购买力平价调整为每人每天1.9美元。依据这种方法，世界银行可以测算出各个国家"全球性"的贫困人口数量，进而测算出一个地区以及整个世界的贫困人口数量。世界银行所界定的绝对贫困线为全球贫困人口的测量和比较提供了依据。

3.1.2　相对贫困标准

Townsend（1979）认为，只有从相对剥夺的概念出发，才能客观地定义和一致性地应用贫困概念。当个人、家庭和群体难以获得饮食、参加活动，或者难以获得社会广泛认可的生活条件和便利设施时，他们可以说是处于贫困之中。他们所拥有的资源严重少于个人或家庭平均所支配的资源，他们实际上被排斥在普通的生活模式、习俗和活动之外。Oppenheim（1993）认为，贫困是指物质上的、社会上的和情感上的匮

---

[1]　这15个最贫穷的国家为马拉维、马里、埃塞俄比亚、塞拉利昂、尼日尔、乌干达、冈比亚、卢旺达、坦桑尼亚、几内亚比绍、塔吉克斯坦、莫桑比克、乍得、尼泊尔和加纳。

乏，它意味着在食物、衣着方面的开支要低于平均水平。Foster（1998）认为，贫困的测量应该基于需求资源的比较，若微观个体或家庭的资源达不到贫困线（基于参照群体的贫困线），就应被认为处于贫困状态。

阿特金森描绘了绝对贫困和相对贫困的关系（见图 3-1）。图 3-1 的横轴表示国家人均消费水平，纵轴表示家庭人均消费水平。判断一个家庭是否处于贫困线下，首先要判断其所在国家的人均消费水平在横轴上所处的位置，然后在纵轴上观察该家庭的贫困状态。例如，X 国人均消费水平低于 OB 的家庭，为绝对贫困群体（分布在区域Ⅰ）。如果一个国家的人均消费水平位于 A 的右侧，那么，相对贫困线 RP 是适用的，家庭可能处于相对贫困线和绝对贫困线以下（区域Ⅱ）或处于绝对贫困线以上、相对贫线以下（区域Ⅲ）。BRP 线左上侧的群体则不属于任何贫困群体（分布在区域Ⅳ）（World Bank，2017）。

2001 年欧盟通过了相对贫困线的官方定义，即人均可支配收入中位数的 60%，这大致相当于平均收入的 50%；在其他国家，这个数字是中位数的 50% 或接近中位数的 40%（World Bank，2017）。相对贫困线也被联合国开发计划署、联合国儿童基金会作为测度贫困的重要方式，是欧盟国家度量社会包容性指数和"陷入贫困风险或遭受社会排斥"的重要指标。

阿马蒂亚·森（2001）从权利相对剥夺的视角理解相对贫困，认为相对贫困是个人或家庭的权利相对被剥夺。他所关注的不仅包括穷人的收入分配，还包括贫困的程度如何，以及穷人进入市场、获得教育与健康等经济和社会权利的相对剥夺状况。针对反映收入相对不平等状况的基尼系数等测量方法，Seth 和 Santos（2018）认为，除了通过人类发展指数等指数来评估人类发展水平以外，还必须捕捉人类发展的分布——

需要测量不平等，而对不平等的测量需要使用多维方法和技术。阿马蒂亚·森的分析把相对贫困纳入了多维贫困和能力方法框架。

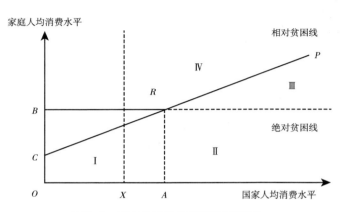

图3-1　绝对贫困和相对贫困的关系

资料来源：World Bank（2017）。

　　贫困的内涵丰富而复杂，贫困概念经历了经济学视角的基本需要、社会学视角的社会排斥、发展学视角的能力贫困和政治学视角的权利剥夺的演进过程（王小林，2012，2017），其变化趋势是将反贫困战略拓展到人和社会发展的高度。综合起来，贫困的基本特性为：第一，贫困是一个具有动态性和历史性的概念；第二，贫困是一个复合、相对、多维的概念；第三，贫困的核心是能力的欠缺性。

3.2　多维相对贫困标准的概念框架

　　自 Sen（1976）提出"能力贫困"的观点以来，学术界对贫困问题的研究逐渐转向多维视角。美好生活需要的不仅仅是健康的身体和足够的金钱。要远离贫困，人类也需要拥有更好的教育、健康以及更广泛地参与社会的能力（安格斯·迪顿，2014）。

3.2.1　能力方法

Sen（1976）的"能力贫困"思想源于亚里士多德关于生活质量和斯密关于生活必需品的论述，他提出，一个人有价值的可行能力包括拥有获得食品、衣着、居住、行动、教育、健康、社会参与等各种功能性活动的能力。Sen（1999）把这些功能性活动所构成的基本可行能力的被剥夺定义为贫困。Sen（1999）区分了收入贫困与能力贫困在本质上的差异：收入只是实现一定生活水平的"手段"，而改善了的生活状态才是人类发展的真正"目的"。收入不足确实是造成生活贫困的很强诱发性条件，但更好的教育和医疗保健不仅能直接改善生活质量，也能提高获取收入并摆脱收入贫困的能力（Sen，1999）。因此，Sen 提出，从获得食物、饮用水、卫生设施、健康保健、住房、教育和信息等的基本能力方面来测量贫困与发展。这一方法不仅扩展了社会福利和贫困的视角，也被广泛应用到人类发展指数和多维贫困指数。

事实上，收入贫困标准只涉及满足个人的基本需要，改善健康状况或治疗疾病等重要方面的花费并没有被包括在内（安格斯·迪顿，2014）。贫困既包含收入不能满足基本需要造成的"贫"，也包括没有能力获得教育、卫生、饮水、社会保障等基本服务的"困"，"贫"与"困"相互影响（王小林、Alkire，2009；王小林，2012，2017）。

3.2.2　多维贫困指数

Sen（1999）阐明了能力和功能性活动的重要性以反映真实的体验贫困，超越了基于消费或收入的福利贫困线的概念。自能力贫困提出后，如何捕捉或测量这种多维的能力贫困成为学者们关注的焦点。已有研究对多维贫困的维度和指标的组成部分、权重及其设置、贫困阈值的设定以及多维贫困指数的加总和分解进行了大量讨论（Tsui，2002；Bourguignon and Chakravarty，2003；王小林、Alkire，2009；Alkire and Foster，2011）。

在研究多维贫困测量方法的早期文献中，Bourguignon 和 Chakravarty（2003）建议为贫困的每个维度设定贫困线（如果低于这些贫困线中的至少一个，则为贫困者），并探讨了如何将这些不同的贫困线和一维的贫困缺口加总到多维贫困的测量中。Tsui（2002）从收入方法出发，探讨了一种本质上是多维贫困测量的方法——不将收入作为基本需要的中介变量，而是根据基本需要本身的最低水平的短缺程度来设定贫困线。Tsui（2002）还讨论了在不同的贫困维度下如何识别总的多维贫困人口，他认为只要有一个维度低于该维度的最低需要，即使其他维度都高于其维度最低需要，这个人也是贫困的，这种状况下的贫困人口总数为多维贫困人口总数。

Alkire 和 Foster（2007）提出了一种新的测量多维贫困的方法——AF 方法，也被称为"双阈值法"。双阈值包括：一是对每个维度内的贫困指标设定贫困阈值，以判断每个维度的指标贫困状况；二是跨维度设定多维度贫困的阈值，以判断多维贫困状况。按照"指标—维度—多维贫困指数"这一顺序进行三级加总计算，即可得到多维贫困指数[1]。《2010 年人类发展报告》首次公布了基于 AF 方法测算的全球 104 个国家和地区的多维贫困指数，随后每年对该指数进行更新。AF 方法是第一个将多维贫困测量广泛应用于全球多维贫困测量实践并得到越来越多国家采纳的方法。全球多维贫困指数包括健康、教育和生活水平三个维度，具体维度、指标、阈值和权重的设定见表 3–1。

表3–1　全球多维贫困指数中使用的维度、指标、阈值及权重设置

维度	指标	阈值	依据	权重
健康	营养	家中有 70 岁以下人口营养不良	SDG 2	1/6
	儿童死亡率	在调查前 5 年内家中有儿童死亡	SDG 3	1/6
教育	受教育年限	10 岁及以上人口未完成 6 年学校教育	SDG 4	1/6
	入学儿童	8 年级之前的适龄儿童未入学	SDG 4	1/6
生活水平	做饭用燃料	家中使用牲畜粪便、秸秆、灌木、木材、木炭或煤做饭	SDG 7	1/18
	卫生厕所	厕所设施没有得到改善（依据 SDG 指南），或与其他户共用改善了的厕所设施	SDG 11	1/18
	安全饮用水	家中不能获得安全饮用水（依据 SDG 指南），或来回至少需步行 30 分钟才能获得安全饮用水	SDG 6	1/18
	用电	家中不通电	SDG 7	1/18
	住房	家庭住房不足：地面由泥土、沙土或粪便制成，住宅没有屋顶或墙壁，住宅或墙壁使用的是未经装修的自然材料（甘蔗、棕榈、松散石头等）	SDG11	1/18
	耐用消费品	下列资产中家庭所拥有的不超过 1 项：收音机、电视、电话、电脑、动物拖车、自行车、摩托车或电冰箱，并且没有汽车或卡车	SDG 1	1/18

资料来源：OPHI（2018）。

---

[1]　关于多维贫困指数的测算方法参见 Alkire 和 Foster（2007，2011）以及王小林、Alkire(2009)。

Sen（1999）认为，多维贫困分析应显示的是人们可以做和能够做成的事情，而不是可以购买或能购买的东西；应更好地捕捉贫困人口的真实体验贫困，而不仅是纯粹的收入贫困。图3-2表明，总体上，人均GDP越高的国家和地区，其多维贫困指数相应越低；D区域各国家和地区的人均GDP高于B区域，其多维贫困指数也明显低于B区域。然而，多维贫困并不仅是收入层面的贫困，C区域各国家和地区的人均GDP高于A区域，但C区域各国家和地区的多维贫困指数反而高于A区域。

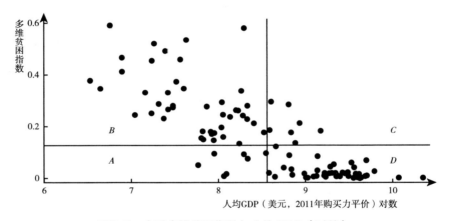

图3-2　全球多维贫困指数与人均GDP（对数）

注：样本为《2010年人类发展报告》首次公布的基于AF方法测算多维贫困指数的全球104个国家和地区。

资料来源：多维贫困指数数据来源于OPHI（2018）；与多维贫困指数相对应年份的人均GDP数据来源于世界银行数据库（https：//data.worldbank.org.cn/indicator/NY.GDP.PCAP.PP.KD?view=chart）。

3.2.3　多维相对贫困标准的概念框架

基于基本需要理论和可行能力理论，本章从"贫"和"困"的视角界定收入贫困与多维贫困的关系，构建多维相对贫困标准的概念框架（见图3-3）。在维度层面，"贫"反映的是经济层面的福利相对不足，主要用收入相对贫困来测量；"困"反映的是非货币方面的公共服务相对不足，主要用教育、医疗等方面的相对贫困指标来测量。本章认为，应从"贫"（相对基本需要）和"困"（相对基本能力）两个层面选择相对贫困指标。

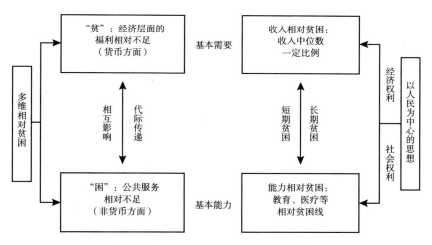

图3-3　多维相对贫困标准的概念框架

　　多维贫困指数AF方法仍可用于计算多维相对贫困指数。首先，需要设定单个指标的相对贫困阈值。单个指标的相对贫困阈值可以采用该指标中位数的一定比例来设置。其次，跨维度的相对贫困阈值则可导入AF方法，例如，考虑k个维度，假定任意30%以上维度的贫困即为多维绝对贫困，任意低于30%维度贫困的群体都是多维相对贫困群体。最后，用AF方法对各维度加总可以计算出多维相对贫困指数。

3.3 发达国家的贫困标准

发达国家的贫困标准主要有三类：第一类是 OECD 国家（不包括美国和日本），以可支配收入中位数的一定比例作为相对贫困标准；第二类是美国，以绝对收入方法制定绝对贫困标准；第三类是日本，用生活水平相对均衡方法度量相对贫困。

3.3.1 英国的贫困标准

英国是 OECD 国家中用相对贫困标准最为成熟的国家，也是全球较早使用相对贫困标准的国家。1950 年以前，英国主要以 Rowntree（1901）提出的"获得维持体力的最低需要"的"购物篮子"作为衡量贫困的标准。1950 年以后，随着现代福利国家的建立，英国废除了这一方法。1979 年，英国开始用相对方法测量贫困。英国的贫困标准可分为两种：第一种是"绝对贫困率"，它衡量的是"家庭收入低于可支配收入中位数的 50%"的人口比例（Bourquin et al.，2019）；第二种是"相对贫困率"，衡量的是家庭收入低于可支配收入中位数的 60% 的人口比例（王小林，2017）。其中，可支配收入中位数是指家庭所获得的税后收入的中位数。

2018 年，英国的社会度量委员会提出了新的贫困衡量标准：考虑了育儿和残疾的成本，以及家庭拥有的储蓄额以及其他差异（Bourquin et al.，2019）。英国在使用收入作为家庭生活水平的指标时，还考虑了家庭规模和构成的差异（见表 3-2）。

表3-2 2017~2018年英国不同百分位数下的家庭年度净收入

单位：英镑

百分位数	一个人家庭	一对夫妇没有孩子的家庭	一对夫妇和两个 14 岁以下孩子的家庭
10th	8700	13100	18300
50th	17600	26400	37000
90th	34700	52000	72800
99th	86700	130100	182100

资料来源：Bourquin 等（2019）。

表 3-2 表明，较大的家庭需要更多的收入才能达到分配的特定点，经过家庭结构的调整后，要达到可支配收入中位数，一对夫妇和两个 14 岁以下孩子的家庭需要年度净收入达到 37000 英镑，而一对没有孩子的夫妇需要获得 26400 英镑的年度净收入，一个人家庭则仅需要年度净收入达到 17600 英镑。

3.3.2 美国的贫困标准

美国的贫困标准是基于收入的绝对贫困标准，有两个官方贫困标准：一个是由美国人口调查局制定的联邦政府官方贫困线，主要用于估算美国的贫困状况，即贫困人口数和贫困发生率；另一个是由美国卫生和公众服务部根据联邦政府官方贫困线制定的联邦贫困指导线，主要用于识别谁（或哪些家庭）有资格获得联邦补贴或援助，例如医疗补助、儿童健康保险计划、国家学校午餐计划等。

美国联邦政府官方贫困线的制定始于 1963 年，由莫利·欧桑斯基研究提出。欧桑斯基对一个四口之家（一对父母和两个孩子）每天所必需的食物费用进行了统计，同时由于当时一个典型家庭通常把 1/3 的家庭收入用于食品支出，因此欧桑斯基将统计得到的结果乘以 3，就得出了当时的贫困线水平——年收入 3165 美元（安格斯·迪顿，2014）。1969 年 8 月，这一贫困线被采纳并被确定为美国联邦政府官方贫困线。目前，美国联邦政府官方贫困线仍然是根据满足消费者基本需要的最低收入确定的，并根据不同地理位置的住房成本进行调整。表 3-3 是 2016 年美国的联邦政府官方贫困线，一个四口之家（一对父母和两个孩子）的贫困线是 24339 美元 / 年，其贫困线的数据来源于人口调查年度社会和经济补编。

表3-3　2016年美国联邦政府官方贫困线

单位：美元 / 年

家庭规模与结构	加权平均贫困线	18 岁以下儿童								
		0 人	1 人	2 人	3 人	4 人	5 人	6 人	7 人	8 人或以上
1 口之家	12228	—	—	—	—	—	—	—	—	—
65 岁以下	12486	12486	—	—	—	—	—	—	—	—
65 岁及以上	11511	11511	—	—	—	—	—	—	—	—
2 口之家	15569	—	—	—	—	—	—	—	—	—
户主 65 岁以下	16151	16072	16543	—	—	—	—	—	—	—
户主 65 岁及以上	14522	14507	16480	—	—	—	—	—	—	—
3 口之家	19105	18744	19318	19337	—	—	—	—	—	—
4 口之家	24563	24755	25160	24339	24424	—	—	—	—	—
5 口之家	29111	29854	30288	29360	28643	28205	—	—	—	—
6 口之家	32928	34337	34473	33763	33082	32070	31470	—	—	—
7 口之家	37458	39509	39756	38905	38313	37208	35920	34507	—	—
8 口之家	41781	44188	44578	43776	43072	42075	40809	39491	39156	—
9 口及以上家庭	49721	53155	53413	52702	52106	51127	49779	48561	48259	46400

资料来源：United States Census Bureau（2017）。

美国卫生和公众服务部发布的联邦贫困指导线，是用于操作层面识别贫困家庭的贫困标准，根据联邦政府官方贫困线，每年使用消费者价格指数进行调整。表3-4给出了2019年美国不同地区的联邦贫困指导线，在 48 个连片的州和哥伦比亚特区，一个四口之家的贫困指导线为 25750 美元 / 年。

表3-4 2019年美国联邦贫困指导线

单位：美元 / 年

家庭人口数（人）	48 个连片的州和华盛顿哥伦比亚特区	阿拉斯加州	夏威夷
1	12490	15600	14380
2	16910	21130	19460
3	21330	26660	24540
4	25750	32190	29620
5	30170	37720	34700
6	34590	43250	39780
7	39010	48780	44860
8	43430	54310	49940
8 人以上	每增加 1 人增加 4420	每增加 1 人增加 5530	每增加 1 人增加 5080

资料来源："2019 Poverty Guidelines"，Office of the Assistant Secretary for Planning and Evaluation（https：//aspe.hhs.gov/2019-poverty-guidelines）。

3.3.3 日本的贫困标准

日本于 1984 年采用生活水平相对均衡方法来测量贫困，其总目标是低收入家庭的人均生活消费支出达到中等收入家庭的 60%。其中，低收入家庭是指在厚生劳动省开展"全国消费实况调查"的对象中，按照家庭规模和人均年收入十等份分组中的第一组家庭；中等收入家庭则为按家庭规模和人均年收入五等份分组中的第三组家庭（焦培欣，2019）。作为 OECD 成员国，日本的相对贫困标准与可支配收入中位数的 60% 类似，但是在操作层面更加精细化。

在具体的操作（方式见表 3-5）中，首先测算具有代表性的"标准家庭"的生活救助额，其次按照年龄、家庭规模、家庭结构（例如孕妇、产妇、残障和重度残障、护理患者、居家患者、放射线障碍者、儿童养育等）进行调整，再次根据劳动收入扣除标准进行相应扣除，最后按照地区生活费用指数进行区域调整。

表3-5　日本生活水平相对均衡方法的操作方式

操作方式	明细
"标准家庭"的选定	1986 年开展调查至今，"标准家庭"为 3 口之家，丈夫 33 岁、妻子 29 岁、孩子 4 岁。确定方法参见焦培欣（2019）和厚生労働省社会·援護局保護課（2011）
生活救助标准的制定	根据"标准家庭"的实际消费测算第 1 类费用（包括伙食费、被服费），利用各年龄段所需热量的国家标准，测算各年龄段第 1 类费用的标准；参考"总理府家计调查"各种人口规模低收入家庭的实际生活消费支出，测算"标准家庭"的第 2 类费用（包括水电费、家什器具购置费及地区冬季费用等），根据不同的折算率计算不同人口规模家庭的第 2 类费用的标准
	根据孕产妇、母子、残障者、护理患者、居家患者、放射线障碍者、儿童养育以及教育等加算标准进行调整，得到特殊群体家庭生活救助标准
	设定劳动收入扣除标准，具体分为基础扣除、特别扣除、新生劳动力就业扣除、未成年人扣除 4 种
等级地划分以及救助标准的调整	日本划分了 3 个等级地，且将 3 个等级地内部细分为 1 类地区和 2 类地区；救助标准的调整：将 1 级 1 类地区的救助标准指数设定为 100%，其他等级地的指数依次降低 4.5%，经调整得到不同等级地的救助标准

资料来源：根据焦培欣（2019）和厚生労働省社会·援護局保護課（2011）整理。

OECD 数据显示，2009~2012 年，日本 0~17 岁人口的相对贫困发生率由 15.7% 上升到 16.3%，日本的儿童相对贫困问题比较突出。人口老龄化是日本最严重的问题之一，2009 年日本政府宣布，街头有大约 16000 名无家可归者，其中约 35% 的人年龄大约为 60 岁或以上[1]。因此，日本注重家庭结构中儿童和老年人的消费支出，并根据其消费支出调整生活救助标准。

3.4　中等收入国家的多维贫困标准

OECD 发达国家的相对贫困标准主要建立在福利经济学理论上。1990 年联合国开发计划署发布第一份《人类发展报告》，以阿马蒂亚·森（2001）为代表的基于人类发展理论的能力方法提出后，多维贫困标准在中等收入国家得到推广应用。2013 年，多维贫困同行网络（Multidimensional Poverty Peer Network，简称 MPPN）正式建立，目前包括中国在内的 50 多个国家以及 19 个国际组织都是其成员[2]。选择多维贫困标准的国家，大多是面临发展差距扩大挑战的发展中国家。本章这一部分将以多维贫困实践比较成熟和典型的墨西哥、哥伦比亚、南非、越南以及中国为案例进行分析。

---

[1]　数据来源: Top 10 Facts about Poverty in Japan (https://borgenproject.org/top-10-facts-about-poverty-in-japan/)。

[2]　数据来源: Multidimensional Poverty Peer Network(https://mppn.org/participants/institutions/)。

3.4.1　墨西哥的多维贫困标准

1990~2000 年，墨西哥的收入基尼系数高达 0.54，严重损害了国家的增长动力，社会矛盾突出。为了缩小发展差距，增强社会凝聚力，2004 年，墨西哥政党间达成共识，通过《社会发展普通法》，提出建立社会政策评估独立委员会，由该委员会根据《墨西哥宪法》和《社会发展普通法》所规定的公民享有的基本经济福利和社会权利来设计多维贫困指数。2009 年，一种新的多维贫困测量方法被墨西哥政府采纳（CONEVAL，2010）。

墨西哥多维贫困指数包括 8 个维度：当前人均收入、家庭平均教育差距、健康服务、社会安全、住宅空间和住宅质量、室内基本服务、食物、社会融合度（CONEVAL，2010）。这 8 个维度分为经济福利和社会权利两大类，两类被赋予了相同的权重，各占 50%。在社会权利这一大类下，每个维度都被赋予相同的权重。

墨西哥把贫困人口分为贫困人口和绝对贫困人口两类：贫困人口指一个人不仅收入贫困，而且在 1~2 个社会权利维度上存在贫困；绝对贫困人口指一个人不仅收入贫困，而且在 3 个及以上社会权利维度上存在贫困。图 3-4 描述了墨西哥的收入贫困与多维贫困的关系，其中，纵轴代表的是经济福利，用收入来度量；横轴代表的是社会权利，横轴越往左边，值越大，阈值 $K=1$ 左边的区域表示至少在一个社会权利维度存在贫困。A_1、A_2、A_3 和 E 区域就是墨西哥所定义的多维贫困区域——在收入低于收入贫困线的同时，还至少在一个社会权利维度存在贫困；B 区域是社会权利脆弱性贫困区域，即经济福利方面不贫困，但至少在一个社会权利维度存在贫困；D 区域是收入脆弱性贫困区域，即收入低于收入贫困线，但社会权利方面不贫困；C 区域表示的是在经济福利和社会权利方面都不贫困。

墨西哥在多维贫困的基础上，制定了最低收入贫困线和多维绝对社会权利贫困线。最低收入贫困的含义是：收入非常低，即使全部用来购买食物也不能满足其基本需要。多维绝对社会权利贫困的界定是：至少在 3 个社会权利维度存在贫困。在多维贫困人口中，多维绝对贫困人口（分布在 E 区域）以外的贫困人口也被称为"中等多维贫困人口"，是多维相对贫困人口。

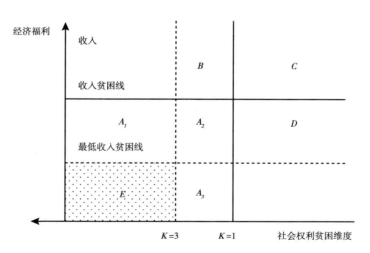

图3-4　墨西哥绝对贫困与相对贫困的比较

注：根据 CONEVAL（2010）整理而得。

3.4.2　哥伦比亚的多维贫困标准

2011 年，哥伦比亚总统 Juan Manuel Santos 倡议设计国家多维贫困指数作为收入贫困标准的补充，并与《国家发展计划（2010~2014 年）》同步设计（Angulo Salazar et al.，2013）。哥伦比亚多维贫困指数主要基于 AF 方法计算，用于反映社会政策目标、协调各公共部门制定政策、监测公共政策实施效率和反作用于相关政策制定。哥伦比亚多维贫困指数包括 5 个维度 15 个细化指标，每个指标均落实到具体政府部门。哥伦比亚对 5 个维度 15 个细化指标的贫困发生率均设定了目标，为相应贫困领域倾斜政策的制定提供了参考依据（Angulo，2016）。表 3-6 表明，哥伦比亚政府以 2009 年为基线，制定了到 2014 年的多维度消除贫困目标，并将其纳入《国家发展计划（2010~2014 年）》实施。

表3-6　哥伦比亚多维贫困指数与《国家发展计划（2010~2014年）》目标的关系

多维贫困指数		国家发展计划（2010~2014 年）		
维度	指标	指标	2009 年基线	2014 年目标
家庭教育条件（0.2）	平均受教育水平（0.1）	15~24 岁人口平均受教育年限（年）	9.15	9.80
	读写能力（0.1）	文盲率（15 岁及以上，%）	6.70	5.70
儿童及青少年情况（0.2）	入学率（0.05）	中学入学率（%）	79.27	91.00
	不上学状况（0.05）	每年辍学率（包括学前、小学和中学，%）	5.15	3.80
	获得儿童保育服务（0.05）	—	—	—
	童工（0.05）	劳动市场中男孩、女孩和青少年（5~17 岁）的数量（人）	1768153	1149300
就业（0.2）	长期失业状态（0.1）	失业率（全国合计，%）	12.00	8.90
	正规就业状况（0.1）	纳入 1 个养老基金的比例（%）	32.00	42.00

续表

多维贫困指数		国家发展计划（2010~2014 年）		
维度	指标	指标	2009 年基线	2014 年目标
健康（0.2）	健康保险（0.1）	纳入健康保险缴费系统人数（人）	18116769	19593047
		补贴系统的覆盖范围（%）	90.27	100.00
	获得健康服务（0.1）	—	—	—
公共设施和住房条件（0.2）	获得水源（0.04）	供水服务覆盖的家庭比例（%）	91.79	94.12
	充分清除下水道废物（0.04）	下水道覆盖的家庭比例（%）	87.48	90.76
	房屋地面状况（0.04）	建筑材料短缺家庭的比例（%）	9.40	6.70
	房屋外墙（0.04）	—	—	—
	居住过于拥挤（0.04）	居住拥挤严重的家庭所占比例（%）	12.50	8.20

注：第 1 列和第 2 列中括号内的数字表示维度或指标的权重。
资料来源：Angulo Salazar 等（2013）。

3.4.3　南非的多维贫困标准

2006 年开始，南非许多省开始测算多维贫困指数，主要涉及收入和物质、就业、教育、健康、生活环境 5 个维度（Statistics South Africa，2014）。2014 年，南非统计局使用 AF 方法和人口普查数据测算了南非多维贫困指数。从南非多维贫困指数的维度、指标、阈值和权重设置（见表 3-7）看，南非的多维贫困指数强调 5 岁以下儿童的生存情况和家庭中成年人的就业情况。

表3-7　南非多维贫困指数的维度、指标、阈值和权重

维度	指标	阈值	权重
健康	儿童死亡率	过去 12 个月内家庭中有 5 岁以下的儿童死亡	1/4
教育	受教育年限	家中有 15 岁以上的人口受教育年限低于 5 年	1/8
	入学情况	家中有 7~15 岁的儿童失学	1/8
生活水平	照明燃料	使用石蜡、蜡烛、其他或无	1/28
	供暖燃料	使用石蜡、木材、煤炭、牲畜粪便、其他或无	1/28
	烹饪燃料	使用石蜡、木材、煤炭、牲畜粪便、其他或无	1/28
	饮用水	住宅或住所没有自来水	1/28
	厕所	不是抽水马桶	1/28
	住宅类型	非正式小屋、传统住宅、大篷车、帐篷、其他	1/28
	资产拥有情况	收音机、电视、电话和冰箱的拥有量不超过 1 个，并且没有车	1/28
经济活动	失业情况	家中所有成年人（15~64 岁）都失业	1/4

资料来源：Statistics South Africa（2014）。

　　多维贫困指数的使用，使南非政府可以更加准确地识别贫困的具体维度和程度，进而制定有针对性的减贫政策。南非的多维贫困发生率从 2001 年的 17.9% 下降到 2011 年的 8%，多维贫困指数从 2001 年的 0.08 下降到 2011 年的 0.03。不过，失业贫困发生率从 2001 年的 33% 上升到 2011 年的 40%，这表明，在南非的多维贫困指数中纳入失业情况并进行监测是至关重要的。

3.4.4　越南的多维贫困标准

　　因多维贫困指数比收入贫困标准能更加全面地捕获真实的贫困状况，2015 年 9 月，越南政府决定采用 AF 方法测量多维贫困，用来监测和评

估社会保障项目以及确定这些项目的受益人。越南多维贫困标准包括 5
个维度，即卫生保健（健康服务的可获得性和健康保险）、教育（成人
教育和儿童入学率）、住房（住房面积和住房质量）、水和卫生（饮用水
来源和厕所）以及信息获取（有使用电信服务和获取信息的资产）。每
个维度都有两个指标，权重相等。如果一个家庭至少在 3 个指标上处于
被剥夺状态，则被认为处于多维贫困。

　　在具体实施方面，越南残疾和社会事务部负责使用多维方法识别贫
困家庭，越南统计局负责根据家庭生活水平调查结果发布贫困率、多维贫
困发生率以及多维贫困指数。越南各部委、机构和省制定了具体而有针
对性的定期扶贫政策和区域发展政策，为贫困和弱势家庭提供直接支持。
2016~2018 年，越南的多维贫困发生率下降明显。以指标贫困阈值 30% 为
例，多维贫困发生率从 2016 年的 8.8% 下降到 2018 年的 6.1%（见图 3-5）。

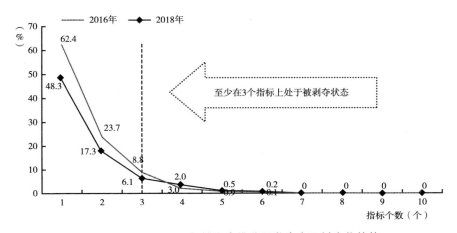

图3-5　2016~2018年越南多维贫困发生率及其变化趋势

资料来源：Multidimensional Poverty Peer Network（https://mppn.org/multidimensional-
poverty-viet-nam/）。

3.4.5 中国农村贫困标准的历史经验

中国的农村贫困标准有国家农村贫困标准、贫困识别标准和贫困退出评估标准三种。

（1）国家农村贫困标准。中国第一个农村贫困标准是国家统计局在1986年对全国6.7万户农村居民收支调查（即常规住户调查）资料进行计算后得出的（朱向东，2000）。这一标准当时按照世界银行基本需要法测算，涵盖维持生存的基本食品需要和满足最低限度的衣着、住房、交通、医疗等非食品需要。根据这种方法计算，1985年中国农村贫困标准为年人均纯收入206元，此后根据物价指数变动逐年调整（朱向东，2000）。1997年开始建立农村贫困监测系统，针对贫困地区开展监测。在1990年、1994年、1997年和2010年，由国家统计局农村社会经济调查总队根据全国农村住户调查分户资料测定农村贫困标准，在其他年份则根据农村居民消费价格指数进行更新。

当前，中国的农村贫困标准是2010年贫困标准。2011年中共中央、国务院印发《中国农村扶贫开发纲要（2011—2020年）》，将扶贫开发任务定位为"巩固温饱成果、加快脱贫致富、改善生态环境、提高发展能力、缩小发展差距"。为了缩小发展差距，让更多贫困人口分享改革开放的成果，中央决定将扶贫标准确定为"农民年人均纯收入2300元（2010年不变价）"。

王萍萍在《中国农村贫困监测报告2015》中解释了当前农村贫困标准的含义："2014年，在有基本住房的情况下，每人每年2800元（2010年不变价2300元）的农村贫困标准中，实际食品支出比重（即恩格尔系数）为 53.5%，相当于人均每天食品消费支出 4.1 元；若将每天 1 斤米面（商品粮）、1 斤菜、1 两肉或 1 个鸡蛋当作每人基本食品消费需求，根据农村居民出售和购买产品综合平均价格，需要开支 3.925 元。4.1 元约为 3.925 元的 1.05 倍。因此，在 2014 年，农村贫困标准中的食品支出可满足健康生存所需要的热量和蛋白质。"表 3-8 显示了 1985 年和 2014 年中国农村居民基本食品消费支出需求。

表3-8 1985年和2014年中国农村居民基本食品消费支出需求

项目		单位	1985 年	2014 年
综合平均价	粮食（原粮）	元 / 千克	0.43	2.48
	蔬菜		0.20	2.96
	猪肉		3.44	18.39
	蛋类		2.52	9.53
基本食品消费所需支出	每天 0.5 千克商品粮	元	0.288	1.653
	每天 0.5 千克蔬菜		0.098	1.478
	每天 0.025 千克肉		0.086	0.460
	每天半个鸡蛋		0.088	0.334
	合计		0.560	3.925

　　注：综合平均价是农村住户调查中农户出售和购买价格的简单平均；原粮对商品粮的折算系数是 0.75；1 个鸡蛋按 0.07 千克计算。
　　资料来源：国家统计局住户调查办公室，2015，《中国农村贫困监测报告 2015》，北京：中国统计出版社。

（2）贫困识别标准。《中国农村扶贫开发纲要（2001—2010 年）》实施完成后，中国贫困人口的分布发生了明显变化，分布在贫困地区的贫困人口比例只占全国贫困人口的一半多，其余分布在非贫困地区。为了提高扶贫工作成效，必须改变瞄准机制。正是在这个历史背景下，习近平总书记明确提出实施精准扶贫精准脱贫方略。

实施精准扶贫精准脱贫方略，必须开展贫困人口的精准识别。根据《关于创新机制扎实推进农村扶贫开发工作的意见》（中办发〔2013〕25号）制定统一的扶贫对象识别办法的有关精神，国务院扶贫办印发《扶贫开发建档立卡工作方案》（国开办发〔2014〕24号），开始在全国进行贫困人口精准识别。扶贫对象建档立卡标准（即贫困识别标准）以考虑收入为主，并同时考虑"两不愁三保障"，实际上就是按照多维度的方法识别贫困。在贫困识别的实践操作中，基层扶贫干部进一步将这一标准演化为"几看法"："一看房"，包括住房安全、人均住房面积，出行工具，饮水和用电条件；"二看粮"，包括人均经营耕地面积、种植结构、人均占有粮食、人均经营收入等；"三看劳动力强不强"，包括劳动力占家庭人口的比例、健康状况、劳动力素质、人均务工收入等；"四看家中有没有读书郎"，包括教育负债、教育回报等。全国各地在"几看法"的操作中稍有不同。

（3）贫困退出评估标准。精准扶贫要求精准退出，这就必然要求制定贫困退出评估标准。《关于建立贫困退出机制的意见》中明确规定，"贫困人口退出以户为单位，主要衡量标准是该户年人均纯收入稳定超过国家扶贫标准且吃穿不愁，义务教育、基本医疗、住房安全有保障"。贫困人口退出标准不仅要高于国家农村贫困标准（2010年不变价2300元），还要实现"两不愁三保障"。在第三方评估工作中，评估专家组针对"两不愁三保障"制定了具体的评估方法和评价标准。

自八七扶贫攻坚计划实施以来，中国建立了农村贫困监测制度，制定了国家农村贫困标准，并在不同扶贫阶段进行相应调整。国家农村贫困标准用于测算全国和分省（区、市）贫困人口的规模及分布，监测贫困地区的减贫进程，为科学制定不同阶段的扶贫纲要和政策提供了科学依据。

3.5　2021~2035 年多维相对贫困标准讨论

基于贫困概念、贫困标准的演进以及发达国家和发展中国家的经验，特别是中国农村贫困标准的变化和脱贫攻坚实践经验，本章在这一部分提出制定中国 2021~2035 年多维相对贫困标准的政策取向。

3.5.1　2021~2035 年中国应采用多维相对贫困标准

在理论上，人类社会对贫困的认识从福利经济学的基本需要理论拓展到人类发展理论的能力方法。本章的概念框架表明，单靠收入或消费指标只能捕获"贫"，而无法准确地衡量"困"。在实践层面，多维贫困测量方法在发展中国家取得了较好效果。中国农村贫困标准、"两不愁三保障"贫困识别标准和贫困退出评估标准的历史经验，也为中国 2021~2035 年多维相对贫困标准的制定奠定了理论和实践基础。在《国家八七扶贫攻坚计划（1994—2000 年）》和《中国农村扶贫开发纲要（2001—2010 年）》实施期间，中国对贫困的定义强调"食不果腹、衣不蔽体、住不避风雨"，目标是解决以维持基本生存需要的"吃、穿、住"为特征的绝对贫困问题。贫困标准虽经过几次调整，但仍为收入贫困单一标准。《中国农村扶贫开发纲要（2011—2020 年）》明确提出"稳定实现扶贫对象不愁吃、不愁穿，保障其义务教育、基本医疗和住房"。对

79

贫困的定义强调"不愁吃、不愁穿，义务教育、基本医疗、住房安全有保障"，即要解决维持生存的基本需要和提供促进发展的基本服务。在这个过程中，中国实现了由收入贫困单一监测标准向多维贫困识别标准的转变，并制定了多维度的贫困退出评估标准。在脱贫攻坚战中，教育、健康和保障扶贫对阻断贫困代际传递并促进贫困人口发展起到了至关重要的作用。2021~2035年，中国进入缓解相对贫困阶段，将应对多方面发展不平衡、不充分问题，采用多维相对贫困标准有助于在实现全面建成小康社会之后向共同富裕目标迈进。

2021年中国宣布打赢脱贫攻坚战后，并没有提出制定多维相对贫困标准。主要的政策措施是在"十四五"从脱贫攻坚向全面推进乡村振兴的过渡期内，以不发生大规模返贫为工作目标，继续对脱贫地区（欠发达地区）和低收入人口（脱贫人口）持续帮扶，以巩固脱贫攻坚成果。中国的低收入标准由民政部门根据地方生活水平和可支配财力制定，这意味着中国在"十四五"期间并没有新的国家收入或消费贫困标准。一个不可回避的矛盾是：巩固脱贫攻坚成果，在收入上仍然采取2021年制定的贫困标准吗？如果是这样，这一标准随着时间的推移，必然相对地太低了。好在巩固脱贫攻坚成果的评价标准，仍坚持了"两不愁三保障"多维标准。这一多维标准可以弥补收入标准相对太低的缺陷。但是，下一步对乡村全面振兴或者共同富裕进行评价时，必然是多维相对标准。

3.5.2 中国没必要在相对贫困标准上与OECD国家接轨

根据OECD国家、欧盟国家以可支配收入中位数的一定比例作为相对贫困标准的国际经验，一些学者提出，中国应采用类似的相对贫困标准。本章认为，中国没有必要与这些国家接轨。其原因是：首先，发达国家在制定以可支配收入中位数为参照的相对贫困线时，基本完成了城镇化进程，且基本公共服务的均等化水平比较高，而中国则不同；其次，发达国家大部分劳动力为正规就业，可以低成本且便捷地获得准确的收入和纳税数据，中国农业经营收入、工资性收入都难以进行准确核算，因而相对贫困人口的收入无法准确核算，特别是在操作上难度比较大；最后，发达国家在开发相对贫困标准时，人类发展理论以及基于能力方法的多维贫困理论还没有得到广泛应用，新的贫困理论和测量方法已经超越了福利经济学的基本需要理论，多维贫困标准成为新的国际发展方向。2021~2035 年，在基本公共服务没有实现普惠、均等化以及城镇化没有完成的条件下，中国应制定多维相对贫困标准。应在"两不愁三保障"的基础上，根据发展阶段制定多维相对贫困标准，而不是简单地像欧盟国家一样把可支配收入中位数的一定比例作为相对贫困标准。仅仅用收入衡量相对贫困的局限性太多了，重要的是，这种做法不能反映贫困人口的"困"，与中国到 2035 年的发展战略目标不符合。当然，这一标准不一定要称为"相对贫困标准"，可以是针对乡村振兴短板的标准，也可以是针对共同富裕短板的标准。

3.5.3　中国多维相对贫困标准的维度与指标讨论

中国的多维相对贫困标准，应适应共同富裕目标的需要，既要包括反映"贫"的经济维度，也要包括反映"困"的社会发展维度，还要包括生态环境相关指标。

第一，在经济维度，需要考虑收入和就业两个方面。增加收入和促进就业是缓解相对贫困的重要维度。在收入方面，可以借鉴 OECD 国家可支配收入中位数一定比例的方法，并且把扶贫的考核目标转变为低收入人口的收入增长幅度，而不是贫困人口减少数量；在就业方面，相关指标应包括失业率和正规就业率。随着经济结构的转型升级，就业问题将变得更加突出，就业扶贫也将是缓解相对贫困的重要措施。因此，把就业纳入经济维度十分必要。

第二，在社会发展维度，需要考虑教育、健康、社会保障、信息获得等方面。在九年制义务教育基本普及的基础上，适应 2035 年迈入创新型国家前列以及进入高收入国家行列的发展需要，须向普及 12 年义务教育或 12 年免费教育方向发展，教育方面的指标和相对贫困线应据此来设定。健康和社会保障制度须在脱贫攻坚的基础上进一步完善。考虑到数字经济和知识经济的需要，借鉴越南多维贫困指数的经验，把信息作为一个维度纳入多维贫困框架是十分必要的。

第三，在生态环境方面，考虑到新发展理念、生态补偿脱贫的实践经验以及人们追求更加美好生态环境的需求，生态环境相关指标须被纳入多维贫困框架中。针对人和户的多维相对贫困指数在生态环境方面须主要纳入饮用水、卫生厕所和洗澡设施、生活用燃料、畜禽粪便、生活垃圾、生活污水等人居环境指标；而针对区域发展的多维相对贫困指数则可从区域可持续发展视角设置相应指标。

在各维度指标的设置方面，应根据全面建成小康社会后下一阶段的发展目标进行选择，即研究制定 2021~2035 年多维相对贫困指标及其发展目标，并将其运用于相关部门的实际工作中。

3.5.4　中国多维相对贫困指数的测算

第一，中国多维相对贫困指数。可以采用两种框架：一种是把收入作为一个维度纳入多维相对贫困指数，并赋予较高权重，中国精准脱贫中实现收入脱贫和"两不愁三保障"的实践经验以及墨西哥的做法可供参考；另一种是把收入单独作为收入相对贫困标准，与不包括收入的多维相对贫困指数共同使用，哥伦比亚、南非、越南的做法可供借鉴。

第二，多维相对贫困。根据全球多维贫困指数以及墨西哥多维贫困指数分类的经验，中国可以把在任意 1~2 个维度存在贫困定义为多维相对贫困，相应的贫困人口则定义为多维相对贫困人口。多维相对贫困人口可以按照城乡、区域、年龄、性别等进行分解，以便采取更具针对性的减贫政策。

第三，多维绝对贫困。在 3 个及以上维度贫困的人口可以定义为多维绝对贫困人口。例如，当设定收入、就业、教育、健康和生活水平 5 个维度来衡量多维贫困时，当在任意 3/5 及以上维度贫困时，可以定义为"多维绝对贫困"；当在任意 1/5 或 2/5 维度贫困时，可以定义为"多维相对贫困"。

总之，笔者建议，在"两不愁三保障"实践经验的基础上，2021~2035 年中国应采用多维相对贫困标准。多维相对贫困标准由中央农村工作领导小组牵头，国家统计局、国家乡村振兴局、教育部、卫健委、民政部等相关部门和专家共同研究制定。其中，国家统计局根据全国住户收支与生活状况调查数据测算多维贫困指数、多维贫困发生率和分布状况，供国家制定相关战略和政策使用，并作为相对贫困监测结果向社会公布；中央农村工作领导小组或将来类似的领导小组，根据相对贫困的维度和指标，协调领导小组相关成员单位开展多维度缓解相对贫困的工作，例如制定行业或部门政策、制定发展目标等。

参考文献

阿马蒂亚·森，2001，《贫困与饥荒》，王宇、王文玉译，北京：商务印书馆。

安格斯·迪顿，2014，《逃离不平等》，崔传刚译，北京：中信出版社。

陈志刚、毕洁颖、吴国宝、何晓军、王子妹一，2019，《中国扶贫现状与演进以及 2020 年后的扶贫愿景和战略重点》，《中国农村经济》第 1 期。

陈宗胜、沈扬扬、周云波，2013，《中国农村贫困状况的绝对与相对变动——兼论相对贫困线的设定》，《管理世界》第 1 期。

焦培欣，2019，《我国小康社会生活救助标准研究——日本水准均衡方式的借鉴》，《中国行政管理》第 5 期。

孙久文、夏添，2019，《中国扶贫战略与 2020 年后相对贫困线划定——基于理论、政策和数据的分析》，《中国农村经济》第 10 期。

汪晨、万广华、吴万宗，2020，《中国减贫战略转型及其面临的挑战》，《中国工业经济》第 1 期。

汪三贵、曾小溪，2018，《后 2020 贫困问题初探》，《河海大学学报》（哲学社会科学版）第 2 期。

王小林，2012，《贫困标准及全球贫困状况》，《经济研究参考》第 55 期。

王小林，2017，《贫困测量：理论与方法》（第二版），北京：社会科学文献出版社。

王小林、Alkire Sabina，2009，《中国多维贫困测量：估计和政策含义》，《中国农村经济》第 12 期。

朱向东，2000，《中国农村贫困监测系统的建立与发展》，《调研世界》第

8 期。

Alkire, S., and J. E. Foster. 2007. "Counting and Multidimensional Poverty Measures." OPHI Working Paper No.7. https://ophi.org.uk/working-paper-number-07.

Alkire, S., and J. E. Foster. 2011. "Counting and Multidimensional Poverty Measurement." *Journal of Public Economics*, 95(7): 476-487.

Angulo, R. 2016. "From Multidimensional Poverty Measurement to Multisector Public Policy for Poverty Reduction: Lessons From the Colombian Case." OPHI Working Paper No.102. https://ophi.org.uk/from-multidimensional-poverty-measurement-to-multisector-public-policy-for-poverty-reduction-lessons-from-the-colombian-case/.

Angulo Salazar, R. C., B. Y. Díaz, and R. Pardo Pinzón. 2013. "A Counting Multidimensional Poverty Index in Public Policy Context: The Case of Colombia." OPHI Working Paper No. 62. https://ophi.org.uk/a-counting-multidimensional-poverty-index-in-public-policy-context-the-case-of-colombia/.

Bourguignon, F., and S. R. Chakravarty. 2003. "The Measurement of Multidimensional Poverty." *Journal of Economic Inequality*, 1 (1): 25-49.

Bourquin, P., J. Cribb, T. Waters, and X. Xu. 2019. "Living Standards, Poverty and Inequality in the UK: 2019." Institute for Fiscal Studies. https://www.ifs.org.uk/publications/14193.

CONEVAL. 2010. "Methodology for Multidimensional Poverty Measurement in Mexico: An Executive Vision." CONEVAL. https://www.coneval.org.mx/rw/resource/coneval/med_pobreza/MPMMPshortversion100903.pdf.

Foster, J. E. 1998. "What is Poverty and Who Are the Poor? Redefinition for the United States in the 1990s." *The American Economic Review*, 88(2): 335-341.

OPHI. 2018. "Global Multidimensional Poverty Index 2018: The Most Detailed Picture to Date of the World's Poorest People." University of Oxford. https://ophi.org.uk/global-multidimensional-poverty-index- 2018-the-most-detailed.

Oppenheim, C. 1993. *Poverty: The Facts*. London: Child Poverty Action Group.

Rowntree, S.1901. *Poverty: A Study of Town Life*. London: Macmillan.

Sen, A. 1976. "Poverty: An Order Approach to Measurement." *Econometrica*, 44(2): 219-231.

Sen, A. 1999. *Commodities and Capabilities* (2nd Ed.). London: Oxford University Press.

Seth, S., and M. E. Santos. 2018. "Multidimensional Inequality and Human Development." OPHI Working Paper No. 114. https://ophi.org.uk/multidimensional-inequality-and-human-development.

Statistics South Africa. 2014. "The South Africa MPI." Statistics South Africa. https://ophi.org.uk/south-africa-launches- south-african-multidimensional-poverty-index.

Townsend, P. 1979. *Poverty in United Kingdom*. Harmondsworth: Penguin.

Tsui, K. 2002. "Multidimensional Poverty Indices." *Social Choice and Welfare*, 19(1): 69-93.

UNDP. 2007. "Human Development Report 2007/2008." UNDP. http://hdr.undp.org/en/content/human-development- report-20078.

United States Census Bureau. 2017. "How the Census Bureau Measures Poverty: 2017." United States Census Bureau. https://www.census.gov/library/visualizations/2017/demo/poverty_measure-how.html.

World Bank. 1978. "World Development Report 1978." World Bank. https://openknowledge.worldbank.org/handle/10986/5961.

World Bank. 2001. "World Development Report 2000/2001: Attacking Poverty." World Bank. https://openknowledge. worldbank.org/handle/10986/11856.

World Bank. 2017. "Monitoring Global Poverty: Report of the Commission on Global Poverty." World Bank. https://openknowledge.worldbank.org/handle/10986/25141.

World Bank. 2018. "China Systematic Country Diagnostic: Towards a More Inclusive and Sustainable Development." World Bank. https://openknowledge. worldbank.org/handle/10986/29422.

厚生労働省社会・援護局保護課, 2011,《生活保護基準の体系等について》, https://www.mhlw.go.jp/stf/shingi/2r985 2000001d2yo-att/2r9852000001d31w.pdf。

第4章 生活质量缺陷测算：一个相对贫困分析框架

4.1 引言

    贫困是人类社会的顽疾。反贫困始终是古今中外治国安邦的一件大事。党的十八大以来，党中央把脱贫攻坚摆在治国理政的突出位置，把脱贫攻坚作为全面建成小康社会的底线任务，组织开展了声势浩大的脱贫攻坚人民战争。到 2020 年底，现行标准下 9899 万农村贫困人口全部脱贫，832 个贫困县全部摘帽，12.8 万个贫困村全部出列，区域性整体贫困得到解决，完成了消除绝对贫困的艰巨任务（习近平，2021）。全面建成小康后，我国迈向更高水平的共同富裕阶段。党的十九届四中全会明确提出，"巩固脱贫攻坚成果，建立解决相对贫困的长效机制"。党的十九届五中全会提出，"十四五"民生福祉达到新水平，建立农村低收入人口和欠发达地区帮扶机制，接续推进脱贫地区发展，实现巩固拓展脱贫攻坚成果同乡村振兴有效衔接。"十四五"期间主要工作任务是守住防止规模性返贫底线，实现巩固拓展脱贫攻坚成果同乡村振兴有效衔接

（尹成杰，2022）。从中长期目标来看，是要全面实现乡村振兴，缩小发展差距，实现共同富裕。共同富裕是发展与共享的有机统一，在发展中实现共享，在共享中促进发展（李实，2021）。

在新的历史阶段，要贯彻以人民为中心的发展思想，着力解决发展不平衡不充分问题，实现人的全面发展。从我国社会主要矛盾和发展的阶段性目标来看，需要一种科学的方法度量人民美好生活的目标与现实满足水平之间的差距。按照"必须坚持问题导向""补短板、强弱项"的系统观念，从社会主要矛盾"人民日益增长的美好生活需要和不平衡不充分的发展之间的矛盾"出发，着眼于 2035 年"人民生活更加美好"远景目标，本文提出关于共同富裕目标下生活质量缺陷的多维测量模型，立足于更高质量美好生活的丰富内涵，参考并包容了贫困测量理论中多维指数与单一指标下的测量体系，构建统一的分析框架，为公共政策提供更加精准的抓手。

现有的对相对贫困标准的确定和测算方法的探索，有收入相对贫困标准的研究（孙久文、夏添，2019；汪三贵、孙俊娜，2021），也有多维相对贫困标准的讨论（王小林、冯贺霞，2020；汪三贵、孙俊娜，2021）。已有的研究发现，货币贫困标准识别的贫困人口与多维贫困标准识别的贫困人口存在不一致（Wang et al.，2016；王小林、冯贺霞，2020）。但不幸的是，现有的多维贫困国际指标，和以收入为基础的贫困衡量方法各有偏重，而两者的测量结果难以进行细致的对比分析（Burchi et al.，2018）。除此之外，注意到一些多维指数，缺乏概念上的明确性，因此很难判断对综合指数中究竟是何种因素导致贫困人口的福利变化，以及指数大小与福利之间的联系（Ravallion，2012）。因此，关于低收入人口和人民生活质量之间的理论关系仍需进一步深入研究。

本文构建一个生活质量缺陷测量方法，保留了多维贫困指数的结构系统性与指数简洁性的特点，并实现了统筹不同标准，比较不同群体的生活质量缺陷覆盖比例，更加有效地服务于针对相对贫困群体的精准施策。生活质量缺陷测量对于已有测量方法在以下方面存在明显改进。第一，弥补已有 AF 方法中无法识别相对贫困群体与普通人群的特征差异，生活质量缺陷覆盖比例很好地测量了两类群体的缺陷特征，从而为精准施策提供抓手。第二，通过缺陷覆盖比例将维度缺陷指数和生活质量缺陷指数紧密结合起来，而以往的多维测量方法与"仪表盘"（Dashboard）[1] 尚未被同一的框架涵盖（Alkire et al., 2015）。生活质量缺陷方法对于指数的维度汇总及生活质量缺陷覆盖比例，还提供了更加细致丰富的解释分析。第三，生活质量缺陷指数的适用范围更加广泛，该方法在贫困识别方面可以使用货币单一维度的贫困标准、多维贫困标准，或者最近学者提出的形式更加复杂的识别方法（Jones，2022）。分析不同贫困识别标准下总体人群和贫困人群的生活质量缺陷状况，并揭示其与仪表盘指标的关系。

在实证中，本文使用 2018 年中国家庭追踪调查（CFPS）数据，分析了不同标准下贫困人口的生活质量缺陷及其对总体人群生活质量缺陷的贡献。主要考察了三种不同识别标准下贫困人口的生活质量的缺陷：（1）多维贫困识别标准——参考多维贫困测量的识别方法构建；（2）收入贫困线识别标准——基于货币维度，它既可以是绝对标准，也可以是相对标准；（3）双重贫困识别标准——同时满足收入贫困和相对多维贫困的

---

[1] "仪表盘"指标因其由一组公共政策关注的指标构成，不需要加总，具有一目了然的简洁性，在国际和国内的反贫困和人类发展监测中被广泛应用。例如，联合国千年发展目标（MDGs）和可持续发展目标（SDGs）的监测就采用了"仪表盘"方法，我国"两不愁、三保障"脱贫攻坚的监测，实质上也是"仪表盘"方法。

人口。结果发现，相对多维贫困标准下的生活质量缺陷指数，比收入贫困标准下的指数更高。进一步通过人口分类，比较这两种贫困识别标准下不同特征人群的情况，发现不同性别以及城乡之间，识别标准的选取会影响到所瞄准的群体对于总体缺陷的贡献比例。同时注意到，在双重标准下的贫困人口数量较少，但其对生活质量缺陷覆盖比例的贡献较大。

在迈向共同富裕的发展阶段，生活质量缺陷模型带来新的政策启示：在关注相对贫困群体的生活质量缺陷的同时，应该将其与总体人群的生活质量问题关联起来。通过调整优化贫困识别标准，可以瞄准不同特征不同缺陷的群体，并估计其对总体生活质量缺陷的影响；对存在生活质量缺陷的群体实施有效帮扶，可以提高其生活质量，并进而提升总体人口的生活质量福利。本文可为"十四五"期间实现巩固拓展脱贫攻坚成果同乡村振兴有效衔接，健全防止返贫动态监测和帮扶机制，以及对"十五五"和"十六五"相对贫困的治理提供理论武器和方法工具；为实现共同富裕和共享繁荣目标提供公共政策抓手，可以构建城乡居民生活质量缺陷监测体系，按照"补短板、强弱项"的系统思维对居民生活质量缺陷进行精准治理。

4.2　文献综述

4.2.1　贫困识别与多维指数测量方法

1981 年以来，收入贫困线基于满足人们基本需要的生活标准（standard of living）的货币方法，广泛应用于各国贫困监测以及全球贫困监测。

2010 年以来，基于能力方法的多维指数被广泛地应用于贫困和社会福利指标测量（Alkire and Foster, 2011; Atkinson, 2003; Wang et al., 2016; World Bank, 2016）。世界银行对货币方法和能力方法测量贫困的比较研究发现，货币方法聚焦于生活标准，能力方法聚焦于能力和权利；货币方法是单维度方法，能力方法是多维度方法；货币方法分析单元是家庭，能力方法分析单元是个体；此外，货币方法用贫困等值（equivalence scale）反映家庭中不同年龄人口的特征，能力方法则可更加广泛地分析儿童、老人以及其他多样化的特征（World Bank，2016）。为了弥补收入贫困线对生活标准测量的不足，人们试图通过拓宽消费函数公式中所包括的内容，如教育、健康等消费支出。但事实上，评估不同消费项目所需的市场价格可能不存在，也可能不具有代表性（World Bank，2016）。无论怎样拓展消费函数，收入贫困线始终是单一维度的测量方法。相反，能力或最低权利视角是内在多维的（intrinsically multidimensional）。Alkire 等认为，在能力空间中定义贫困首先意味着，贫困测量必须是多维的（Alkire et al.，2015）。

为了弥补货币标准单一维度测量贫困、生活标准或福利的不足，研究者向两个方向进行了探索：一个方向是结果指标"仪表盘"（a dashboard of outcome indicators），另一个方向是多维贫困指数（MPI）。受法国总统尼古拉斯·萨科齐的委托，Stiglitz，Sen 和 Fitoussi 深入讨论了"仪表盘"方法可用于评估经济表现和社会进步，试图采用一些其他衡量社会进步的指标以弥补 GDP 单一指标的不足。他们形象地比喻，一个汽车的仪表盘，把车辆的当前速度和剩余油量合成一个指数对驾驶员没有任何帮扶，但这两条信息都至关重要，需要显示在仪表盘的不同、清晰可见的区域中（Stiglitz et al.，2009）。联合国千年发展目标（MDGs）和可持续发展目标（SDGs）都是"仪表盘"方法的代表，由不同维度的发展指标构成一个衡量发展的"仪表盘"，但并不进行加总。

Ravallion（2012）认为一个复合的指数在表达上具有简约性，但是其中包括权重在内的参数设定具有任意性，使得复合的指数含义变得模糊。当我们在解释多维贫困指数和其包含的各个维度时，类似的困惑也遭到了质疑。因此，需要检查指数与各个组成维度之间的关系，来阐述多维测量标准与各个维度之间的关联和区别。Ravallion（2011）讨论了用"仪表盘"方法，分析一系列多个维度的贫困指数来衡量贫困人口的福利问题。Ferreira 和 Lugo（2013）讨论了多维分析方法和仪表盘分析方法的差异与关系，多维分析方法不应该和仪表盘方法完全对立，并提出了三种可行的解决思路：①多元随机占优分析，允许联合分布的偏序排序（Duclos et al.，2006）；②维恩图分析（Atkinson and Marlier，2010）；③使用 copula 联合分布函数（Decancq，2014）。

为了阐述多维贫困指数和其组成指标的关系，支持多维贫困指数的学者做出了诸多努力。Alkire 和 Foster（2011）考虑了维度指标对于多维贫困指数的贡献情况。Suppa（2018）讨论了在动态环境中，个体在剥夺与贫困状态中的变换对于维度指标与多维指数的影响，来理解仪表盘方法与维度贡献和多维贫困之间的关系。Schlossarek 等（2019）提出了一种衡量多维贫困指数中各个指标相对重要性的方法，并将其应用于多维测量的指数，可用于提高综合指数的透明度。Betti 等（2015）提供了一个循序渐进的程序：使用因子分析确定初始剥夺项目的维度或分组，并应用加权汇总方法将单个指标合成到指数组成中。

4.2.2　我国相对贫困问题的研究

发展不平衡不充分问题是我国进入新发展阶段，经济社会发展所面临的主要问题与挑战。通过长期的扶贫开发政策以及脱贫攻坚政策的有效实施，我国的绝对贫困问题已经消除，并且取得了丰富的减贫理论与实践经验。随着绝对贫困问题的消除，国内学者将绝对贫困研究领域拓展到相对贫困，并进行了相应的概念体系转换（汪三贵、刘明月，2020；曾福生，2021；王小林、张晓颖，2021）。通过聚焦人力资本提升（何眉等，2022）、数字技术使用（罗明忠、刘子玉，2022）、普惠金融发展（何宗樾等，2020；蒋晓敏等，2022）等方面更高层次的需求满足问题，将研究视角扩展到城乡居民高水平生活质量问题的多个方面。

许宪春等（2019）从人们对"美好生活需要"出发，提出平衡发展指数的编制，指出发展不充分是对于各发展状态短板的测量，发展不平衡问题表现为区域和城乡之间的差距。祝志川等（2021）基于 AHP 方法改进了多维贫困测量方法，改善了指标赋权，分析了我国在脱贫攻坚阶段相对贫困问题，认为目前人们基本生活状况得到满足，需要更多地聚焦健康、教育等方面。黄璙等（2022）认为全面建成小康社会以后，贫困的性质发生变化，并构建区域多维贫困测量方法进行分析，通过对全国省级层面的贫困状况以及江西省县域农村贫困的空间格局进行分析，得出要在乡村整体战略背景下聚焦新的贫困形式，制定帮扶政策。杨肃昌、杨移（2022）使用了基尼系数，将收入、教育、医疗和住房等资源分配的不平等性纳入相对贫困的研究，认为实现共同富裕既需要解决经济收入问题，也需要改善资源和公共服务分配情况。

立足于共同富裕思想和人的全面发展观点，本文构建的生活质量缺陷模型，保留了多维贫困指数的结构系统性与指数简洁性的特点；与此同时，将其同总体人群的仪表盘指标关联起来，对于指数的维度汇总及群体贡献提供了更加细致丰富的解释分析，以解决以往多维贫困指数与仪表盘指标互相脱节的问题。本文提出在脱贫攻坚迈向共同富裕阶段，相对贫困的测量聚焦于人们的生活质量缺陷测量，通过对生活质量缺陷的测量，可以发现总体人群的生活质量缺陷与相对贫困人口的生活质量缺陷的关联。通过结合总体仪表盘指标和生活质量缺陷覆盖比例的评估分析，可以准确把握人们的生活质量状况，为解决相对贫困人口的生活质量缺陷，实现共同富裕目标提供量化分析方法和政策建议。

4.3　生活质量缺陷的测量方法

人类对于美好生活的不断追求，与现实中个体能力的不足以及无法充分平衡满足的社会供给之间的矛盾，造成一部分人总是存在相对意义上的能力不足和需要满足的匮乏。生活质量缺陷是对人群各种能力的不足和需要的匮乏情况的测量。相应地，一般认为越是贫困的人口，其生活质量缺陷越严重。本文采取多维测量方法，将贫困识别与生活质量缺陷的测算统一在一个测量体系中，将这种生活质量缺陷的测量方法表示为 $M=(\rho, M)$。其中 ρ 是贫困识别函数，M 是生活质量缺陷指数的计算规则。在多维测量方法的基础上，生活质量缺陷测量中包括了对贫困识别和生活质量缺陷指数的计算和比较。

4.3.1　生活质量缺陷指数计算

1. 生活质量缺陷矩阵

生活质量水平测量记为 $y=[y_{ij}]$，是 $n \times m$ 维矩阵。y_{ij} 表示个体 i 在生活质量维度 j 上的取值（$y_{ij}>0$）。在矩阵中可分行列来看，m 维行向量 $y_{i\cdot}$ 表示个体 i 在 m 个维度的生活质量上的取值，n 维列向量 y_{*j} 表示维度 j 上的分布。

令 m 维行向量 $z=[z_j]$ 是各生活质量维度的阈值，当 $y_{ij}<z_j$ 视为个体或家庭 i 存在维度 j 的生活质量缺陷。定义生活质量缺陷矩阵 $g^0 = \left[g_{ij}^0 \right]$，是 $n \times m$ 维矩阵。当 $y_{ij}<z_j$ 时 $g_{ij}^0 =1$，个体或家庭 i 存在缺陷 j；否则 $g_{ij}^0 =1$，未发生缺陷。m 维行向量 $g_{ij}^0 =1$，表示个体或家庭 i 在各个生活质量维度的缺陷。更一般地，给出 α 阶生活质量缺陷测量，可用于计算 α 阶 FGT 指数：

$$g^{\alpha} = \left[g_{ij}^{\alpha} \right] = g_{ij}^0 \left(\frac{z_j - y_{ij}}{z_j} \right)^{\alpha} \qquad (4-1)$$

2. 相对贫困的识别

定义贫困标准 (B,κ)，其中 $m \times l$ 维矩阵 B 是相对贫困识别矩阵，l 维行向量 κ 表示相对贫困识别阈值。通过设定不同形式的识别矩阵 B，我们可以计算和比较多种相对贫困标准下的生活质量缺陷特征。参考 Bourguignon 和 Chakravarty（2003），定义相对贫困标识函数 $\rho\left(y_i;B,\kappa\right):R^m \to \{0,1\}$，其中设定：

$$\rho\left(y_i;B,\kappa\right) = \begin{cases} =1, & \text{如果} \kappa \leqslant g_{i*}^{\alpha}B \\ =0, & \text{其他情况} \end{cases} \qquad (4-2)$$

其中 $\kappa \leqslant g_{i*}^{\alpha}B$ 的数学逻辑具体表示为 $\left[\kappa_j\right] \leqslant \left[\left(g_{i*}^{\alpha}B\right)_j\right]$，$\forall j$。当个体 i 在标准 κ 被视为相对贫困时 $\rho(y_i;B,\kappa)=1$，否则 $\rho(y_i;B,\kappa)=0$。定义相对贫困个体的列向量 $h=\left[h_i\right]=\left[\rho(y_i;B,\kappa)\right]$。在这里，通过设定更具有一般性的贫困标准 (B,κ)，区别于 Alkire 和 Foster（2011）中使用的阈值 κ 的贫困识别。为了说明贫困识别矩阵 B 的应用，提供 3 种常见的应用案例。

（1）多维贫困识别。对于传统 AF 方法来说，使用的指标是 m 项多维贫困测量指标，并将矩阵 B 设置为多维贫困指标权重向量，识别阈值为多维贫困识别阈值。

（2）多维贫困逻辑识别。由于多维贫困方法中指标地位的可替代性造成贫困识别的非唯一问题，以及在各维度上指标可替代性产生的贫困识别意义上的模糊，Jones（2022）提出将布尔逻辑运算纳入贫困识别方法中。本文的方法可以方便有效地计算出布尔逻辑运算下贫困人群的识别和贫困指标的测量。

作为例子，我们采用 Jones（2022）原文中使用的贫困识别逻辑方法 f_t。他认为，贫困识别中每一个维度组合中存在任意至少一个指标的缺失，该个体视为贫困。在测算莫桑比克的贫困情况时，进一步使用了三个维度组合和八个指标：①人力资本维度，包括教育情况指标；②住房条件维度，包括电力情况、水安全、卫生条件和房屋建筑四个指标；③家庭财富维度，包括运输条件、信息获取和耐用品。文中使用的逻辑识别表达式为：

$$f_t = \left[d_1\left(\sum_{j=2}^{5}d_j\right)\cdot\left(\sum_{j=6}^{8}d_j\right)\geqslant 1\right]$$

此处，d_j 表示个体在指标 j 的缺陷状况，当 $d_j=1$ 时表示个体在指标 j 上发生缺陷；否则 $d_j=0$，表示个体在指标 j 上没有缺陷。

通过如下设定，将该逻辑运算方法包含在本文方法中：

$$B = \begin{bmatrix} 1 & 0 & 0 & 0 & 0 & 0 & 0 & 0 \\ 0 & 1 & 1 & 1 & 1 & 0 & 0 & 0 \\ 0 & 0 & 0 & 0 & 0 & 1 & 1 & 1 \end{bmatrix}, \omega = \begin{bmatrix} 1 \\ 1 \\ 1 \end{bmatrix}$$

一般的，在生活质量缺陷测量中，可以使用识别矩阵进行创造性的相对贫困标准设计，至少可以包括逻辑"与"、逻辑"或"等测量标准。

（3）单一维度定义的贫困识别。当使用单一维度的识别方法时，将贫困识别矩阵 B 设置为 m 维向量，其中贫困指标 j 对应位置的向量 B 中的取值 $\begin{bmatrix} B_j \end{bmatrix} = 1$，其余取值 $[B_\kappa] = 0, \kappa \neq j$，识别向量（此处为标量）$\kappa=1$。典型的单一维度定义的贫困识别方法是，依据收入贫困线划定的贫困标准。

3. 生活质量缺陷指数的计算与分解

定义生活质量缺陷发生率为 $H(y;B,\kappa) = \dfrac{h^T I}{n}$，其中 n 维列向量 I 的每项为 1。定义生活质量缺陷强度 $A(y;B,\kappa) = \dfrac{h^T g^0 \omega}{h^T I}$，其中 m 维列向量 ω 表示指标权重。定义生活质量缺陷指数：

$$M_0(y;B,\kappa) = H(y;B,\kappa) \times A(y;B,\kappa) = \frac{h^T g^0 \omega}{n} \qquad （4-3）$$

（1）指标缺陷的分解

$$M_0\left(y;B,\kappa\right)=\frac{\sum_j h^T g^0 e^j}{n}=\sum_j \omega_j M_0^j\left(y;B,\kappa\right) \qquad （4-4）$$

其中，$M_0^j\left(y;B,\kappa\right)$ 表示在贫困标准 κ 下指标 j 上的缺陷（指数）；m 维列向量 e^j 表示仅在第 j 的位置为 1，其余位置为 0 的向量。在指标缺陷上的分解，本文的模型区别于 Alkire 和 Foster（2011）。在本文中，给定贫困标准，可以计算出单个维度上的生活质量缺陷指数，这一指数被称为指标缺陷指数［在多维贫困文献中，类似的定义 M_a^j 被称为维度剥夺指数（dimensional deprivation index）］。指标缺陷指数，是生活质量缺陷指数与仪表盘指标产生关联的重要载体，表示贫困群体在单个指标维度上的缺陷情况。

（2）分组上的分解

$$M_0\left(y;B,\kappa\right)=\frac{\sum_q h^T \tau^q g^0 \omega}{n}=\frac{\sum_q n^q M_0\left(y^q;B,\kappa\right)}{n} \qquad （4-5）$$

其中，给定组别 $q \in Q=\left\{1,2,\cdots,\bar{q}\right\}$，$n \times n$ 维对角矩阵 τ^q，其中对角元素 $\tau_{ii}^q \in \{0,1\}$，$\sum_q \tau_{ii}^q=1$，当 $\tau_{ii}^q=1$ 时表示个体 i 属于组别 q；y^q 表示仅保留 n^q 个属于分组 q 个体的生活质量测量；n^q 表示组别 q 的个体数量。

4.3.2　生活质量缺陷指数的比较与关联

和 AF 方法不同，生活质量缺陷测量方法固定人群缺陷特征 g^a，设定不同的（B,κ），可以得到不同的贫困标准下人群的生活质量缺陷指数。

定义一般形式的生活质量缺陷覆盖比例 $P_\alpha\left(y;B,B',\kappa,\kappa'\right)=$ $\dfrac{M_\alpha\left(y;B,\kappa\right)}{M_\alpha\left(y;B',\kappa'\right)}=\dfrac{h^T\left(B,\kappa\right)g^\alpha\omega}{h^T\left(B',\kappa'\right)g^\alpha\omega}$。此处为了表示不同标准下的群体识别，使用了 h（B,κ）标记，表示在标准识别矩阵 B 和识别阈值 κ 下的相对贫困群体标记。缺陷覆盖比例衡量了不同贫困标准下，所关注的贫困人群的缺陷状况的相对严重程度。注意到，给定指数权重 ω，同一样本中的缺陷矩阵 g^α 是相同的，造成指数差异的原因仅是贫困标准（B,κ）设置不同，因此可以比较不同标准下所定义的贫困人群生活质量缺陷的差异。特别地，当贫困标准（B',κ'）为单维度缺陷识别标准时向量 B' 中的取值 $\left[B'_j\right]=1$，其余取值 $\left[B'_\kappa\right]=0,\kappa\neq j$，且 $\omega=e^j$ 时，可以得到贫困人群缺陷指数与总体人群缺陷指数的比例。因此，可以将贫困人群生活质量缺陷与总体情况联系起来，表示为：

$$M^\alpha\left(y;B,\kappa\right)=\sum_j\omega_j P_\alpha^j\left(y;B,\kappa\right)M_\alpha^j \qquad (4\text{-}6)$$

其中，缺陷覆盖比例 $P_\alpha^j\left(y;B,\kappa\right)=P_\alpha\left(y;B,e^j,\kappa,1\right)$，$\alpha$ 阶维度缺陷指数 $M_\alpha^j=M_\alpha\left(y,e^j,1\right)=\dfrac{h\left(y;B',\kappa'\right)g^0 e^j}{n}$。注意到，通过缺陷覆盖比例将维度缺陷指数和生活质量缺陷指数紧密结合起来，而前文提到的在多维贫困指数计算中的维度剥夺指数，则仅是一种仪表盘方法，尚未被同一的框架涵盖（Alkire et al.，2015）。本文指出，多维度测量的生活质量缺陷指数由式（4-6）右侧三个部分组成：①总体样本在每个维度上的生活质量缺陷状况，可以计算出单维度缺陷指数；②由于贫困识别标准得到的贫困人群的表现与总体的差异，由指数比例衡量；③生活质量缺陷（也可以是多维贫困体系中）指标的权重设置加权计算总体生活质量缺陷指数。

在这三个部分中，单维度缺陷指数反映了样本总体的缺陷状况，而 (B, κ) 的选择决定了指数比例 $P_\alpha\left(y; B, B', \kappa, \kappa'\right)$，区分了关注的贫困群体和非关注的其他群体，指数的权重设置反映了研究者或政策制定者对于不同维度生活质量缺陷的关注。

通过示例发现，与经典 AF 方法相比，生活质量缺陷指数更加关注于政策实施有效性。在下面的例子（见图 4-1）中，左右两个表格代表两个群体，假设每个群体都由 7 个个体组成，并有 3 个指标的生活质量测量（A，B，C），表格中展示的是其对应的生活质量缺陷矩阵 g^0，此处不妨设定相对贫困标准为：2 个及以上指标存在缺陷视为相对贫困。可知，尽管两个群体中，从使用经典 AF 方法的指标贡献率来看，两个群体指标 C 的贡献率均为 33.3%，然而在左侧示例指标 C 缺陷覆盖率为 40%，而右侧指标 C 缺陷覆盖率为 66.7%。直觉上容易理解，左侧群体中更多的普通个体（左 4、左 5、左 6）表现出指标 C 的缺陷，那么对于相对贫困个体（左 1、左 2）进行指标 C 的帮扶，

个体	A	B	C
左1	1	0	1
左2	0	1	1
左3	1	1	0
左4	0	0	1
左5	0	0	1
左6	0	0	1
左7	0	0	0

个体	A	B	C
右1	1	0	1
右2	0	1	1
右3	1	1	0
右4	1	0	0
右5	0	1	0
右6	0	0	1
右7	0	0	0

图4-1　生活质量缺陷覆盖率说明示例

并无明显的政策价值。反之，在右侧群体中，指标 C 的缺陷问题主要发生在相对贫困群体中（右 1、右 2），此时进行指标 C 的相对贫困对象帮扶，可以有效改善生活质量缺陷问题。可以看出，缺陷覆盖比例指标反映出相对贫困群体在每一维度的缺陷严重程度，更加精准地适用帮扶政策。

4.4　生活质量缺陷指数的测算

4.4.1　数据描述

本研究的数据来源于中国家庭追踪调查（CFPS）数据库，CFPS全国基线调查包括 25 个省份，采用三阶段整群抽样设计。本文选取了2018 年数据。本文使用的主要数据变量包括家庭收入、健康、教育、就业、医疗和居住环境相关问题，其测量指标基本为客观指标。原始样本包括个人观测记录 43616 条，删去必要缺失值后最终样本包括个人观测记录 33575 条。根据数据库提供的样本权重对观测值进行加权。

4.4.2　生活质量缺陷测量体系

1. 生活质量缺陷测量维度及指标

生活质量缺陷测量体系是以实现共同富裕为宗旨，以实现科学的防止返贫动态监测和瞄准多维相对贫困人口为目标的测量指标体系，由维度和指标两部分构成。本文综合考虑党的二十大报告确定的"人的全面发展"

以及联合国 2030 年可持续发展目标（SDGs），构建了包括身体状况、职业发展、社会保障、居住条件和经济状况五个维度 9 个指标的生活质量缺陷测量体系（见表 4-1）。相比于过去的各种贫困测量方法，尤其是多维贫困测量方法，新的生活质量缺陷测量体系采用了更加严格的缺陷标准，同时，得益于生活质量缺陷体系可拓展的模型测定和计算方法，可以随着今后的实际需要修改体系指标。

　　在身体健康的缺陷标准中，突出了慢性疾病和因病住院的情况，这是对《"健康中国 2030"规划纲要》关于提高全民身体素质成效的测量和检验。SDGs 第 2 项，强调改善营养状况；SDGs 第 3 项，要求确保健康的生活方式、提升各年龄段人群的福祉。在教育程度的缺陷标准中，充分反映了我国在义务教育推行以来教育水平不断提升的要求。SDGs 第 4 项，强调确保包容、公平的优质教育，促进全民享有终身学习机会。SDGs 第 5 项，要求实现性别平等，为所有妇女、女童赋权。在就业情况的缺陷标准中，与国际通行的自愿失业概念相一致。SDGs 第 8 项，强调促进持久、包容、可持续的经济增长，实现充分和生产性就业，确保人人有体面工作。在医疗保险的缺陷标准中，目前采用了未参加医疗保险的标准，这与我国的国情和发展阶段相一致。SDGs 第 10 项，强调减少国家内部和国家之间的不平等，包括社会保障的不平等。在耐用消费品缺陷标准中，通过对数据的观察，分别选取城乡均值的 10% 具有合理性（见各维度生活质量缺陷指数的分析）。SDGs 第 1 项，要求消除收入贫困以及各国确定的多维贫困，均包括耐用消费品。随着我国数字化经济的快速发展，数字生活缺陷也被反映在生活质量缺陷中，本文选取的信息获取缺陷标准中，提出了对手机和网络的使用要求。SDGs 第 12 项，包括了信息获取。在居住条件中的饮用水和燃料缺陷标准中，参考了 SDG6 和 SDG7 的要求。收入水平则参照了 SDGs 第 1 项以及世界银行共享繁荣的理念。

表4-1　生活质量缺陷测量体系

维度	指标	缺陷标准	依据	指数权重
身体状况	健康状态	半年内有慢性疾病或者过去 12 个月因病住院	SDG 2 SDG 3	0.2
职业发展	教育程度	若为 3~6 岁的，没有上幼儿园或者辅导班；6~15 岁的，没有上学；16 岁及以上的，1980 年之后出生的，没有初中毕业；1980 年以前出生的，没有小学毕业	SDG 4 SDG 5	0.2
	就业情况	本人无自愿失业	SDG 8	0.2
社会保障	医疗保险	本人未参加任何医疗保险	SDG 10	0.2
居住条件	耐用消费品	根据家庭所在地的"城市／乡村"属性，家庭耐用消费品在（城市或乡村）家庭平均耐用消费品总值 10% 以下	SDG 1 SDG 11	0.05
	信息获取	不使用手机，或者使用手机但不使用任何网络手段获取信息	SDG 12	0.05
	饮用水	家中不能获得安全饮用水（依据 SDG 指南）	SDG 6	0.05
	燃料	使用柴草或煤炭而非电能、液化气、天然气等清洁能源	SDG 7 SDG 13	0.05
经济状况	收入水平	按照城市和乡村分类，家庭人均可支配收入在所在类别的人均可支配收入中位数的 45% 以下	SDG 1	0.2

为了充分反映迈向共同富裕阶段，我国人口面临的生活质量缺陷问题，本文的权重设定既考虑了传统多维贫困研究中的权重设定，也结合了专家意见。在现有四个维度中赋予相同权重，充分平衡各个生活质量

方面的需要。而货币贫困线的消费函数计量模型中，关于食品、衣着等的权重，使用的是相应商品的市场价格，即市场价格是最好的权重。但市场价格权重也不是万能的，例如在一些低收入国家或贫困地区商品的市场价格可能并不存在，因而需要影子价格进行估计。此外，涉及教育、健康等公共服务的价格也很难用市场价格衡量。本文认为在考察生活质量缺陷中，对于两种贫困测量方法的比较和统筹是重要的，并且对于政策实施具有指导意义。

2. 三类相对贫困识别标准

参考已有文献关于相对贫困识别标准的讨论（王小林、冯贺霞，2020；汪三贵、孙俊娜，2021；王小林、张晓颖，2021），在本文生活质量缺陷测量中，使用多维贫困和收入贫困线作为基本的相对贫困识别标准，并且讨论了多维贫困和收入贫困交集下的双重标准贫困群体。通过分析，描述了不同识别标准下的群体生活质量缺陷特征，并且展示了生活质量缺陷模型对于已有贫困测量方法的包容和扩展性能。

（1）多维贫困识别标准。在测量生活质量缺陷时，多维贫困标准定义为 $\rho\left(y_i; B, \kappa\right)=\begin{cases}1, \text{如果} \kappa \leqslant Bg_i^0 \\ 0, \text{其他情况}\end{cases}$，其中 $B=\omega$，$\kappa=0.3$。其含义是，当个体生活质量缺陷 Bg_i^0 中存在 30% 以上的生活质量缺陷时，那么该个体被视为贫困个体。表 4-2 给出 2018 年城乡居民在五个维度中存在 30% 以上的指标发生缺陷时的多维贫困发生率为 15.4%，多维贫困指数为 0.058，贫困强度为 0.380。在贫困群体中，对于生活质量缺陷指数贡献较大的维度包括教育程度、健康状态和医疗保险三者，其对 M_0 的贡献率分别为 36.4%、21.9% 和 12.3%。

表4-2　不同多维贫困识别标准下贫困状况概览

| 阈值 | H | M_0 | A | 指标对于 M_0 的贡献率 | | | | | | | |
| | | | | 身体状况 | 职业发展 | | 社会保障 | 居住条件 | | | |
				健康状态	教育程度	就业情况	医疗保险	耐用消费品	信息获取	饮用水	燃料
0.1	0.481	0.117	0.242	0.212	0.290	0.014	0.159	0.098	0.073	0.073	0.082
0.2	0.346	0.101	0.293	0.244	0.334	0.016	0.184	0.067	0.055	0.047	0.053
0.3	0.154	0.058	0.380	0.219	0.364	0.013	0.123	0.081	0.072	0.056	0.072
0.4	0.063	0.030	0.471	0.283	0.359	0.020	0.142	0.056	0.054	0.039	0.047
0.5	0.028	0.015	0.535	0.277	0.345	0.015	0.137	0.069	0.062	0.040	0.056

（2）收入贫困线识别标准。根据表4-3的结果，同汪三贵、孙俊娜（2021）相似的观点，选取对应城乡居民的收入中位数的40%作为本文的收入相对贫困线。也就是说，城市居民的收入不足9280元的，乡村居民不足4706元的，为收入贫困线标准下识别出的贫困人口。在该水平下，全国大约有14.2%的人口处于收入相对贫困状态，城市和乡村的收入相对贫困发生率在14%左右。

表4-3　不同收入贫困线识别标准下贫困状况概览

| 收入中位数比例（%） | 城市相对贫困线（元/人） | 乡村相对贫困线（元/人） | 相对贫困发生率 | | | 贫困人口规模估计（万人） | | |
			全国	城镇	农村	全国	城镇	农村
30	6960	3529	0.092	0.089	0.098	12926	7399	5527
40	9280	4706	0.142	0.140	0.140	19535	11639	7896
50	11600	5882	0.205	0.206	0.205	28688	17126	11562
60	13920	7058	0.262	0.265	0.258	36583	22031	14551

（3）双重贫困识别标准。在收入贫困线标准下，分析人群的生活质量缺陷特征，得到表 4-4，其中第一列指出了贫困标准的设定，其中表中第三行"40%×多维"表示贫困标准为贫困人群应满足家庭人均可支配收入低于中位数收入的 40%，且按照多维识别标准中有 30% 的指标（加权）存在生活质量缺陷。识别的方法为 $\rho\left(y_i; B, z^D\right) = \begin{cases} 1, 如果 z^D \geqslant g_{i*}^\alpha B \\ 0, 其他情况 \end{cases}$，其中 $2 \times (m+1)$ 维分块矩阵 $B = \begin{bmatrix} \omega & 0 \\ 0 & 1 \end{bmatrix}$，$z^D = \begin{bmatrix} 0.3 \\ 1 \end{bmatrix}$，$\alpha = 0$。其余双重标准以此类推。

从表 4-2 和表 4-3 可知，多维贫困标准下城乡居民的贫困发生率为 15.4%，略高于收入中位数的 40% 的贫困发生率 14.2%。而对于收入和多维贫困双重标准下的贫困人口（见表 4-4），贫困发生率大约在 4.8%（中位数收入 40% 作为收入部分的贫困标准）到 7.4%（中位数收入 60% 作为收入部分的贫困标准）区间内。通过观察贫困强度的差异和指数比例，可以得知，这类人群相比单一收入识别标准下的贫困人群，具有更加严重的生活质量缺陷。因此，有必要在单独使用贫困标准的基础上，针对陷入双重标准下的贫困人口给予精确识别，以便于更加具有针对性地帮助其弥补生活质量缺陷。

表4-4　在双重贫困识别标准下的生活质量缺陷比较

	M_0	H	A	指数比例（%）
40%	0.029	0.142	0.204	
40%×多维	0.018	0.048	0.388	62.1
50%	0.039	0.205	0.191	
50%×多维	0.024	0.062	0.385	61.5
60%	0.048	0.262	0.182	
60%×多维	0.028	0.074	0.382	58.3

4.5 生活质量缺陷指数的评估分析

为了说明贫困群体与总体生活质量缺陷的关系，首先将评估和阐释不同识别标准下贫困群体的界定差异。然后，报告不同识别标准下，贫困群体对于总体生活质量缺陷的贡献比例。通过比较发现，不同识别标准瞄准的贫困群体对于总体的生活质量缺陷覆盖比例存在差异。最后，将会考察不同人口特征下，贫困群体对于分组样本的生活质量缺陷覆盖情况。对于解决生活质量缺陷来说，评估对于弱势群体实施帮扶的覆盖比例是必要的。当贫困人群中覆盖了所在分组中较大比例的生活质量缺陷时，那么群体内的不平等问题就是十分突出的。因此，生活质量缺陷覆盖比例的评估，可以更加全面地了解生活质量缺陷的严重性与不平衡性，实现政策精准帮扶。

4.5.1 相对贫困识别的评估分析

根据本文确定的多维贫困标准（存在30%以上指标的生活质量缺陷）和收入贫困标准（家庭人均可支配收入低于中位数40%），可以分析得出两种方法估计的一致率为79.7%，仍有大约五分之一的人口在多维贫困标准和收入贫困标准中识别不一致。

相对贫困群体不一致，所识别的相对贫困人群在各个方面的生活质量缺陷存在差异。表4-5分析了各个指标的缺陷指数，在不同贫困标准下的生活质量缺陷指数以及指标缺陷指数比例。指数比例是给定贫困时，贫困人群对于总体的生活质量缺陷的贡献比例，可以看到不同贫困标准下的生活质量缺陷指数和总体人群的生活质量缺陷的关联。

表4-5　多维贫困与收入贫困标准下的相对贫困发生情况比较

单位：%

	非多维贫困	多维贫困
非收入贫困	74.83	10.96
收入贫困	9.34	4.87

总体上，表 4-6 表明，第一，多维贫困人群的生活质量缺陷覆盖比例更大。人群中超过一半的健康状态、教育程度方面的质量缺陷是由多维贫困人群产生的。通过对多维贫困人群提供政策帮扶，可以有效地消除贫困并且可以解决总体人群中健康状况和教育所面临的主要问题。第二，收入贫困人群大约覆盖了各个方面缺陷的四分之一。通过对收入贫困人群提供政策帮扶，可以在一定程度上缓解生活质量缺陷问题，但从群体范围和指数比例来看，尽管两者覆盖的人群规模相仿（由表 4-2 和表 4-3 中的贫困发生率可知），但对于消除生活质量缺陷来说，多维贫困测量方法更加值得关注。这意味着，在"十四五"期间，如果我国仍以农村低收入人口作为帮扶对象，对缩小群体发展差距的贡献是有限的；从政策效果来看，远不如从生活质量缺陷的多个维度瞄准相关群体进行帮扶更加有效。

表4-6　生活质量缺陷核算表——两种相对贫困识别标准的评估分析

维度	缺陷	总体人群	多维贫困人群		收入贫困人群	
		指标缺陷指数	指标缺陷指数	缺陷覆盖比例（％）	指标缺陷指数	缺陷覆盖比例（％）
身体状况	健康状态	0.124	0.064	51.7	0.023	18.4
职业发展	教育程度	0.169	0.106	63.0	0.044	26.0
	就业情况	0.008	0.004	45.6	0.002	19.4
社会保障	医疗保险	0.093	0.036	38.6	0.016	16.7
居住条件	耐用消费品	0.304	0.095	31.2	0.086	28.2
	信息获取	0.197	0.084	42.8	0.058	29.4
	饮用水	0.228	0.065	28.6	0.044	19.2
	燃料	0.224	0.065	29.1	0.058	25.7
			多维贫困标准生活质量缺陷指数		收入贫困标准生活质量缺陷指数	
			0.058		0.029	

4.5.2　生活质量缺陷的仪表盘方法评估分析

通过测量总体人群的指标缺陷指数，我们可以得到生活质量缺陷的仪表盘，从每一个指标详细地观察了人群的缺陷状况。表 4-7 结果表明，第一，女性的教育程度明显不足，在其他方面不同性别之间的生活质量缺陷情况相似。这说明在一定程度上，我国不同性别之间的经济社会能力基本实现平等。第二，农村人群的教育程度存在明显缺陷，同时与城市相比，在信息获取、饮用水和燃料等居住条件上的生活质量仍有较大差距。第三，西部地区的人口在健康状态、教育程度、就业情况以及燃料上仍有明显缺陷，其他指标与东部和中部地区较为接近。第四，60 岁及以上人口的健康状态、教育程度以及信息获取方面存在明显缺陷，未成年群体中医疗保险存在明显缺陷。第七次全国人口普查结果显示，60岁及以上人口占比超过18%。中老年人群的生活质量缺陷问题已经日益成为经济社会发展中不能忽视的问题。因此，需要根据老年人群的特点，充分考虑技术对于问题的改善以及潜在的老年人口技术排斥问题，以应对老年人口的生活质量缺陷问题。

表4-7　指标缺陷指数——"仪表盘"方法的评估分析

分组	身体状况	职业发展		社会保障	居住条件			
	健康状态	教育程度	就业情况	医疗保险	耐用消费品	信息获取	饮用水	燃料
女	0.128	0.218	0.007	0.090	0.306	0.199	0.225	0.221
男	0.120	0.123	0.009	0.095	0.303	0.196	0.231	0.227
农村	0.132	0.249	0.005	0.084	0.325	0.278	0.334	0.386
城市	0.118	0.115	0.010	0.099	0.290	0.143	0.157	0.116
东部	0.097	0.145	0.006	0.109	0.286	0.190	0.199	0.157
中部	0.129	0.147	0.008	0.092	0.324	0.188	0.265	0.242
西部	0.158	0.231	0.011	0.070	0.307	0.219	0.227	0.302
0~9	0.140	0.109	0.000	0.134	0.209	0.133	0.228	0.189
10~17	0.070	0.043	0.002	0.128	0.304	0.121	0.254	0.254
18~59	0.092	0.124	0.013	0.090	0.276	0.124	0.216	0.204
60~79	0.237	0.403	0.001	0.057	0.459	0.514	0.258	0.307
80+	0.309	0.628	0.000	0.133	0.567	0.625	0.221	

4.5.3　相对贫困人口的生活质量缺陷覆盖比例的评估分析

总体人群中各个指标维度的生活质量缺陷和不同贫困标准下的生活质量缺陷指数，由指数比例 P_0^i 关联起来［由公式（4-6）可知］，反映了不同贫困标准下所圈定的贫困人群的生活质量缺陷特征。当给定指标 j，缺陷覆盖比例 P_0^j 较大时，说明贫困人群的缺陷贡献了大部分指标 j 的总体缺陷状况，那么通过定向帮扶贫困人群，可以有效地缓解指标 j 在总体人群中的缺陷状况。反之，缺陷覆盖比例 P_0^j 较小时，说明该指标维度的缺陷并非贫困人群所特有的，对于贫困人群的帮扶只能有限地改善该缺陷问题。

表 4-8 是多维贫困标准下的生活质量缺陷指数测量与总体人群指标缺陷指数关系的分析；表 4-9 是收入贫困标准下的生活质量缺陷指数测量与总体人群指标缺陷指数关系的分析。[1] 结果显示如下。①在多维贫困标准下，各群体的生活质量缺陷指数高于收入贫困标准下的状况，这与表 4-6 的指数差异是类似的，反映出多维贫困标准下的贫困人口覆盖了更大比例的生活质量缺陷。②从不同性别的群体来说，女性在两种贫困标准下的缺陷指数均明显高于男性。结合仪表盘指数来看，一方面，总体群体中女性的教育程度存在明显缺陷；另一方面，尽管在其他指标上总体样本中性别之间无明显差异，但是在多维贫困标准下，女性贫困人口在健康状态、耐用消费品、信息获取和燃料等方面覆盖了更大比例的生活质量缺陷。类似的状况也反映在收入贫困标准下。③从城乡分类比较来看，在多维贫困标准下，乡村缺陷指数明显高于城市，而在收入贫困标准下两者差距较小。主要是因为收入标准下的乡村贫困人群明显覆盖了较低比例的乡村生活质量缺陷。④从地区分类来说，在两种标准下，西部地区的缺陷指数明显高于东部和中部地区，中部地区高于东部地区。

---

[1] 表格中由于就业情况不适用于 0~9 岁儿童和 80 岁及以上老人，对应的指标缺陷指数比例不做计算。

结合仪表盘指数分析，发现在两种标准下，三个地区间贫困人口所贡献的生活质量缺陷比例相似，其指数差异主要来源于地区总体生活质量缺陷的差异。⑤从年龄分组情况来看，在两种标准下，60 岁及以上人口的缺陷指数都明显高于其他群体。然而，在收入标准下，不同年龄段中贫困人口所覆盖各组的生活质量缺陷比例相似；而在多维贫困标准下，60 岁及以上人口所覆盖的同组的生活质量缺陷比例较高，说明多维贫困标准在高年龄组别中所识别的贫困人群具有明显的生活质量缺陷。

表4-8　不同相对贫困标准下生活质量缺陷的分类比较——多维贫困标准

分组	生活质量缺陷指数	缺陷覆盖比例（%）							
		身体状况	职业发展		社会保障	居住条件			
		健康状态	教育程度	就业情况	医疗保险	耐用消费品	信息获取	饮用水	燃料
女	0.069	57.1	63.0	43.8	40.4	36.0	49.8	33.1	44.1
男	0.049	46.3	62.9	47.0	37.1	26.7	36.3	24.5	31.7
乡村	0.087	64.7	67.6	38.3	54.4	41.9	47.6	33.1	39.6
城市	0.039	41.9	56.3	48.1	29.6	23.2	36.6	22.1	33.1
东部	0.048	49.9	58.0	39.3	34.1	28.9	38.5	26.0	37.6
中部	0.058	51.7	67.3	43.5	38.4	28.8	42.8	28.7	35.6
西部	0.075	53.4	64.3	53.0	49.6	37.5	48.3	31.9	39.5
0~9	0.040	35.5	54.0	—	31.4	23.0	27.1	23.0	32.9
10~17	0.029	39.1	65.7	100.0	36.8	17.4	24.9	14.4	19.5
18~59	0.040	42.8	56.2	45.0	33.0	22.8	37.0	22.7	31.0
60~79	0.141	70.2	70.9	29.1	78.4	52.9	51.0	53.8	59.8
80+	0.233	87.0	75.1	—	88.4	76.4	68.5	76.2	83.5

表4-9　不同相对贫困标准下生活质量缺陷的分类比较——收入贫困标准

分组	生活质量缺陷指数	缺陷覆盖比例（%）							
		身体状况	职业发展		社会保障	居住条件			
		健康状态	教育程度	就业情况	医疗保险	耐用消费品	信息获取	饮用水	燃料
女	0.033	19.6	26.1	20.5	18.7	29.9	30.9	20.4	27.7
男	0.025	17.3	26.0	18.6	15.1	26.7	28.0	18.0	24.0
乡村	0.034	17.8	22.9	8.9	16.8	27.2	28.3	15.8	22.3
城市	0.026	18.9	30.6	23.1	16.7	29.0	30.9	23.9	33.5
东部	0.023	17.6	23.9	14.5	13.0	24.3	27.3	19.6	25.2
中部	0.027	17.3	24.8	22.7	16.8	25.8	29.1	17.7	21.5
西部	0.040	20.3	29.0	20.5	25.4	36.7	32.6	20.7	30.2
0~9	0.026	15.6	20.6	—	20.8	37.1	37.8	22.4	30.5
10~17	0.024	19.7	27.1	13.0	18.8	36.4	36.8	19.3	30.0
18~59	0.021	16.9	25.0	20.0	13.3	23.2	26.0	14.9	20.4
60~79	0.059	21.4	27.7	6.5	24.7	32.4	29.4	28.3	33.1
80+	0.095	21.0	32.9	—	26.9	40.2	36.2	41.5	53.9

通过比较不同相对贫困识别标准下生活质量缺陷指数的差异，可以得出：①女性、乡村以及 60 岁及以上组别，与收入贫困识别标准相比，多维贫困标准识别出的贫困人群所覆盖的生活质量缺陷占同组的缺陷比例更大；②东中西部地区间的差异主要来源于组别总体缺陷差异，在两种识别标准下缺陷指数的相对差异不大。

4.6　政策建议与研究展望

制定生活质量缺陷的动态监测体系，并根据社会经济发展情况，不断完善调整指标体系，为共同富裕目标提供全方位保驾护航。为了应对人的发展的不平衡不充分问题，全面提高人民生活质量，实现共同富裕目标，缩小群体差距、区域差距和城乡差距的公共政策需要思考以下几个方面。

第一，制定合适的标准，缩小群体差距。"十四五"期间，国家确定针对农村低收入人口开展帮扶。但本文的研究发现，如果政策目标是应对人的发展的不平衡不充分问题，全面提高人民生活质量，则用低收入人口线识别帮扶对象可能存在较大的识别遗漏。正如本文的测算结果表明，低收入人口只解释了总体人口生活质量缺陷的四分之一。因此，在划分帮扶群体标准上，要考虑货币收入和非货币维度相结合的识别标准。要根据生活质量缺陷在不同特征人群的分布，建立多层次的目标群体识别方法。对于多重标准下存在严重生活质量缺陷的人群给予重点的帮扶措施。

第二，根据相对贫困人群的特征实施分类帮扶政策。对于女性、乡村人口以及老年人群要综合考虑收入和多维贫困标准下相对贫困人群的生活质量缺陷，动态监测生活质量缺陷变化情况，实现精准帮扶。从提高全体人民生活质量的角度看，要高度重视城市居民生活质量缺陷的公共政策干预。在城乡教育问题上，一方面，要注意到乡村教育的总体缺陷更加凸出，进一步提升乡村教育水平需要持之以恒的努力；另一方面，也要关注到在城市的低收入人群中，集中凸显的教育缺陷严重问题。低教育水平劳动力在城市中的生活质量缺陷对于城市总体生活质量具有一定影响。在大力发展乡村教育建设的同时，要针对城市中低收入劳动力人口的需要，促进职业教育的发展。对于西部地区的生活质量缺陷问题，要兼顾总体生活质量缺陷的问题与贫困群体占比高的现状，加大对于贫困群体生活质量提升的帮扶力度。

第三，把公共服务均等化作为缩小发展差距、提高人民生活质量的优先政策。教育、健康、就业、信息获取和人居条件等公共服务指标，对总体人群生活质量缺陷具有较高的贡献，这都是值得关注的重要公共服务指标。在公共服务提供中，要高度关注性别平等。

第四，促进区域和城乡生活质量关键指标的均衡发展，对缩小区域和城乡差距、促进均衡发展、实现共同富裕目标具有重要的公共政策含义。西部地区要加强人居条件改善工作，特别是鼓励耐用消费品积累，推动数字乡村建设，并改善生活燃料等人居环境。此外，改善教育状况仍是今后一个阶段西部地区发展的重要方面。乡村振兴阶段，要持续提高乡村人口健康和教育水平。

第五，本文提出了关于生活质量缺陷的测量模型，以及综合性的生活质量缺陷指数与各个仪表盘指数的关系。进一步的研究可以应用计量经济学方法，检验相对贫困群体的生活质量缺陷改善与总体人群质量缺陷改善的关联，评估经济社会政策对于相对贫困群体的影响以及对于总体人群生活质量提升的政策效果。

参考文献

何眉、杨肃昌、陈卫强，2022，《能力视域下相对贫困的生成逻辑与治理路径》，《西南民族大学学报》（人文社会科学版）第 4 期。

何宗樾、张勋、万广华，2020，《数字金融、数字鸿沟与多维贫困》，《统计研究》第 10 期。

黄瑙、方正亚、刘巍，2022，《全面建成小康社会后贫困区域的测度》，《统计与决策》第 6 期。

黄祖辉、钱泽森，2021，《做好巩固拓展脱贫攻坚成果同乡村振兴有效衔接》，《南京农业大学学报》（社会科学版）第 6 期。

蒋晓敏、周战强、张博尧，2022，《数字普惠金融与流动人口家庭相对贫困》，《中央财经大学学报》第 3 期。

李实，2021，《共同富裕的目标和实现路径选择》，《经济研究》第 11 期。

罗明忠、刘子玉，2022，《数字技术采纳、社会网络拓展与农户共同富裕》，《南方经济》第 3 期。

孙久文、夏添，2019，《中国扶贫战略与 2020 年后相对贫困线划定——基于理论、政策和数据的分析》，《中国农村经济》第 10 期。

汪三贵、冯紫曦，2020，《脱贫攻坚与乡村振兴有效衔接的逻辑关系》，《贵州社会科学》第 1 期。

汪三贵、刘明月，2020，《从绝对贫困到相对贫困：理论关系、战略转变与政策重点》，《华南师范大学学报》（社会科学版）第 6 期。

汪三贵、孙俊娜，2021，《全面建成小康社会后中国的相对贫困标准、测量与瞄准——基于 2018 年中国住户调查数据的分析》，《中国农村经济》第 3 期。

王小林、冯贺霞，2020，《2020 年后中国多维相对贫困标准：国际经验与政策取向》，《中国农村经济》第 3 期。

王小林、张晓颖，2021，《中国消除绝对贫困的经验解释与 2020 年后相对贫困治理取向》，《中国农村经济》第 2 期。

习近平，2021，《在全国脱贫攻坚总结表彰大会上的讲话》，人民出版社。

邢成举、李小云、史凯，2021，《巩固拓展脱贫攻坚成果：目标导向、重点内容与实现路径》，《西北农林科技大学学报》（社会科学版）第 5 期。

许宪春、郑正喜、张钟文，2019，《中国平衡发展状况及对策研究——基于"清华大学中国平衡发展指数"的综合分析》，《管理世界》第 5 期。

杨肃昌、杨移，2022，《新时代相对贫困与资源分配不平等相关性研究》，《上海经济研究》第 3 期。

尹成杰，2022，《巩固拓展脱贫攻坚成果同乡村振兴有效衔接的长效机制与政策研究》，《华中师范大学学报》（人文社会科学版）第 1 期。

曾福生，2021，《后扶贫时代相对贫困治理的长效机制构建》，《求索》第 1 期。

祝志川、薛冬娴、孙丛婷，2021，《基于 AHP 改进 AF 法的多维相对贫困测度与分解》，《统计与决策》第 16 期。

Alkire, S., Foster J. 2011. "Counting and multidimensional poverty measurement." *Journal of Public Economics*, 95(7): 476-487.

Alkire, S., Roche J.M., Ballon P. et al. 2015. *Multidimensional Poverty Measurement and Analysis*. Oxford University Press.

Atkinson, A.B. 2003. "Multidimensional deprivation: Contrasting social welfare and counting approaches." *The Journal of Economic Inequality*, 1(1): 51-65.

Atkinson, A.B., Marlier E. 2010. *Income and Living Conditions in Europe*. Publications Office of the European Union.

Betti, G., Gagliardi F., Lemmi A., et al. 2015. "Comparative measures of multidimensional deprivation in the European Union." *Empirical Economics*, 49(3): 1071-1100.

Bourguignon, F., Chakravarty S. 2003. "The measurement of multidimensional poverty." *Journal of Economic Inequality*, 1: 25-49.

Burchi, F., Rippin N., Montenegro C.E. 2018. "From income poverty to multidimensional poverty–an international comparison." International Policy Centre for Inclusive Growth, No. 400.

Decancq, K. 2014. "Copula–based measurement of dependence between dimensions of well-being." *Oxford Economic Papers*, 66(3): 681-701.

Duclos, J., Sahn D.E., Younger S.D. 2006. "Robust multidimensional poverty comparisons." *The Economic Journal*, 116(514): 943-968.

Dutta, I., Nogales R., Yalonetzky G. 2021. "Endogenous weights and multidimensional poverty: A cautionary tale." *Journal of Development Economics*,

151: 102649.

Ferreira, F.H.G., Lugo M.A. 2013. "Multidimensional poverty analysis: Looking for a middle ground." *The World Bank Research Observer*, 28(2): 220-235.

Jones, S. 2022. "Extending multidimensional poverty identification: From additive weights to minimal bundles." *The Journal of Economic Inequality*, 20(2): 421-438.

Permanyer, I. 2019. "Measuring poverty in multidimensional contexts." *Social Choice and Welfare*, 53(4): 677-708.

Ravallion, M. 2011. "On multidimensional indices of poverty." *The Journal of Economic Inequality*, 9(2): 235-248.

Ravallion, M. 2012. "Mashup indices of development." *The World Bank Research Observer*, 27(1): 1-32.

Schlossarek, M., Syrovátka M., Vencálek O. 2019. "The importance of variables in composite indices: A contribution to the methodology and application to development indices." *Social Indicators Research*, 145(3): 1125-1160.

Stiglitz, J.E., Sen A.K., Fitoussi J.P. 2009. "Report by the commission on the measurement of economic performance and social progress." Commission on the Measurement of Economic Performance and Social Progress.

Suppa, N. 2018. "Transitions in poverty and its deprivations." *Social Choice and Welfare*, 51(2): 235-258.

Wang, X., Feng H., Xia Qingjie. 2016. "On the relationship between Income poverty and multidimensional poverty in China." OPHI Working Paper No.101, University of Oxford.

World Bank. 2016. *Monitoring Global Poverty: Report of the Commission on Global Poverty*. World Bank Publications.

第 5 章　缓解教育相对贫困的政策

5.1　引言

长期以来，教育扶贫被视为促进脱贫、防止返贫的重要因素，同时在大规模消除绝对贫困、阻断贫困代际传递方面发挥着非常重要的作用（阿玛蒂亚·森、让·德雷兹，2006；王文静、李兴洲，2018；王浩名、岳希明，2019）。教育是人力资本的重要组成部分之一，且教育带来的收益超越了个体自身所得的收益，会延伸到其他人身上，并会在代际传递（Flabbi and Gatti，2018）。人力资本在生产过程中发挥了补充物质资本的作用，是技术创新和长期增长的重要投入（World Bank，2019）。各国人均国内生产总值（GDP）10%~30% 的差异是由人力资本的跨国差异引起的（Hsieh and Klenow，2010），如果将教育质量或者具有不同技能的工人之间的互动纳入考虑的范围，这一比例可能会更高（World Bank，2019）。

大力发展教育尤其是基础教育，通过提高人力资本水平减少贫困、促进经济增长，一直是我国的基本国策。改革开放以来，我国大规模的教育扶贫实践取得巨大成就。初中毛入学率由 1980 年的 43.03% 上升到 2017 年的 103.5%[1]，相当于或超过高收入国家的平均水平，基础教育基本普及。然而，随着人工智能的发展，大规模可重复、可编码的劳动将被机器取代，新的就业岗位对劳动力的高级认知技能和社会情感技能要求更高，未来工作性质的变革对当今人力资本的投资带来新的挑战（World Bank，2019）。另外，全面打响脱贫攻坚战以来，我国取得了巨大的脱贫成效。目前，脱贫攻坚目标任务接近完成。我国的贫困人口从 2012 年年底的 9899 万人减少到 2019 年底的 551 万人，贫困发生率由 10.2% 降至 0.6%，连续 7 年每年减贫 1000 万人以上。到 2020 年底，全国 832 个贫困县、12.8 万个贫困村，以及全部农村贫困人口退出贫困，不仅区域性整体贫困得到解决，而且全部贫困人口摆脱了绝对贫困。2020 年以后，我国扶贫工作将会由解决绝对贫困向缓解相对贫困转变（孙久文、夏添，2019；陈志刚等，2019；王小林、冯贺霞，2020）。

在新阶段工作性质变革带来的挑战、扶贫工作由解决绝对贫困向缓解相对贫困转变的时代背景下，本章研究的主题是 2021~2035 年缓解中国相对贫困的教育扶贫理念和政策展望，重点关注的问题是 2021~2035 年，中国教育扶贫需要重点考虑的内容有哪些？哪些方面需要坚持？哪些方面需要改进？

为了回答上述问题，本章第二部分梳理了缓解相对贫困的教育扶贫理念；第三部分回顾了中国的教育扶贫战略，并对中国教育扶贫政策 2021~2035 年转变做出判断；第四部分分析了中国已有的教育扶

---

[1] 《2017 年全国教育事业发展统计公报》，中华人民共和国教育部网（http://www.moe.gov.cn/jyb_sjzl/sjzl_fztjgb/201807/t20180719_343508.html）。

贫政策措施及其成效，总结出中国教育扶贫的主要经验；第五部分就2021~2035 年缓解中国相对贫困的教育扶贫提出相应的政策展望。

5.2 缓解相对贫困的教育扶贫理念

已有文献对教育在脱贫、返贫，以及阻断代际贫困中的关键作用做了大量的理论研究和实证研究，相关研究主要基于三个理论视角进行展开。一是阿马蒂亚·森（Amartya Sen）的可行能力理论，认为教育对可行能力的提升具有重要的工具性价值和内在价值，是减少收入贫困和其他维度贫困的重要因素；二是人力资本理论，认为教育作为人力资本的重要组成部分，对个体摆脱长期的代际贫困起着关键性的作用，且对社会经济的发展产生显著的正外部性；三是生命周期理论，认为教育在人的生命周期的不同阶段产生的影响是有差异的，早期教育的投资回报率要高于较高年龄时期的投资回报率。

1. 可行能力理论

教育对个人可行能力的提升具有重要价值。Sen（1976）的可行能力理论着重考察的是构成人的有价值的生活的"功能性活动"的缺失。这些功能性的活动包括吃、穿、住、行、读书、就医、社会参与等。教育对人的可行能力的提升具有重要的内在价值和工具价值。阿玛蒂亚·森、让·德雷兹（2006）认为，教育和健康至少在 5 个方面对个人的可行能力有显著价值。一是内在重要性，受教育和健康本身就是有价值的成就，有机会得到它们，对个人的实际自由有直接重要意义；二是工具性的个人作用，即个人的受教育和健康有助于他做很多事，不仅是个人有教养和健康，也有助于以及随着收入和经济手段的扩大而又增加的其他可行能力；三是工具性的社会作用，即更多的识字和基础教育能够促进对社会需求的公共讨论，鼓励有见识的集体需求，转而增加公众享受的设施，提供更好的有效服务；四是工具性的程序作用，学校教育程序甚至能够获得正规教育目标之外的好处；五是授权与分配作用，有助于获得更好的待遇，在不同社会群体和家庭内部再分配的平等。

2. 人力资本理论

人力资本对人类社会的发展至关重要。在新经济增长理论的研究中，人力资本成为其中最重要的变量。人力资本由知识、技能和健康组成，是在人的生命发育过程中积累而成的，人力资本使人们实现了人作为社会生产成员所具有的潜力（World Bank，2019）。对年轻一代教育、培训、迁移等方面的投入都可以视作人力资本投资（Schultz，1960）。事实上，人力资本与物质资本相对应而存在，物质资本是投资于物形成的资本，如机器、厂房等；人力资本是投资于人而形成的资本，包括对教育、健康、技能等在内的投资所形成的资本。Schultz（1960）认为"索罗剩余"中的绝大部分来自劳动力的教育、健康和人力资本的增加，人力资本对一个国家经济发展起着非常重要的作用。其中，教育是人力资本形成的基础，对切断贫困恶性循环、阻断代际贫困起着关键性的作用。相关经验研究表明，社会上或经济上处于贫困群体的人们普遍认为教育是使他们的孩子走向上层社会的最有效的方式（Bara et al.，1991）。

早期人力资本投资的回报率更高。儿童发展生命周期的不同阶段对于形成不同类型的能力至关重要，当错过形成这些能力的机会时，补救成本很高，而且全面补救往往代价高昂。确保儿童获得优质教育服务消除他们在认知能力和社会行为技能上的早期差距，对那些希望对人力资本进行明智投资的政府而言，最好的做法是对儿童生命周期的"前 1000 天"进行投资（World Bank，2019）。Heckman 等（2010）对美国密歇根州 20 世纪 60 年代实施的以 3~5 岁儿童为目标人群的佩里学前教育研究计划的研究评估表明，每投资 1 美元除了给个人带来 7~12 美元的回报外，还会带来超过个人回报的社会回报。

政府在促进人力资本形成方面发挥着重要作用。人力资本投资的经济回报往往可能发生在数年后，尽管接受了基础教育的人所获得的收入高于没有受过教育的人，基础教育在劳动力市场上的回报却是在做出投资后的 10~15 年后才实现的（World Bank，2019）。对儿童早期教育的投资更是如此。在牙买加，为学步期幼童提供心理社会刺激使参与者的收入提高 25%，但是这些回报在 20 年后才能实现（Gertler et al.，2014）。教育投资周期长、成本高等特征使得个体与家庭往往无力承担获得人力资本所需要的成本。即使教育是免费的，交通成本、学习用品费用以及因学生入学流失的工作收入也使教育的成本过于高昂，令人望而却步，在这样的情况下，政府干预措施可能会产生重要的影响。例如，现金转移方案提高了低收入国家和中等收入国家数百万儿童的教育水平，即使现金转移方案提供的补贴仅占学校教育成本的一部分（World Bank，2019）。

3. 生命周期理论

生命周期视角下的发展理念是对个体发展不同生命阶段所面临的问题和脆弱性进行分析，确定从一个生命阶段到下一个生命阶段的关键转变，它们为个体发展带来风险和机会（UNICEF，2016）。就整个生命周期而言，人力资本早期的投资回报率要高于较高年龄时期的投资回报率，收获时间要长于生命周期后期的投资（World Bank，2019）。UNICEF（2016）认为，产前和幼儿时期的投资回报率比老年人的投资回报率平均高出 7%~10%。

Fajth（2018）认为，个体早期的发展（holistic child development）主要涉及三个重要维度：生物学方面的人体测量指标值（anthropometric performance），如不同年龄段的身高体重指数（BMI）、运动技能等；认知技能（cognitive skills）是形成智商的关键能力；社会情感技能（socio-emotional skills）是培育情商的关键能力，它能够影响儿童将来融入社会、参与社会活动的能力。事实上，上述三个指标发展的不足，将会造成人体测量指标增长缓慢、认知技能不足、社会情感技能缺乏，进而使得个体早期发展机会被剥夺，形成早期人力资本发展"缺口"（见图5-1）。

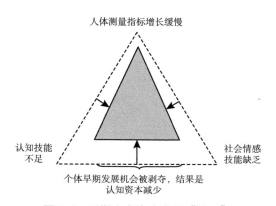

图5-1　早期人力资本发展"缺口"

资料来源：Fajth（2018）。

针对个体早期发展形成的"缺口"，在儿童生命的前 1000 天是第一个政策干预的重要机会窗口期（Fajth，2018；World Bank，2019）。这段时间对儿童的生物学指标和认知技能都十分重要。第二个政策干预的重要机会是青春期，这个阶段对培育儿童参与社会的能力，或者说社会情感技能十分重要（Fajth，2018）。

可行能力理论、人力资本投资理论和生命周期理论表明，生命周期不同阶段的教育尤其是个体早期教育对个体可行能力的提升、国家人力资本水平的提升都起着非常重要的作用，相应地，教育扶贫也是缓解长期贫困、代际贫困的重要途径。可见，教育扶贫首先要对个体不同生命阶段所面临的教育困境进行分析，再确定不同阶段教育扶贫的重点和难点，依次制定相应的扶贫政策。

5.3　中国的教育扶贫战略回顾及转变

5.3.1　中国教育扶贫政策

从 1994 年《国家八七扶贫攻坚计划（1994—2000 年）》的制定到现在，中国教育扶贫政策可分为 3 个阶段，具体政策如表 5-1 所示。

1.《国家八七扶贫攻坚计划（1994—2000 年）》期间

1994 年，《国家八七扶贫攻坚计划（1994—2000 年）》提出了改变中国教育文化落后状况的具体目标：基本普及初等教育，积极扫除青壮年文盲；开展成人职业技术教育和技术培训，使多数青壮年劳力掌握一到两门实用技术。这一阶段的教育扶贫政策重在对教育扶贫机制进行框架性设计，目标重在扫除青壮年文盲、普及基础教育。这一阶段的教育政策及实施大幅度改善了中国教育文化落后的状况。截至 2000 年，中国实现了基本普及九年义务教育、基本扫除青壮年文盲（以下简称"两基"）目标，"两基"人口覆盖率超过 85%。

表5-1　1994~2020年中国主要教育扶贫政策

扶贫阶段	教育扶贫政策		主要内容及特征
《国家八七扶贫攻坚计划（1994—2000 年）》期间	《国家八七扶贫攻坚计划（1994—2000 年）》		对教育扶贫机制进行框架性设计，瞄准不同程度基础教育的"普及"
	《国务院关于〈中国教育改革和发展纲要〉的实施意见》（国发〔1994〕39 号）		
	《中共中央、国务院关于深化教育改革全面推进素质教育的决定》（中发〔1999〕9 号）		
《中国农村扶贫开发纲要（2001—2010 年）》期间	农村教育政策：《中国农村扶贫开发纲要（2001—2010 年）》、《国务院关于进一步加强农村教育工作的决定》（国发〔2003〕19 号）		义务教育是政策关注的重点，"两免一补"等系列义务教育政策的制定，强烈推动了义务教育的普及；职业教育、学前教育开始成为政策关注的重点；教育资助阶段从义务教育延伸到学前教育、职业教育和高等教育
	义务教育政策：《国务院办公厅关于完善农村义务教育管理体制的通知》（国办发〔2002〕28 号）、《国务院办公厅关于转发教育部等部门〈国家西部地区"两基"攻坚计划（2004—2007 年）〉的通知》（国办发〔2004〕20 号）、《国务院办公厅转发财政部、教育部关于加快国家扶贫开发工作重点县"两免一补"实施步伐有关工作意见的通知》（国办发〔2005〕7 号）、《国务院关于深化农村义务教育经费保障机制改革的通知》（国发〔2005〕43 号）、《国务院办公厅转发国务院农村综合改革工作小组关于开展清理化解农村义务教育"普九"债务试点工作意见的通知》（国办发〔2007〕70 号）		
	职业教育政策：《国务院关于大力推进职业教育改革与发展的决定》（国发〔2002〕16 号）、《国务院关于大力发展职业教育的决定》（国发〔2005〕35 号）		
	学前教育政策：《国务院关于当前发展学前教育的若干意见》（国发〔2010〕41 号）		
	助学资助政策：《国务院办公厅转发教育部等部门关于开展经常性助学活动意见的通知》（国办发〔2003〕77 号）、《国务院办公厅转发教育部财政部人民银行银监会关于进一步完善国家助学贷款工作若干意见的通知》（国办发〔2004〕51 号）、《国务院办公厅关于切实解决高校贫困家庭学生困难问题的通知》（国办发〔2004〕68 号）、《国务院关于建立健全普通本科高校高等职业学校和中等职业学校家庭经济困难学生资助政策体系的意见》（国发〔2007〕13 号）		

中国的贫困治理

扶贫阶段	教育扶贫政策	主要内容及特征
《中国农村扶贫开发纲要（2011—2020年）》期间	农村教育政策：《中国农村扶贫开发纲要（2011—2020年）》	教育扶贫在国家脱贫攻坚中的战略定位上升到新高度；强调义务教育质量的提升和均衡发展；教育扶贫维度从教育维度本身拓展到学生的营养、健康维度；从以学生为重点关注对象拓展到教师能力建设和学校布局的调整；教育范围从义务教育延伸到婴幼照护、学前教育、职业教育、高中教育、校外培训
	义务教育政策：《国务院办公厅关于实施农村义务教育学生营养改善计划的意见》（国办发〔2011〕54号）、《国务院关于深入推进义务教育均衡发展的意见》（国发〔2012〕48号）、《国务院办公厅关于规范农村义务教育学校布局调整的意见》（国办发〔2012〕48号）、《国务院关于进一步完善城乡义务教育经费保障机制的通知》（国发〔2015〕67号）、《中共中央国务院关于深化教育教学改革全面提高义务教育质量的意见》（2019）	
	教师支持政策：《国务院关于加强教师队伍建设的意见》（国发〔2012〕41号）、《乡村教师支持计划（2015—2020年）》、《中共中央国务院关于全面深化新时代教师队伍建设改革的意见》（中发〔2018〕4号）	
	学前教育政策：《中共中央国务院关于学前教育深化改革规范发展的若干意见》、《国务院办公厅关于开展城镇小区配套幼儿园治理工作的通知》（国办发〔2019〕3号）、《国务院办公厅关于促进3岁以下婴幼儿照护服务发展的指导意见》（国办发〔2019〕15号）	
	高中教育政策：《国务院办公厅关于新时代推进普通高中育人方式改革的指导意见》（国办发〔2019〕29号）	
	职业教育政策：《国务院关于印发国家职业教育改革实施方案的通知》（国发〔2019〕4号）	
	特殊教育政策：《国务院办公厅关于转发教育部等部门特殊教育提升计划（2014—2016年）的通知》（国办发〔2014〕1号）	
	民族教育政策：《国务院关于加快发展民族教育的决定》（国发〔2015〕46号）	
	校外培训政策：《国务院办公厅关于规范校外培训机构发展的意见》（国办发〔2018〕80号）	
	教育扶贫工程政策：《国务院办公厅转发教育部等部门关于实施教育扶贫工程意见的通知》（国办发〔2013〕86号）	
	脱贫攻坚政策：《中共中央国务院关于打赢脱贫攻坚战的决定》、《"十三五"脱贫攻坚规划》	

资料来源：作者根据中华人民共和国教育部网（http://www.moe.gov.cn）、中华人民共和国中央人民政府网（http://www.gov.cn/index.htm）资料整理。

2.《中国农村扶贫开发纲要（2001—2010 年）》期间

义务教育的普及依然是政策关注的重中之重，从完善农村义务教育管理体制到对农村义务教育阶段贫困家庭学生实行"两免一补"，再到深化农村义务教育经费保障机制改革，针对义务教育政策的实施，有力推动了义务教育的普及，缩小贫困地区与其他地区的教育差距。2000 年底，中国普及九年义务教育的地区人口覆盖率为 85%[1]，到 2010 年，普及九年义务教育人口覆盖率达到 98% 以上，全国青壮年文盲率降到 2% 以下，成人文盲率降到 5% 以下 [2]。

同时，学前教育开始成为政策关注的重点。2010 年，《国务院关于当前发展学前教育的若干意见》（国发〔2010〕41 号）对学前教育进行"定性"，认为发展学前教育，必须坚持公益性和普惠性。并且这一政策的提出以县为单位编制学前教育三年行动计划，开启了学前教育三年行动计划。另外，这一阶段，教育资助政策的资助力度加大，资助阶段从义务教育延伸到学前教育、职业教育和高等教育，资助范围从学费、课本费扩展到杂费、生活费。

3.《中国农村扶贫开发纲要（2011—2020 年）》期间

《中共中央国务院关于打赢脱贫攻坚战的决定》提出，通过发展生产脱贫一批，易地搬迁脱贫一批，生态补偿脱贫一批，发展教育脱贫一批，社会保障兜底一批，因地制宜综合施策，确保现行标准下农村贫困人口实现脱贫，消除绝对贫困。这一举措将教育扶贫在整个脱贫攻坚中的战

---

[1]　资料来源:《2000 年全国教育事业发展统计公报》，中华人民共和国教育部网（http://www.moe.gov.cn/s78/A03/ghs_left/s182/moe_633/tnull_843.html）。

[2]　资料来源:《人类教育史上的奇迹——来自中国普及九年义务教育和扫除青壮年文盲的报告》，中华人民共和国教育部网（http://old.moe.gov.cn/publicfiles/business/htmlfiles/moe/moe_177/201209/141845.html）。

略地位上升到前所未有的新高度。

首先，这一阶段关于义务教育的政策依然最多，普及义务教育仍然是核心，但更加强调义务教育的质量和均衡发展。值得注意的是，从2018年到2019年，关于儿童早期教育和发展，国家发布了三个政策文件，针对"学前教育资源尤其是普惠性资源不足、政策保障体系不完善、教师队伍建设滞后、监管体制机制不健全、存在'小学化'倾向、部分民办园过度追求利益、幼儿安全问题时有发生"等问题，国家制定了学前教育深化改革的系列措施。3岁以下婴幼儿照护服务是生命全周期服务管理的重要内容，事关婴幼儿健康成长和终身发展。《国务院办公厅关于促进3岁以下婴幼儿照护服务发展的指导意见》（国办发〔2019〕15号）为贫困地区儿童和随迁儿童获得更好的早期发展机会提供了政策依据，体现了全生命周期视角下重视早期教育的发展理念。

其次，这一阶段教育扶贫政策从多个方面对教育扶贫进行支持，支持维度从单纯的教育维度拓展到儿童的营养和健康，对儿童早期营养、健康和教育的支持，不仅有助于提高儿童的身体健康水平和认知能力，而且有助于提高国家未来的人力资本水平。另外，支持对象从资助学生到支持乡村教师能力建设，支持范围从义务教育到婴幼儿照护服务、学前教育、职业教育、高中教育、校外培训、民族教育、特殊教育，这些不仅体现了教育扶贫在整个脱贫攻坚上的战略高度，而且意味着我国逐渐形成了比较完善的教育扶贫政策体系。

5.3.2　教育扶贫政策的转变

《国家八七扶贫攻坚计划（1994—2000年）》期间，中国文化、教育相对比较落后，基本普及初等教育，积极扫除青壮年文盲是这一阶段教育扶贫政策的首要目标。《中国农村扶贫开发纲要（2001—2010 年）》期间，"两免一补"等系列农村义务教育政策的实施大幅度提高了普及九年义务教育人口覆盖率。2011 年 11 月，中国全面完成普及九年义务教育和扫除青壮年文盲的战略任务[1]。这一战略任务的完成，并不意味着教育扶贫任务的终结，而是上升到一个更高层次，意味着我国教育扶贫政策发生了三个转变：由重视基础教育向发展高质量教育转变；由普及义务教育向发展均衡教育转变；由重视基本文化素质的培养向激发个体发展能力转变。这三个转变在《中国农村扶贫开发纲要（2011—2020 年）》期间的系列政策中开始显现。

5.4 中国教育扶贫的现实考量

5.4.1 教育扶贫成效

1. 中国不同阶段教育的普及率呈快速上升趋势

1980 年以来，中国教育水平取得了巨大的成就。成人识字率从 1982 年的 65.51% 上升到 2018 年的 96.84%[2]。如图 5-2 所示，学前教育、初中教育、大学教育的普及率均呈快速上升趋势。其中，初中

---

[1] 资料来源:《人类教育史上的奇迹——来自中国普及九年义务教育和扫除青壮年文盲的报告》，中华人民共和国教育部网（http://old.moe.gov.cn/publicfiles/business/htmlfiles/moe/moe_177/201209/141845.html）。

[2] 资料来源：世界银行数据库（https://data.worldbank.org.cn/）。

毛入学率从 1980 年的 43.03% 上升到 2018 年的 100.9%，学前教育毛
入学率从 1980 年的 9.1% 上升到 2018 年的 88.09%，大学毛入学率从
1980 年的 1.13% 上升到 2018 年的 50.6%。1986 年《义务教育法》的
制定，以及包括"两免一补"政策在内的系列义务教育政策的实施，
有力地推动了义务教育的普及。然而，大学教育、学前教育的普及率
相对较低。

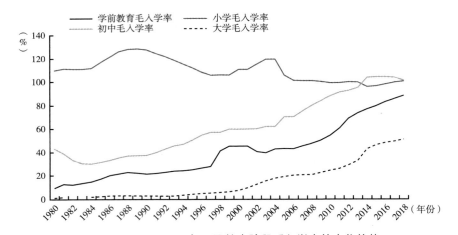

图5-2　1980~2018年不同教育阶段毛入学率的变化趋势
资料来源：世界银行数据库（https：//data.worldbank.org.cn/）。

2. 中国初中毛入学率远高于中高等收入国家的平均水平

图 5-3 为 2018 年全球 109 个国家（2018 年人均 GDP、初中毛入
学率数据均不缺失的国家）的人均 GDP（美元，当前购买力平价）与
初中毛入学率的散点图。由图 5-3 可知，一般而言，人均 GDP 越高的
国家，其相应的初中毛入学率也相对较高。在这 109 个国家中，中国人
均 GDP 为 18236.61 美元（当前购买力平价），全球排第 48 名，但中

国的初中毛入学率为 100.9%，排第 23 名（见图 5-3）。中国作为中高等收入国家，其初中毛入学率远高于中高等收入国家初中毛入学率的平均水平（91.51%）。这说明与同等经济发展水平的国家相比，中国的初中教育普及率更高。

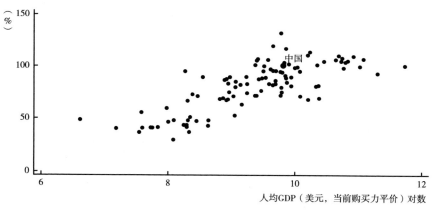

图5-3　2018年全球初中毛入学率与人均GDP的比较
资料来源：世界银行数据库（https：//data.worldbank.org.cn/）。

3. 中国学前教育超过了高等收入国家的平均水平

如图 5-4 所示，收入水平越高的国家，其学前教育的毛入学率也相应越高。1980~2018 年，全球不同经济水平国家的学前教育入学率均呈上升趋势。随着时间的变化，中高等收入国家与高等收入国家的学前教育毛入学率之间的差距在逐渐缩小。但低收入国家、中低等收入国家与高等收入国家的学前教育毛入学率之间的差距依然很大。但值得注意的是，1980 年，中国的学前教育入学率与高等收入国家的差距悬殊，但2006 年以来，中国学前教育毛入学率呈快速上升趋势，且在 2017 年达到 84.79%，反超高收入国家学前教育毛入学率的平均水平 84.36%。

2018 年，中国的学前教育毛入学率为 88.09%，远超过高等收入国家学前教育毛入学率的平均水平（82.67%）。

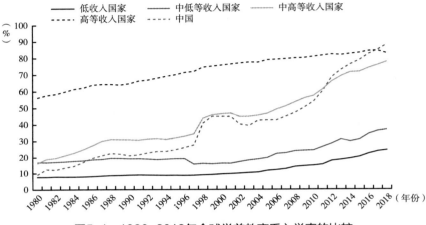

图5-4　1980~2018年全球学前教育毛入学率的比较

资料来源：世界银行数据库（https：//data.worldbank.org.cn/）。

4. 中国大学毛入学率与高等收入国家相比依然有一定的差距

1984 年以来，全球不同经济水平国家的大学毛入学率均呈上升趋势，但高收入、中高等收入国家的大学毛入学率上升的速度更快，低收入国家、中低等收入国家的大学毛入学率与高等收入国家的差距呈扩大趋势。但 2000 年以来，中国的大学毛入学率呈快速上升趋势，与高等收入国家大学毛入学率之间的差距呈缩小趋势。但截至 2018 年，中国的大学毛入学率为 50.6%，与高等收入国家毛入学率的平均水平（75.1%）相比依然有较大的差距（见图 5-5）。

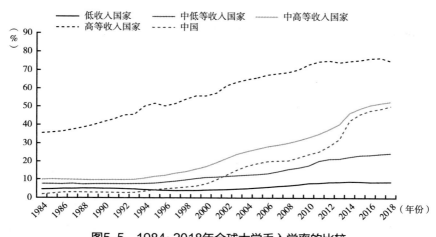

图5-5　1984~2018年全球大学毛入学率的比较

资料来源：世界银行数据库（https：//data.worldbank.org.cn/）。

5.4.2　教育扶贫对中国消除绝对贫困起到核心作用

中国大规模的教育扶贫政策对其消除绝对贫困起到至关重要的作用。从新中国成立初期到改革开放前，先后实行了供给制、人民助学金、学杂费减免等资助政策，为经济困难家庭子女获得教育机会提供了一定保障。从 1949 年到 1978 年，我国学前教育毛入学率从不足 0.4% 提高到 10.6%，小学净入学率从 20% 提高到 94%，初中毛入学率从 3.1% 提高到 66.4%，高中毛入学率从 1.1% 提高到 35.1%，高等教育毛入学率从 0.26% 提高到 2.7%[1]，通过扫除文盲和普及小学教育，中国劳动力基本具备了小学文化程度。这为改革开放初，农业生产力的提高和劳动力密

---

[1] 《新中国 70 年学生资助成效显著 促进教育公平 助力全面小康》，中华人民共和国教育部网（http://www.moe.gov.cn/jyb_xwfb/s5147/201909/t20190925_400739.html）。

集型的加工业发展提供了与之相匹配的劳动力教育水平。1978~1985 年，中国贫困人口从 2.5 亿人下降到 1.25 亿人，年均减少贫困人口 1700 多万人，贫困发生率从 30.7% 下降到 15%（李小云等，2018）。那时并没有扶贫办，那是什么原因带来那个阶段的大规模减贫呢？过去我们的研究把这种大规模减贫的原因主要归功于改革开放带来的制度效应。事实上，教育也起着非常重要的作用。

如图 5-6 所示，1985 年以来，随着初中毛入学率的快速提升，中国的贫困发生率呈快速下降的趋势。中国自 1986 年开始实施有计划、有组织、大规模的农村扶贫开发以来，逐步把扶贫脱贫、巩固脱贫成果和防止新的贫困现象发生有机结合、整体推进。对小学阶段和初中阶段实施免费义务教育、在义务教育阶段对贫困家庭的学生进行"两免一补"等系列优惠政策为贫困地区子女获得基础教育提供了政策保障。系列教育

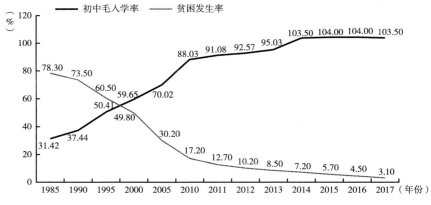

图5-6　1985~2017年初中毛入学率与贫困发生率的变化趋势

资料来源：初中毛入学率来源于世界银行数据库（https://data.worldbank.org.cn/）；贫困发生率是按现行农村贫困标准（2300 元，2010 年不变价）衡量的贫困发生率，数据来源于国家统计局住户调查办公室《中国农村贫困监测报告 2018》，中国统计出版社，2019。

扶贫政策减轻了贫困家庭的教育支出压力，有效防止其返贫或致贫。同时，各学段学生均可获得资助，提高了贫困家庭学生升学的信心，为完成控辍保学这一脱贫攻坚硬任务奠定了良好基础。当前，在脱贫攻坚中，通过教育脱贫一批，教育对阻断贫困代际传递更是发挥了十分重要的作用。

5.4.3　中国教育扶贫实践经验

1. 对教育立法保障了包括贫困人口在内的所有适龄儿童接受义务教育的权利

中国对九年义务教育立法为包括贫困人口在内的所有群体获得基础教育提供了法律保障。1982 年，我国宪法提出"普及初等义务教育"，首次以宪法形式确定在中国普及初等义务教育，成为各地普及初等义务教育的根本遵循。为保证义务教育的顺利实施，1986 年，九年制义务教育写入了《中华人民共和国义务教育法》（以下简称《教育法》），从而使普及义务教育有了专门的法律保障，中国基础教育走上了法制化的轨道。2006 年，新修订的《教育法》以法律形式明确了义务教育的免费原则，并对义务教育经费保障机制改革的主要内容予以确立。从2006 年春季学期开始，西部地区农村义务教育阶段学生免收学杂费，2007 年春推及全国农村地区，2008 年秋推广至全国，至此，义务教育实现"全免费"[1]。

---

[1] 《夯实千秋基业 聚力学有所教——新中国 70 年基础教育改革发展历程》，中华人民共和国教育部网（http://www.moe.gov.cn/jyb_xwfb/s5147/201909/t20190926_401046.html）。

2. 从政策制定上保障了贫困人口的受教育机会

针对各个教育阶段的贫困人口实施系列资助政策为贫困人口获得公平的教育机会提供了政策保障。为支持各地实施好学前教育三年行动计划，自2010年起，国家启动了系列重大项目，重点支持中、西部地区发展农村学前教育。中国对小学阶段和初中阶段实施免费义务教育，同时在义务教育阶段对贫困家庭的学生进行"两免一补"，降低了贫困学生在义务教育阶段的流失率，保证了贫困家庭的孩子至少可以接受初中阶段的教育。另外，中国启动实施了农村义务教育学生营养改善计划，对集中连片特殊困难地区的学生和家庭经济困难的寄宿学生给予财政补助，以改善贫困地区农村儿童的营养状况。在普通高中和高等教育中为家庭贫困的学生提供国家助学金资助，确保贫困家庭的孩子有平等地享受高中教育和高等教育的机会。

3. 政府在教育供给和均等化过程中的主导作用

教育属于典型的公共产品，对贫困人口教育的投资更是私人部门不愿意介入的领域。因此，政府必须在此过程中起主导作用，其主要表现就是公共财政在教育领域的总支出以及针对贫困人口的支出。如图5-7所示，中国国家财政性教育经费从2000年的2562.61亿元上升到2018年的36995.77亿元，呈快速上升趋势。2018年，国家财政性教育经费占GDP的比例为4.11%，连续第7年保持在4%以上。在已有基础上，国家还加大了教育领域的扶贫力度，如对贫困农村义务教育薄弱学校进行改造，帮助贫困地区的学校改善校舍和丰富图书资源。同时，兼顾因地制宜原则，在财政实力雄厚的地区，地方政府负担的支出比例较高，而在贫困地区中央政府负担的比例更高。

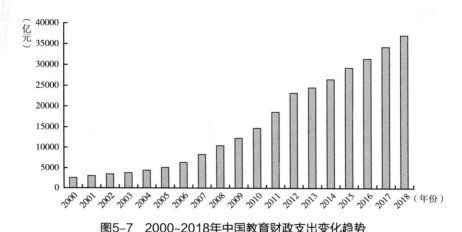

图5-7　2000~2018年中国教育财政支出变化趋势

资料来源：根据国家统计局数据（http：//data.stats.gov.cn/easyquery.htm?cn= C01&
zb=A0201&sj=2019）整理。

5.5　2021~2035 年缓解中国相对贫困的教育扶贫
政策展望

　　基于可行能力理论、人力资本理论、生命周期等教育扶贫理论、中
国教育扶贫政策的梳理及特征、中国教育扶贫的现实考量，特别是生命
周期视角下的儿童人力资本的"三角形"特征（Fajth，2018），本章在
这一部分提出 2021~2035 年缓解中国教育相对贫困的教育扶贫政策展望。

　　第一，义务教育需要从数量的普及向高质量、均衡方向转变。义务
教育是提高全民素质的根本手段，是促进中国从人口大国迈向人口强国
的基础措施。因此，"提质均衡"是 2020 年后一段时间内，我国义务教
育的首要目标。发展高质量教育、均衡教育在《中国农村扶贫开发纲要

（2011—2020 年)》期间的系列政策中开始凸显。高质量发展教育体现在不同教育阶段的相关政策的制定中。无论是义务教育政策，还是学前教育、职业教育、高等教育、民族教育、特殊教育等方面的教育政策，核心都应强调教育质量的提升。发展均衡教育主要体现在两个方面：一是就不同地区的受教育群体而言，相关政策应向贫困地区、西部地区、特困地区贫困人口倾斜；二是就教育阶段而言，在发展义务教育的同时，均衡发展学期教育、职业教育、高等教育和特殊教育。2020 年后，贫困农村地区义务教育的高质量发展、均衡发展依然是教育扶贫的重心。

第二，2021~2035 年我国将遭遇人力资本相对不足的问题，要延长义务教育，拓展高中、大学教育。我国 2035 年将进入创新型国家前列，也将迈入高等收入水平国家行列。为了实现这些阶段性发展目标，必须有与之相匹配的人力资本。高等教育通过显著提高贫困人口的人力资本水平实现扶贫脱贫的目标，相较于其他扶贫方式具有突出的比较优势（孙涛，2020）。但是，截至 2018 年，中国的大学毛入学率为 50.6%，与高等收入国家毛入学率的平均水平（75.1%）相比依然有较大的差距。依靠义务教育普及来快速提高劳动力人口受教育的平均水平的潜力已经饱和，这是因为我们已经普及义务教育。因此，要通过各种途径拓展高中、大学教育。

第三，应对新技术变革带来的工作性质的变革，要从全生命周期开展教育扶贫工作。我们现在已经进入信息经济、知识经济时代，2035 年之前，随着人工智能的发展，大规模可重复、可编码的劳动将被机器取代，新的就业岗位对劳动力的高级认知技能和社会情感技能要求更高。从全生命周期来看，儿童人力资本的形成具有"三角形"特征：0~3 岁主要形成身体（身高、体重等）运动技能，4~6 岁主要形成认知技能（智商），青春期则主要形成社会情感（情商）技能。教育要在全生命周期发挥作用。当前的脱贫攻坚主要关注了 9 年义务教育，2020 年之后，对儿童的教育扶贫需要关注 0~3 岁，以及青春期教育。社会情感技能的形成不是数理化能解决的问题，需要音乐、美术、体育、社会参与等一系列相关教育。这就对 2020 年后缓解相对贫困阶段的教育扶贫工作提出了更高的要求。我们也需要对整个教育工作进行反思和提升，特别是要适应未来进入创新型国家前列的教育需求。

参考文献

阿玛蒂亚·森、让·德雷兹，2006，《印度：经济发展与社会机会》，黄飞君译，社会科学文献出版社。

陈志刚、毕洁颖、吴国宝、何晓军、王子妹一，2019，《中国扶贫现状与演进以及 2020 年后的扶贫愿景和战略重点》，《中国农村经济》第 1 期。

李小云、徐进、于乐荣，2018，《中国减贫四十年：基于历史与社会学的尝试性解释》，《社会学研究》第 6 期。

孙久文、夏添，2019，《中国扶贫战略与 2020 年后相对贫困线划定——基于理论、政策和数据的分析》，《中国农村经济》第 10 期。

孙涛，2020，《高等教育扶贫：比较优势、政策支持与扩展路径》，《南京社会科学》第 2 期。

王浩名、岳希明，2019，《贫困家庭子女受教育程度决定因素研究进展》，《经济学动态》第 11 期。

王文静、李兴洲，2018，《中国教育扶贫报告（2017）》，社会科学文献出版社。

王小林、冯贺霞，2020，《2020 年后中国多维相对贫困标准：国际经验与政策取向》，《中国农村经济》第 3 期。

Bara, D., Bhengra, R., and Minz, B. 1991. "Tribal female literacy: Factors in differentiation among munda religious communities." *Social Action*,41: 399–415.

Fajth, G. 2018. "How we can drive do to extinction: Addressing developmental opportunity deprivation (DOD)." EAPR Social Policy Networking Meeting.

Flabbi, L. ,& Gatti, R. V. 2018. "A primer on human capital." Policy Research Working Paper No.8309, World Bank.

Gertler, P., Heckman J., Pinto, R., Zanolini, A., Vermeersch, C., Walker, S., Chang et al. 2014. "Labor market returns to an early childhood stimulation intervention in Jamaica." *Science*, 344 (6187): 998–1001.

Heckman, J., Moon, S. H., Pinto, R., & Savelyev, P. A., & Yavitz, A. 2010. "The rate of return to the highscope perry preschool program." *Journal of Public Economics*, 94 (1–2): 114–128.

Hsieh, Chang-Tai, & Peter J. Klenow. 2010. "Development accounting." *American Economic Journal: Macroeconomics*, 2 (1): 207–213.

Schultz, T. W. 1960. "Capital formation by education." *Journal of Political Economy*, 6:571-583.

Sen, A.1976. "Poverty: An order approach to measurement." *Econometrica*, 44(2): 219-231.

UNICEF.2016. "Cognitive capital: investing in children to generate sustainable growth." UNICEF East Asia and the Pacific.

World Bank.2019. "World development report 2019: The changing nature of work." Washington, DC: World Bank.

Xue Eryong & Zhou Xiuping.2018. "Education and anti-poverty: Policy theory and strategy of poverty alleviation through education in China." *Educational Philosophy and Theory*, 50:12,1101-1112.

第6章　中国城乡居民就业脆弱性

6.1　引言

中国经济正处于转变发展方式的关键时期，推动高质量发展成为新阶段的根本要求。就业是经济发展最基本的支撑，高质量就业是高质量发展的"压舱石"。习近平总书记曾多次指出，就业是最大的民生，要坚持就业优先战略和积极就业政策，实现更高质量和更充分就业。"十四五"时期经济社会发展的主要目标进一步提出，强化就业优先政策，扩大就业容量，提升就业质量，促进充分就业，保障劳动力待遇和权益。

就业质量是新时代经济发展的重要内容，面临诸多不确定因素的潜在影响。针对全球新冠疫情的冲击，国际劳工组织指出，除了生命的损失和对人类健康的破坏之外，疫情还对就业产生了破坏性影响，导致失业、就业不足和不工作人员的增加，带来劳动力和企业收入损失，使工作场所安全、健康和权利面临新的挑战（ILO，2021）。

联合国统计数据显示，由于新冠疫情大流行，2020年全球损失了8.8%的总工作时间，相当于2.55亿全职员工一年的工作时间；2021年的就业岗位预计比危机前减少 7500 万个，2022 年预计将减少 2300 万个 [1]。就中国而言，国家统计局数据显示，受新冠疫情影响，2020 年全年城镇新增就业 1186 万人，比上年少增 166 万人；年末全国城镇登记失业率为 4.24%，比上年提高 0.62 个百分点 [2]。

在当前社会经济发展的新形势下，就业位于"六稳"和"六保"工作任务之首。高质量就业是人们获得感、幸福感、安全感的重要保障，是逐步实现全体人民共同富裕的重要保障（赖德胜，2017）。作为影响就业质量的重要因素，城乡居民就业脆弱性也随之成为一个普遍关注的问题，有效降低就业脆弱性是实现高质量就业的内在要求。尽管中国是世界上应对新冠疫情最有效的国家，但已有研究表明，在常态化疫情防控下要重点关注劳动力市场的弱势群体，制定有针对性的帮扶政策，切实做好"六稳"工作、完成"六保"任务，避免社会分化和不平等的加剧（蔡昉等，2021）。因此，对就业脆弱群体进行精准分析是十分必要的。按照党的十九届五中全会提出的补短板、强弱项的系统观念，对就业脆弱性进行精准测度可为实现充分就业和提高就业质量提供公共政策抓手。

鉴于此，本章以中国城乡居民就业脆弱性作为基本研究问题，围绕以下问题展开具体分析：第一，如何从多维度定义和测度就业脆弱性；第二，中国居民就业脆弱性指数状况如何；第三，如何进行就业脆弱性指数分解。在此基础上，本章提供相应的政策建议。本章的边际贡献在于：一方面，从"就业机会—就业能力—就业服务"三个维度构建了就

---

[1]　参见 https://unsdg.un.org/sites/default/files/2021-09/SG-Policy-Brief-on-Jobs-and-Social-Protection-Sept%202021.pdf。

[2]　资料来源：《中华人民共和国 2020 年国民经济和社会发展统计公报》，2021 年 2 月 28 日，http://www.gov.cn/xinwen/2021-02/28/content_5589283.htm。

业脆弱性的分析框架，为测量就业脆弱性提供新的视角和思路；另一方面，拓展就业脆弱性的测度方法，运用多维贫困指数的 AF 方法测算就业脆弱性指数，并通过不同分解方式揭示其结构与分布特征。本章后续安排如下：第二部分是文献综述，第三部分阐述就业脆弱性概念框架与测量方法，第四部分报告就业脆弱性的测度结果，第五部分为结论与建议。

6.2　文献综述

就业脆弱性是将脆弱性概念引入就业领域后拓展形成的术语，反映的是一种特定的就业状态与特征。就业脆弱性研究的产生与发展，与就业环境和就业形势的变化密切相关。在过去的几十年里，工作场所中工作强度增强，工作不安全感或精神压力等新风险更加突出，引发劳动力市场中脆弱性概念的兴起（Greenan & Seghir，2017），有关就业脆弱性的研究也在这一背景下得到相应发展。

就业脆弱性具有多种表现形式，通常与不稳定工作等脆弱就业现象联系在一起。自 20 世纪 70 年代以来，脆弱就业现象逐渐受到关注，但早期的脆弱就业更多偏向于非传统的就业形式与缺乏契约保障的情况。2009 年，美国社会学会前主席卡勒伯格发表了一篇关于脆弱工作的文章，指出脆弱工作具有不稳定、不可预测和风险性特点（Kalleberg，2009），使得脆弱就业研究的影响迅速扩大。国际劳工组织指出脆弱就业的普遍特征是损害工人的基本权利，具体表现为收入不足、生产力低下和工作条件恶劣等（ILO，2010）；Adeleye 等（2019）认为脆弱就业是指缺乏安全合同、工作报酬或社会保障的工作；AlAzzawi 和 Hlasny（2020）则将从事无薪家庭工作、自营职业、不定期工资工作或私营部门工作视为脆弱就业。由此可见，现有研究侧重于从工作条件和特征等角度来理解脆弱就业。

作为脆弱就业的衍生，也有部分研究进一步对就业脆弱性内涵做出界定。综合来看，大多数学者普遍认同就业脆弱性是脆弱性的维度之一。其中，脆弱性是个人管理风险或应对风险事件产生的相关损失和成本的难度（Bocquier et al., 2010），脆弱性既是风险的产物也是个体抵御风险的能力和行动的产物（黄承伟等，2010）。基于对脆弱性的理解，Sparreboom 和 de Gier（2008）及 Bazillier 和 Boboc（2016）将就业脆弱性定义为在不适当的条件下工作或缺乏体面就业的风险；以农民工为分析对象，王小丽（2013）认为，就业脆弱性包括农民工在就业中遭遇挫折和困难的程度及其应对风险的能力；与该观点相类似，崔岩（2021）认为，就业脆弱性是指就业是否处于稳定状态，以及通过就业能否提高个体抵御风险的能力。至此可以发现，虽然目前对于就业脆弱性的概念尚未形成统一、规范的共识，但大多数研究都是立足于脆弱性的基础概念从风险和能力的角度对就业脆弱性予以界定。

进一步地，结合就业脆弱性的本质和内涵对其进行客观评估，是全面理解这一现象的基本前提。在如何识别与测量就业脆弱性方面，相关学者采用不同测量工具展开探索性研究，大体上可划分为以下三种类型。

第一种，国际劳工组织制定的脆弱就业衡量方法。将脆弱就业人员定义为自营工人和无薪家庭工人（ILO，2010）。该方法从就业身份的角度提出识别就业脆弱群体的标准，操作上具有一定的便捷性，但存在难以直观体现出就业脆弱性的基本内容与构成要素等明显缺陷。

第二种，聚焦于低收入水平。Saunders（2003）认为最脆弱的个体是低薪的非标准就业工人；英国工会联盟脆弱就业委员会指出，每小时工资低于 6 英镑的工人为处于高脆弱风险状态（TUC，2008）；Pollert和 Charlwood（2009）将脆弱群体确定为每小时工资低于平均水平且缺乏工会支持的群体。与前一种测量方法相比，此类方法虽然能够从要素特征角度反映就业脆弱性状况，但主要局限于经济收入的单一维度，因此难以全面揭示就业脆弱性。

第三种，关注就业脆弱性的多维特征。基于对微观个体就业脆弱性的研究，Papatheodorou 和 Pappas（2017）从职业安全感、工作压力、工作量以及收入等方面，考察工作脆弱性的多维特征；Mahapatra 等（2018）基于 AF 双重临界值方法，构建包括个体属性、金融安全、社会保护和社会支持网络等 4 个维度的多维就业脆弱性指数；Karymshakov等（2020）从工作合同、就业充分性、兼业状况、工作期限、工作稳定性、工作满意度和雇佣状况 7 个关键维度，创建个体就业脆弱性的衡量标准；刘爱玉（2020）根据工作获得方式、劳动关系契约、工作任期、就业中断经历、养老保障参与和工作满意度等 6 个维度，利用因子分析法构建就业脆弱性尺度；Kumar 和 Srivastava（2021）从工作质量、工作条件、女性就业问题、社会保障以及权利意识 5 个维度选取 23 个指标，运用加权平均法测算印度女工就业脆弱性水平；崔岩（2021）则以外卖骑手这一特定群体为研究对象，从劳动合同、社会保险、职业技术等级、职业技能要求和劳动收入等维度出发，采用主成分分析方法测度其就业脆弱性水平。由于不同学者对就业脆弱性的理解存在分歧，所构建的分析框架差异较大，进而体现为具体维度设定和指标选取上的多样化。

总体而言，不同学者围绕就业脆弱性的内涵界定与具体测量展开了探讨，但仍存在以下不足之处：第一，对于就业脆弱性内涵的认识大多是在脆弱性概念基础上做出的延伸，尚未建立统一的就业脆弱性概念体系，未能明确就业脆弱性的基本特征；第二，从多维度构建综合指数来测度就业脆弱性是现有研究的普遍做法，但由于对就业脆弱性概念以及发生机制的理解差异，不同学者所构建的分析框架存在较大差异。同时，具体的维度设定和指标选取虽有一定的理论依据，但主观随意性较大且碎片化。因此，本章试图在厘清就业脆弱性概念框架的基础上，围绕劳动力市场的基本构成要素，从"就业机会—就业能力—就业服务"三个维度构建就业脆弱性分析框架，进而采用 AF 双重临界值方法测量多维就业脆弱程度并展开多维分析，以期丰富和深化就业脆弱性研究，为降低就业脆弱性与促进可持续就业提供科学依据。

6.3　概念框架与测量方法

6.3.1　概念框架与维度设定

劳动力市场与资本市场、产品市场共同构成人类经济活动的三大市场。劳动力是经济发展中最基础和最具活力的生产要素（孔微巍等，2019），从微观个体的角度看，就业是个体将自身劳动力要素投入特定的劳动力市场，通过开展价值交换活动，最终产生相应就业结果的过程。就业脆弱性是个体参与劳动力市场结果的表现形式之一，反映出个体在不稳定、低质量工作环境中就业的风险，以及应对这种风险的能力。由于个体的就业活动需要在劳动力市场中进行，因此其就业结果的实现状况除了受到自身因素的影响，还会受到劳动力市场中其他主体的影响。

劳动经济学理论认为，劳动力市场的就业均衡涉及两个方面：一是由雇主创造的就业机会，即劳动力市场的需求方；二是劳动力市场的供给方，即工人或潜在的工人，或者称之为人力资本要素（Ehrenberg & Smith，2018）。劳动力市场是劳动力供求双方发生交流与互动的重要场所，雇主向雇员传递就业机会信号，而雇员则向雇主传递就业能力信号，当这两种信号匹配时才可能发生市场交易。即雇员在特定一段时间内提供劳动服务，并获得一份工作或工作合约及相应的工作环境（Spence，1974）。同时，与其他生产要素市场上供求双方只在市场交换过程中发生关系不同，劳动力供求双方的关系在市场交换完成之后依然存在。事实上，为促进劳动力供求关系的协调发展，劳动力市场会通过提供相关配套服务对劳动力交易活动进行规范与引导。

因此，劳动力交易过程是劳动供给主体、需求主体和服务主体间的互动过程，也就是说，个体的就业结果受到这三个方面因素的共同作用。作为参与劳动力市场的一种结果状态，个体的就业脆弱状况同样也不可避免地受到劳动力市场中各方主体的影响。基于此，本章倾向于从劳动力需求、劳动力供给和市场服务三个方面，构建包括就业机会、就业能力和就业服务三个维度的就业脆弱性分析框架。

1. 就业机会

就业机会是评价就业脆弱性的重要维度，反映个体在稳定、高质量工作环境中就业的机会，具体表现为劳动者当前所处的工作条件状况。就业机会首先涉及劳动者在从事生产活动过程中能否获得与自身劳动价值相当的报酬。工作收入作为劳动报酬中最重要的组成部分，可以直接体现劳动者就业的经济脆弱性。此外，工作环境与条件特征是判断个体是否处于稳定、高质量就业状态的重要标准，主要包括工作任期、工作强度和工作场所等关键内容。其中，工作任期是指劳动者在同一岗位任职的年限。工作任期越长，表明劳动者的工作经验越丰富，越有利于提高其工作能力及相应回报，同时也表明劳动者转换工作的频率较低，其就业境况处于稳定状态。工作强度体现劳动者工作时间与负荷状况，过度劳动损害劳动者身心健康，从而降低就业质量。工作场所则是指从事职业活动的地点和空间，可以直观反映出劳动者所面临的客观工作环境状况。因此，工作收入、工作稳定性、工作强度和工作场所等是衡量劳动者就业脆弱性的重要指标。

2. 就业能力

结合前文对就业脆弱性的定义，就业能力既是指个体在稳定、高质量工作环境中就业的能力，同时也代表其抵御陷入不稳定、低质量工作风险的能力。劳动经济学中最重要的观点之一是把劳动者的一套市场技能看作一种资本形式。其中，人力资本是劳动者市场能力的重要表现，在一定程度上决定其就业状况。宽泛地讲，人力资本相当于劳动者所拥有的任何可能影响其"生产力"的知识储备或特征（无论是天生的或后天获得的）。这意味着人力资本不仅包括健康状况、教育年限，还包括人力资本投资的各种其他特征，比如技能培训、经验等。在劳动力市场中，这些人力资本要素一般被视为劳动者就业能力的信号，而雇主则根据所接收到的信号做出雇佣决策，并给予相应的就业机会与条件。同时，具有更高人力资本的劳动力在就业市场上往往能够获得更高的劳动报酬，以及更稳定的就业条件（刘晔等，2019）。由此可知，劳动者的健康水平、教育年限和职业培训状况是衡量其就业脆弱性的重要内容。此外，社会网络作为一种关系体系，具备资源共享以及风险分担的基本功能，可对劳动者的就业能力产生影响。

3. 就业服务

在劳动力市场中，健全的就业服务体系不仅可以促进劳动力供求双方关系的平衡发展，而且能够维护市场秩序平稳运行。对于劳动者而言，有效的就业服务能够保障其行使就业权利并维护好就业权益。结合本章对就业脆弱性的理解，就业服务更多是指避免劳动者处于不稳定、低质量工作环境的相关制度安排。首先，劳动合同是保障劳动者实现劳动权益的重要法律形式，签订劳动合同意味着建立了一种相对稳定的契约关系，从而能够降低劳动者的就业脆弱性。此外，社会保障是对市场交换和生产过程的补充，这两种类型的机会结合起来决定了一个人的交换权利（阿玛蒂亚·森，2001）。劳动力市场中，劳动者把自身劳动能力作为进行市场交易的一种交换权利，而这种能力除了依赖于工资率、合同等外，还依赖于国家和企业所提供的社会保障。在中国社会保障体系中，医疗保险和养老保险是最基本的构成内容。其中，医疗保险是为补偿劳动者因疾病风险造成的经济损失建立的一项社会保险制度，可为劳动者提供基本医疗保障，而养老保险则是由国家立法规定的企业和个人都必须参加的一种强制性福利，两者是衡量劳动者就业状态好坏的重要标杆。因此，本章将劳动合同、医疗保险和养老保险作为评价劳动者就业服务维度脆弱性状况的指标。

6.3.2　多维就业脆弱性测量方法

本章根据多维贫困测量的 AF 方法（Alkire & Foster，2011；王小林、Alkire，2009），定义多维就业脆弱性指数（Multidimensional Employment Vulnerability Index，MEVI）。

1. 就业各维度获得状态的取值

设定 $Y=[y_{ij}]$ 是 $n \times m$ 维矩阵，y_{ij} 表示个体 i 在维度 j 上的取值，并定义 y_i 为 m 维向量，表示个体 i 在 m 个就业维度上的取值。

2. 单维度就业脆弱性的识别

定义 m 维脆弱性阈值（cut-off）向量 z，其中 z_j 表示维度 j 上的脆弱性阈值。定义脆弱性矩阵 $G^0=[g_{ij}^0]$ 是 $n \times m$ 维矩阵，ωg_{ij}^0 表示个体 i 在维度 j 上的脆弱性情况，并定义 m 维向量 g_{ij}^0，表示个体 i 的脆弱性情况。当 $y_{ij}<z_j$ 时 $g_{ij}^0=1$，表示个体 i 在维度 j 上发生脆弱性；否则 $g_{ij}^0=0$，表示未发生脆弱性。

3. 多维就业脆弱性的识别

标识函数 $\rho(y_i, z)$: $R^m \times R^m \rightarrow \{0,1\}$。$\rho(y_i, z)=1$，表示个体 i 发生就业脆弱性；否则 $\rho(y_i, z)=0$，表示未发生就业脆弱性。设定 m 维向量 ω 表示个体就业脆弱性维度的权重，其中 ω_j 表示维度 j 的权重。函数 $\rho(y_i, z)$ 的设定为当 $g_i^0 \omega \geq K$ 时 $\rho(y_i, z)=1$，否则 $\rho(y_i, z)=0$，其中 K 为就业脆弱性的设定阈值。标识函数 $\rho(y_i, z)$ 既受 z（维度内的就业脆弱性）的影响，也受跨维度就业脆弱性的影响，因此，称之为双重临界值（dual cut-off）方法。定义 n 维向量 c 表示就业脆弱性计数，其中 $c_i=\|g_i^0\|$，表示个体 i 受到就业脆弱性维度数量的和。定义 $n \times m$ 维矩阵 $\widehat{G}^0 = [\widehat{g}_{ij}^0]$，如果 $\rho(y_i, z)=0$，则用 m 维零向量代替个体 i 在矩阵 G^0 中所在行。定义 n 维向量 $\widehat{c}$ 表示修正就业脆弱性计数，其中 $\widehat{c}^0 = [\widehat{g}_i^0]$，表示个体 i 就业脆弱性维度数量的总和。

4. 多维就业脆弱性指数加总

定义 n 维向量 z 表示多维就业脆弱性情况，其中 $Z_i = \rho(y_i, z)$；定义多维就业脆弱性发生率为 $H = \dfrac{\sum_{i=1}^{n} Z_i}{n}$；定义多维就业脆弱性强度为

$A = \dfrac{\sum_{i=1}^{n} \widehat{G}^0 \omega}{\sum_{i=1}^{n} Z_i}$；定义多维就业脆弱性指数为：

$$M_0 = H \times A \qquad\qquad (1)$$

5. 多维就业脆弱性指数分解

多维就业脆弱性指数具有良好的性质，可以根据维度、指标、区域和人口特征等进行分解，反映出各个维度指标以及人口特征条件下，多维就业脆弱性的情况和对于多维就业脆弱性指数的贡献情况。指数分解公式为：

$$M_0 = \sum_g I^g [\widehat{G}^0 \omega] \qquad\qquad (2)$$

其中 I^g 定义为组别 g 的 n 维标识向量，当个体 i 为组别 g 时 $I_i^g = 1$；否则 $I_i^g = 0$。

基于上述理论分析，本章从就业机会、就业能力和就业服务三个维度构建就业脆弱性的分析框架，选取相关指标内容并设定相应阈值。同时，在赋予维度等权重的基础上，结合不同指标对就业脆弱性的影响程度差异设置相应权重。具体如表 6-1 所示。

表6-1　就业脆弱性分析维度与指标设定

维度	指标	描述	阈值	权重
就业机会	工作收入	年总收入（元）	1为年总收入低于城市或者农村年人均可支配收入中位数的40%，否则为0	1/6
	工作稳定性	从事当前工作的时间（年）	1为工作期限少于1年，否则为0	1/18
	工作强度	平均每周的工作时间（小时）	1为每周工作时间超过56小时，否则为0	1/18
	工作场所	是否拥有固定的工作场所	1为没有固定的工作场所，否则为0	1/18
就业能力	教育水平	受教育程度	1为小学及以下，否则为0	1/9
	技能培训	过去一年是否接受过技能培训	1为没有接受过技能培训，否则为0	1/18
	健康状况	非常健康、健康、一般、比较不健康、非常不健康	1为比较不健康或非常不健康，否则为0	1/9
	社会网络	在本地拥有的可以得到支持和帮助的朋友/熟人数量	1为没有可以得到支持和帮助的朋友/熟人，否则为0	1/18
就业服务	劳动合同*	是否签订劳动合同	1为签订劳动合同，否则为0	1/9
	医疗保险	是否参加医疗保险	1为已参加医疗保险，否则为0	1/9
	养老保险	是否参加养老保险	1为已参加养老保险，否则为0	1/9

　*由于劳动合同是雇佣单位与雇员确定劳动关系的用工合同，只有当个体的职业类型为雇员时才会涉及，因此本章将职业类型为雇主、自雇和务农的样本视为已签订劳动合同。

6.4　多维就业脆弱性的测算及分解

　　本章使用的数据来自中山大学社会科学调查中心2018年中国劳动力动态调查（CLDS）的个体数据集，调查对象为15~64岁有劳动能力的个体，以及65岁及以上目前有工作的个体。CLDS数据详细收集了个体的基本信息与工作状况，能够满足本章研究的数据要求。考虑到18~64岁群体是劳动力的构成主体，因此本章将研究对象限定为18~64岁有劳动能力并且处于就业状态的样本。删除关键变量信息不明确或缺失的样本后，最终得到有效样本量 7946 份。

6.4.1　不同维度就业脆弱性状况

为了清晰地阐明多维就业脆弱性问题，首先测量各指标的就业脆弱性发生率（见表 6-2）。总体上看，样本居民在各指标上均存在就业脆弱性状况，但不同指标的就业脆弱程度有所差异。就全国居民来看，技能培训、教育水平、养老保险和工作强度 4 个指标的就业脆弱性发生率较高，均达到 20% 以上。就业机会方面，工作强度的就业脆弱性发生率最高，为 23.28%，即约 1/5 的居民每周工作时间超过 56 小时，处于高强度工作状态；就业能力方面，技能培训和教育水平的就业脆弱性发生率显著高出其他指标，88.36% 的居民缺乏技能培训，33.06% 的居民受教育水平处于小学水平及以下。由此反映出，发展职业培训和普通教育是增强居民就业能力的重要路径。就业服务方面，养老保险的就业脆弱性发生率较高，为 29.74%，这意味着有将近 1/3 的居民没有参加养老保险。

对于城市居民而言，就业脆弱性发生率较为突出的四个指标依次是技能培训、劳动合同、养老保险和工作强度。具体地，城市居民中缺乏技能培训的比例为 79.41%，没有签订劳动合同的比例为 24.89%，没有参加养老保险的比例为 24.72%，每周工作时间超过 56 小时的比例为 19.40%。对于农村居民而言，就业脆弱性发生率最高的指标是技能培训，为 92.11%；教育水平次之，为 42.84%；同时，养老保险和工作强度的就业脆弱性发生率也相对较高，分别为 31.84% 和 24.91%。通过对比可以发现，城市和农村居民在技能培训、养老保险和工作强度三个指标上均表现出较高的就业脆弱性发生率，并且农村居民发生就业脆弱的比例相对更大。但是，城乡居民在教育水平和劳动合同两个指标上的表现具有明显差异，其中，农村居民教育水平的就业脆弱性发生率显著高于城市居民，这体现出城乡间教育水平的差距；城市居民劳动合同的就业脆弱性发生率则显著高于农村居民。以上分析表明，在解决居民就业脆弱性问题时，应将降低工作强度、增加技能培训、提高教育水平和促进养老保险参与作为基本改善目标。

表6-2　单指标就业脆弱性发生率

单位：%

维度	指标	全国	城市	农村
就业机会	工作收入	16.12	10.15	18.63
	工作稳定性	5.85	6.82	5.45
	工作强度	23.28	19.40	24.91
	工作场所	11.86	8.78	13.16
就业能力	教育水平	33.06	9.72	42.84
	技能培训	88.36	79.41	92.11
	健康状况	12.43	5.97	15.14
	社会网络	14.22	11.34	15.43
就业服务	劳动合同	17.78	24.89	14.80
	医疗保险	6.60	6.82	6.50
	养老保险	29.74	24.72	31.84

资料来源：根据 2018 年 CLDS 数据计算得到。

在测算单指标就业脆弱性发生率的基础上，进一步考察居民出现任意一个及以上指标就业脆弱性的情况（见表6-3）。若脆弱性指标数为 0，表示样本居民在所选取的任何指标上均未出现脆弱状态；若脆弱性指标数为 3，则表示在 12 个指标中存在 3 个指标的脆弱状态。表 6-3 的数据显示，不论是从全国样本看，还是分城市和农村来看，随着脆弱性指标数的不断提高，就业脆弱性发生率略有起伏波动，但总体上都呈现逐渐下降趋势。此外，样本居民就业脆弱性发生率大于 1% 的指标数为 7 个。其中，全国居民样本在 2 个及以上指标发生就业脆弱性的比例为 74.44%，3 个及以上指标的比例为 48.84%。从城乡差别上看，城市居民中就业脆弱性指标数达到 2 个及以上的比例为 58.44%，而农村居民的这一比例为 81.12%，这体现出农村居民在多个指标上发生就业脆弱性的可能性更大。据此可知，就业脆弱性具有明显的多维度特征，从多维角度测量就业脆弱性相较于单一维度更加全面，也有助于制定指向性更明确的就业优化策略。

表6-3　不同指标数就业脆弱性发生率

单位：%

就业脆弱性指标数	全国	城市	农村
0	4.72	10.19	2.43
1	20.85	31.37	16.45
2	25.60	25.49	25.64
3	22.50	16.84	24.88
4	16.16	9.04	19.14
5	6.80	4.48	7.77
6	2.61	1.88	2.91
7	0.67	0.51	0.73
8	0.06	0.13	0.04
9	0.04	0.09	0.02
10	0.00	0.00	0.00
11	0.00	0.00	0.00

6.4.2 多维就业脆弱性指数的测算

本章运用 AF 双临界值法对样本居民的多维就业脆弱性状况进行测算，如前文所述，要估计多维就业脆弱性指数必须确定临界值（K）。理论上，K 可以在 0~1 变化，当 K 取 0 时，任意指标为脆弱状态被认定为多维就业脆弱，当 K 取 1 时，只有当所有指标均表现出脆弱状态时才能定义为多维就业脆弱。为了解样本居民的多维就业脆弱性特征，从整体上把握中国居民的就业脆弱状况，本章分别估算不同 K 取值下全部样本的多维就业脆弱性指数（见表 6–4 和图 6–1）。分析结果显示，当 K=0.3 时，多维就业脆弱性发生率（H）为 0.270，多维就业脆弱性强度（A）为 0.412，多维就业脆弱性指数（M_0）为 0.111。即在该临界值下，有 27% 的居民陷入多维就业脆弱状态，并且每个多维就业脆弱居民约有 4 个指标发生就业脆弱，表明多维就业脆弱程度较高。同时，随着临界值（K）取值的不断增加，发生多维就业脆弱性的个体数量逐渐减小，多维就业脆弱性指数也呈下降趋势，但是多维就业脆弱性强度则呈上升趋势。这说明，随着临界值的增加，居民多维就业脆弱性的深度不断加剧。进一步地，由于多维就业脆弱性指数（M_0）可以表示为多维就业脆弱性发生率（H）和多维就业脆弱性强度（A）的乘积，我们可以通过观察 H 和 A 的变化来判断 M_0 变化的成因。由表 6–4 可知，在不同的 K 取值下，M_0 下降主要是由 H 的大幅下降所引起的，因为此间 A 逐渐增大，但其增长速率远小于 H 的下降速率。

表6-4　全国多维就业脆弱性指数

临界值 （K）	多维就业脆弱性发生率 （H）	多维就业脆弱性强度 （A）	多维就业脆弱性指数 （M_0）
0.1	0.767	0.270	0.207
0.2	0.496	0.337	0.167
0.3	0.270	0.412	0.111
0.4	0.104	0.501	0.052
0.5	0.056	0.551	0.031
0.6	0.014	0.639	0.009
0.7	0.001	0.747	0.001

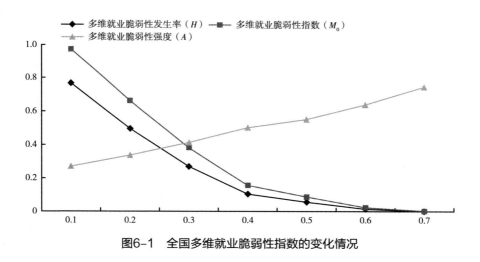

图6-1　全国多维就业脆弱性指数的变化情况

进一步地，本章细化分析了城市和农村的多维就业脆弱性指数（见表6-5）。从表中可以看出，与全国多维就业脆弱性的变动特征相似，随着临界值（K）逐渐变大，城市居民和农村居民的多维就业脆弱性发生率（H）和多维就业脆弱性指数（M_0）也逐渐变小，而多维就业脆弱性强度则呈现变大趋势。显然，临界值（K）越大，城市和农村居民的多维就业脆弱性强度（A）就更高。同时，不管临界值（K）取何值（除K取值为

0.7 外），农村居民的多维就业脆弱性发生率（H）和多维就业脆弱性指数（M_0）总体高于城市居民，这意味着农村居民多维就业脆弱性现象相对更为严重。

表6-5　城市和农村多维就业脆弱性指数比较

临界值（K）	多维就业脆弱性发生率（H）		多维就业脆弱性强度（A）		多维就业脆弱性指数（M_0）	
	城市	农村	城市	农村	城市	农村
0.1	0.618	0.829	0.245	0.278	0.151	0.230
0.2	0.338	0.563	0.330	0.339	0.111	0.191
0.3	0.159	0.317	0.421	0.410	0.067	0.130
0.4	0.066	0.120	0.513	0.499	0.034	0.060
0.5	0.036	0.064	0.570	0.547	0.021	0.035
0.6	0.012	0.015	0.655	0.633	0.008	0.009
0.7	0.002	0.001	0.778	0.722	0.002	0.001

6.4.3　多维就业脆弱性的分解

本章从就业脆弱性指标、城乡、人口学特征和技能水平等角度对多维就业脆弱性指数进行分解，以期揭示多维就业脆弱性的结构特征。鉴于目前有关临界值（K）的取值没有统一标准，通常选取 $K=0.3$ 作为临界值，因此，本章沿用这一做法，据此展开多维就业脆弱性指数的分解测度。

1. 基于不同指标的多维就业脆弱性分解

为深入考察各指标对多维就业脆弱程度的影响大小，需要将多维就业脆弱性指数按照指标进行分解。表 6-6 的分析结果表明，不同指标的贡献率具有较大差异。从全国样本来看，工作收入是造成居民多维就业脆弱的最重要因素，其贡献率为 19.9%；教育水平次之，贡献率为

18.4%；此外，养老保险、技能培训的贡献率也较大，分别为 15.9% 和 13.2%。同时，分城乡子样本进行考察发现，影响城市居民多维就业脆弱性的主要因素包括工作收入、养老保险、技能培训、劳动合同和教育水平；影响农村居民多维就业脆弱性的主要因素则为工作收入、教育水平、养老保险和技能培训。值得关注的是，与其他因素不同，劳动合同仅对城市居民的多维就业脆弱程度具有较大影响。产生这一现象的原因在于城乡劳动力的就业结构差异，城市劳动力大多以他雇型就业为主，农村劳动力中则有相当比例人员以从事务农活动为主，而劳动合同主要用于维护他雇型就业情况下雇佣双方的关系，因此，劳动合同对城市居民多维就业脆弱性的影响更大。由上述分析可知，应通过增加居民劳动报酬，加强普通教育和职业培训投入力度，以及提高养老保险的覆盖率等方式来缓解我国居民多维就业脆弱状况。除此之外，还应有所侧重地督促城市企业健全劳动合同制度。

表6-6　基于不同指标的多维就业脆弱性指数分解（K=0.3）

维度	指标	M_0 贡献率（%）		
		全国	城市	农村
就业机会	工作收入	19.9	18.3	20.2
	工作稳定性	1.3	2.2	1.2
	工作强度	4.6	5.4	4.4
	工作场所	2.6	2.6	2.6
就业能力	教育水平	18.4	10.3	20.2
	技能培训	13.2	12.7	13.3
	健康状况	7.9	4.5	8.7
	社会网络	3.8	3.7	3.8
就业服务	劳动合同	7.6	14.2	6.1
	医疗保险	4.7	7.7	4.1
	养老保险	15.9	18.6	15.4

2. 基于城乡分组的多维就业脆弱性分解

多维就业脆弱性指数的城乡分解结果，如表6-7所示。一方面，农村多维就业脆弱状况相较于城市地区更为严重。具体而言，农村多维就业脆弱性指数显著高于城市多维就业脆弱性指数，高出近1倍。另一方面，农村多维就业脆弱是全国多维就业脆弱的主要致因，其贡献率高达82.3%。这是由于受到城乡经济发展水平和产业结构差异的影响，农村地区的就业承载力和就业环境明显落后于城市地区，致使其对全国多维就业脆弱的影响更大。这意味着农村地区是我国治理就业脆弱问题的主场域，应进一步完善农村就业公共服务体系，为农村劳动力就业纾困解难。

表6-7 基于城乡分组的多维就业脆弱性指数分解（K=0.3）

地区	多维就业脆弱性指数（M_0）	M_0 贡献率（%）
城市	0.067	17.7
农村	0.130	82.3

3. 基于人口学特征的多维就业脆弱性分解

本章分别对全国样本和城乡子样本的多维就业脆弱性指数进行性别分解，从而得到不同性别群体对多维就业脆弱性的贡献差异（见表6-8）。全国样本和城乡子样本的分解结果表明，不同性别群体的多维就业脆弱性指数和多维就业脆弱性贡献率大小不一致，与男性相比，女性的多维就业脆弱性指数更大，并且其对总体多维就业脆弱性的贡献率相对略高。劳动力市场分割理论认为，性别是一种社会分类或社会屏蔽的机制，男女两性在劳动力市场上面临不同的机会结构（Tomaskovic-Devey & Skaggs，2002），而女性的劳动力市场地位相对较弱，进而导致其更容易发生脆弱就业现象。这说明，需要为女性创造更有利于实现体面就业和持续就业的条件，减少劳动力市场的性别不平等现象。此外，通过比较城乡子样本的分解结果可知，农村男性和女性的多维就业脆弱性指数分别为 0.100、0.164，相应地高于城市男性和女性的 0.061、0.073。同时，女性对农村多维就业脆弱性的贡献率为 59.1%，显著高于其对城市多维就业脆弱性的贡献率，即 52.1%。因此，农村女性是缓解多维就业脆弱状况的重要突破口，应注重加强农村女性就业与发展保障的相关制度建设。

表6-8　基于性别分组的多维就业脆弱性指数分解（$K=0.3$）

性别	多维就业脆弱性指数（M_0）			M_0 贡献率（%）		
	全国	城市	农村	全国	城市	农村
男性	0.089	0.061	0.100	42.2	47.9	40.9
女性	0.137	0.073	0.164	57.8	52.1	59.1

为探究多维就业脆弱性的年龄差异，本章将劳动力划分为青年劳动力（18~29 岁）、壮年劳动力（30~49 岁）与老年劳动力（50~64 岁），并据此进行多维就业脆弱性指数的分解测度。表 6-9 的分析结果显示，从各年龄组的多维就业脆弱性指数来看，在全国居民样本和城乡子样本中，老年劳动力的多维就业脆弱性指数均显著高于青年和壮年劳动力，表明老年劳动力的多维就业脆弱程度更深。由于已过生理的最高峰，老年人的体力、精力无法与年轻人相比，智力也开始下降，接受新知识的能力也下降，知识结构开始老化（李强，2004），因此老年劳动力就业面临多方面的"挤出效应"，更容易遭遇多维就业脆弱困境。同时，各年龄组贡献率的测算结果显示，在全国样本和农村子样本中，老年劳动力对多维就业脆弱性的贡献率最高，分别达到 51.9% 和 55.2%；壮年劳

动力的贡献率次之，分别为 40.0% 和 38.2%；而青年劳动力的贡献率最低，分别为 8.1% 和 6.6%。与此不同的是，在城市子样本中，壮年劳动力的贡献率最高，为 48.3%；老年劳动力的贡献率次之，为 36.4%；青年劳动力的贡献率最低，为 15.3%。其中，壮年劳动力对城市多维就业脆弱性的影响较大，可能的原因之一是农村劳动力迁移多以青壮年劳动力为主。《2020 年农民工监测调查报告》数据显示，中国农民工总量为 2.8 亿多，并且约有半数农民工的年龄为 31~50 岁 [1]。这部分群体在城市中的就业风险较高、就业稳定性较差，因此壮年劳动力是城市多维就业脆弱性的重要成因。这一结果说明，在不断改善老年劳动力就业状况的同时，也需要关注壮年劳动力，特别是城市壮年劳动力的就业状况，制定有针对性的就业扶持政策。

表6-9　基于年龄分组的多维就业脆弱性指数分解（$K=0.3$）

	多维就业脆弱性指数（M_0）			M_0 贡献率（%）		
	全国	城市	农村	全国	城市	农村
青年劳动力	0.083	0.062	0.100	8.1	15.3	6.6
壮年劳动力	0.091	0.054	0.111	40.0	48.3	38.2
老年劳动力	0.144	0.103	0.153	51.9	36.4	55.2

4. 基于技能等级分组的多维就业脆弱性指数分解

考虑到不同技能水平劳动力在竞争性就业市场中的表现存在差异，相应地其多维就业脆弱状况可能有所不同，因此，本章进一步从技能等级视角对多维就业脆弱性指数进行分解。教育水平在相当大程度上决定

---

[1] 《2020 年农民工监测调查报告》，http://www.stats.gov.cn/tjsj/zxfb/202104/t20210430_1816933.html。

着劳动力的就业技能结构，可将其作为技能等级的划分依据。具体而言，本章将小学及以下学历的样本视为低技能水平，高中与初中学历的视为中技能水平，大专及以上学历的则视为高技能水平。在此基础上，对多维就业脆弱性指数进行技能等级分解（见表6–10）。

表6–10 基于技能水平的多维就业脆弱性指数分解（$K=0.3$）

	多维就业脆弱性指数（M_0）			M_0 贡献率（%）		
	全国	城市	农村	全国	城市	农村
低技能水平	0.237	0.288	0.233	70.5	41.9	76.7
中技能水平	0.060	0.067	0.058	26.8	48.2	22.2
高技能水平	0.017	0.016	0.020	2.7	10.0	1.1

根据不同技能等级的多维就业脆弱性指数可以看出，在全国样本和城乡子样本中，低技能水平的多维就业脆弱性指数最大，依次高于中技能水平和高技能水平，即技能等级越高，多维就业脆弱程度越低。其原因在于技能水平直接影响劳动力的就业资源获取能力，技能水平越高的劳动力往往更容易实现更高质量的就业，因此其多维就业脆弱状况相对较轻。结合不同技能等级的贡献率来看，在全国样本和农村子样本中，低技能水平对多维就业脆弱性的贡献率相对突出，分别高达70.5%和76.7%。但是，在城市子样本中，中技能水平对多维就业脆弱性的影响最大，其贡献率为48.2%；低技能水平的贡献率明显降低，仅为41.9%。究其原因是数字经济使得就业结构呈现两极化，即高技能和低技能劳动者就业和薪酬增加，中技能劳动者就业和薪酬减少（阎世平等，2020）。特别是在城市地区，数字经济的高速发展对劳动力市场结构产生深刻影响，使得中技能劳动力受到的就业冲击更为明显，并由此成为影响城市

多维就业脆弱程度的重要因素。以上分析表明，通过提高低技能劳动力的技能素质，优化劳动力市场的技能结构，可为解决就业脆弱问题提供重要助力。

6.5　结论与建议

本章基于"就业机会—就业能力—就业服务"分析框架，构建了多维就业脆弱性指标体系，并利用2018年中国劳动力动态调查数据（CLDS），运用AF双临界值法对城乡居民多维就业脆弱状况进行测度与结构分解。研究发现，首先，中国绝大多数居民存在多维度的就业脆弱状况，在2个及以上指标发生就业脆弱性的样本比重达74.44%，并且农村居民在多个指标上发生就业脆弱性的可能性高于城市居民。其次，中国居民多维就业脆弱程度较高，当临界值 K 为0.3时，有27%的居民处于多维就业脆弱状态，平均约在4个指标上发生就业脆弱，同时，不论临界值 K 取何值（取值0.7除外），农村居民多维就业脆弱状况始终比城市居民更为严重。此外，分维度、分城乡的分解结果表明，工作收入、教育水平、养老保险和技能培训是影响城乡居民多维就业脆弱性的共同因素，而劳动合同仅对城市居民就业脆弱性具有突出贡献。最后，在全国样本和城乡子样本中，从多维就业脆弱性指数上看，女性、老年劳动力和低技能水平劳动力的多维就业脆弱程度均相对更高。但是，从多维就业脆弱性贡献率上看，不同群体的贡献率分布特征略有不同，女性、老年劳动力和低技能水平劳动力对全国和农村多维就业脆弱性的贡献较大，而壮年劳动力和中技能水平劳动力对城市多维就业脆弱性的贡献较大。

第 6 章　中国城乡居民就业脆弱性

结合上述结论，为缓解中国居民多维就业脆弱性困境，推动实现更加充分更高质量就业，本章提出如下建议。

首先，强化公共就业服务能力建设，提高就业服务水平。以基层公共就业服务平台建设为抓手，扩大服务供给范围，拓展就业服务内容，推动公共就业服务向农村延伸，健全覆盖城乡的公共就业服务网络。加快智慧就业建设，深化公共就业服务的信息化水平，优化就业服务质量。统筹兼顾城乡劳动力市场建设，搭建有效的供需服务信息平台，提高劳动力供需匹配效率，实现精准就业服务。健全劳动者收入和权益保障体系，改善就业条件。完善收入分配制度，建立工资决定、合理增长和支付保障机制，实现劳动报酬与劳动生产率同步提高。补齐劳动者权益保障短板，进一步规范城乡劳动用工关系，完善社会保险福利制度。

其次，提高劳动者技能素质，增强就业能力。以就业需求为导向，坚持技能培养和素质提升并重，建设现代化职业教育体系。深化职业培训供给侧改革，构建以政府为主导、以企业为主体、社会力量共同参与的培训供给模式，持续加大职业技能培训投入力度。同时，在传统培训手段的基础上，创新运用数字化培训方式，不断提升职业培训质量。此外，准确识别不同技能水平劳动力的差异化需求，特别是要关注低技能劳动者以及城市中技能劳动者的发展需求，切实提高培训供给的有效性。

最后，推进重点就业脆弱群体帮扶，优化就业环境。聚焦于城乡就业市场的弱势群体，面向农村、女性以及老年劳动力，建立针对性的就业服务体系和赋能体系。结合数字经济背景下的就业结构特征，适当扩大对城市新就业形态劳动者和中技能劳动者的就业扶持。根据不同群体的就业特点，在就业渠道、就业技能等方面实施倾斜性的帮扶措施，提高就业保障水平。

参考文献

阿玛蒂亚·森，2001，《贫困与饥荒——论权利与剥夺》，王宇、王文玉译，商务印书馆。

蔡昉、张丹丹、刘雅玄，2021，《新冠肺炎疫情对中国劳动力市场的影响——基于个体追踪调查的全面分析》，《经济研究》第 2 期。

崔岩，2021，《就业质量视角下的外卖骑手就业脆弱性研究》，《山东社会科学》第 5 期。

黄承伟、王小林、徐丽萍，2010，《贫困脆弱性：概念框架和测量方法》，《农业技术经济》第 8 期。

孔微巍、廉永生、刘聪，2019，《人力资本投资、有效劳动力供给与高质量就业》，《经济问题》第 5 期。

赖德胜，2017，《高质量就业的逻辑》，《劳动经济研究》第 6 期。

李强，2004，《市场排斥与政府扶持——我国脆弱群体就业的困境与对策》，《人口与经济》第 S1 期。

刘爱玉、刘继伟，2020，《市场化过程中就业脆弱性之演变（2000—2010）》，《河北学刊》第 1 期。

刘晔、王若宇、薛德升等，2019，《中国高技能劳动力与一般劳动力的空间分布格局及其影响因素》，《地理研究》第 8 期。

王小丽，2013，《微观视角下的川籍农民工就业脆弱性及其影响研究》，硕士学位论文，西南财经大学工商管理学院。

王小林、Sabina Alkire，2009，《中国多维贫困测量：估计和政策含义》，《中国农村经济》第 12 期。

阎世平、武可栋、韦庄禹，2020，《数字经济发展与中国劳动力结构演化》，《经济纵横》第 10 期。

Adeleye, Bosede, Yasmeen Sultana, Abdul Jamal, Mohamed Nazeer &

Arumugam Sankaran. 2019. "Female vulnerable employment in India's informal sector." *International Journal of Gender and Women's Studies*, 7 (2):78-87.

AlAzzawi, Shireen & Vladimir Hlasny. 2020. "Vulnerable employment of Egyptian, Jordanian, and Tunisian youth: Trends and determinants." WIDER Working Paper, No.2020 /166.

Alkire, Sabina & James Foster. 2011. "Counting and multidimensional poverty measurement." *Journal of Public Economics*, 96 (7-8):476-487.

Bazillier, Rémi & Cristina Boboc. 2016. "Labour migration as a way to escape from employment vulnerability? Evidence from the European Union." Applied Economics Letters, 23 (16):1149 -1152.

Bocquier, Philippe, Christophe Nordman & Aude Vescovo. 2010. "Employment vulnerability and earnings in urban west Africa." *World Development*, 38 (9):1297-1314.

Ehrenberg, Ronald & Robert Smith. 2018. *Modern Labor Economics : Theory and Public Policy (Thirteenth Edition)* . New York : Routledge.

Greenan, Nathalie & Majda Seghir. 2017. "Measuring vulnerability to adverse working conditions: Evidence from European countries." HAL Working Paper, No. hal-02172377.

ILO. 2010. *Global Employment Trends*. Geneva : International Labour Organization.

ILO. 2021. *Global Call to Action for A Human-Centred Recovery from the COVID-19 Crisis That Is Inclusive, Sustainable and Resilient*. Geneva: International Labour Organization.

Kalleberg, Arne. 2009. "Precarious work, insecure workers: Employment relations in transition." *American Sociological Review*, 74 (1) :1-22.

Karymshakov, Kamalbek, Burulcha Sulaimanova & Marcelo Bergolo. 2020. "Employment Vulnerability, Wages, and Subjective Well-Being in Kyrgyzstan." Partnership for Economic Policy Working Paper, No. 2020-03.

Kumar, Nomita & Achala Srivastava. 2021. "Measuring the employment vulnerability among female workers in Uttar Pradesh." *Indian Journal of Human Development*, 15 (2): 307- 322.

Mahapatra, Bidhubhusan, Ruchira Bhattacharya, Yamini Atmavilas & Niranjan Saggurti. 2018. "Measuring vulnerability among female sex workers in india using a multidimensional framework." *PLoS One*, 13 (9), e0204055.

Papatheodorou, Andreas & Nikolaos Pappas. 2017. "Economic recession, job vulnerability, and tourism decision making: A qualitative comparative analysis." *Journal of Trave Research*, 56 (5) :663-677.

Pollert, Anna & Andy Charlwood. 2009. "The vulnerable worker in Britain and problems at work." *Work, Employment and Society*, 23 (2) :343-362.

Saunders, Ron. 2003.*Defining Vulnerability in the Labour Market*. Ottawa : Canadian Policy Research Networks.

Sparreboom, Theo & Michael de Gier. 2008. "Assessing vulnerable employment : The role of status and sector indicators in Pakistan, Namibia and Brazil." ILO Employment Sector Working Paper, No.13.

Spence, Michael. 1974. *Market Signaling: Informational Transfer in Hiring and Related Screening Processes*. Cambridge: Harvard University Press.

Tomaskovic-Devey, Don & Sheryl Skaggs. 2002. "Sex segregation, labor process organization, and gender earnings inequality." *American Journal of Sociology*, 108 (1) :102 -128.

TUC. 2008. *Hard Work, Hidden Lives: The Short Report of the Commission on Vulnerable Employment*. London: Trades Union Congress.

第7章 中国城乡家庭普惠金融短板

7.1 引言

　　党的十八届三中全会在《中共中央关于全面深化改革若干重大问题的决定》中，正式提出要"发展普惠金融"。2015 年 12 月 31 日，国务院发布《推进普惠金融发展规划（2016—2020 年）》，明确到 2020 年，建立与全面建成小康社会相适应的普惠金融服务水平和保障体系，特别是要让小微企业、农民、城镇低收入人群、贫困人群和残疾人、老年人等及时获取价格合理、便捷安全的金融服务。为全面推动《推进普惠金融发展规划（2016—2020 年）》和 G20 普惠金融成果文件的实施，中国人民银行在 2016 年底建立了中国普惠金融指标体系及填报制度。同时，全面建成小康社会后，党中央提出高质量发展，逐步实现共同富裕目标。2021 年中国人民银行副行长刘桂平指出，努力以普惠金融的高质量发展，助力全体人民共同富裕。然而，普惠金融高质量发展还面临不少挑战，需要持续深化和完善。一是普惠金融如何更好地支持巩固脱贫攻坚成果、有效防止返贫；二是普惠金融如何通过更好融入乡村振兴战略促进共同富裕；三是普惠金融如何帮助更多低收入人群迈入中收入人群行列。其中，按照党的十九届五中全会提出的补短板、强弱项系统观念，科学测度并补齐城乡家庭普惠金融的短板，是推动金融高质量发展的关键所在。因此，本章研究的基本问题是：如何精准测度中国城乡家庭普惠金融短板？具体问题包括：（1）城乡家庭普惠金融短板包括哪些维度？（2）如何构建一个可加总、可分解的城乡家庭普惠金融短板指数？（3）中国城乡家庭普惠金融短板程度如何？本章的边际贡献在于，把测量多维贫困指数的 AF 方法引入普惠金融短板测度中，构建了一个可加总、可分解的多维普惠金融短板指数，对 2019 年中国家庭金融调查（CHFS）数据进行多维普惠金融短板指数测量，并进行区域、家庭和人口学特征分解，以期精准识别出短板群体，并对其群体特征进行深入的剖析，为后续的"精准治理"提供参考。

7.2 文献综述

国内外与普惠金融短板比较接近的学术研究领域，主要是金融排斥，因此，本章针对金融排斥的定义、衡量和产生的原因进行文献综述，具体内容如下。

7.2.1 金融排斥的定义

20 世纪 90 年代，英国金融地理学家 Leyshon 等研究了居民与金融机构网点的实际距离对居民的金融服务可得性的影响，发现贫困人口难以获得金融产品和服务，由此提出了金融排斥的概念。他们把金融排斥定义为：随着银行分支机构的关闭，欠发达地区的穷人和弱势群体由于距离银行等金融机构较远，难以获得银行服务。之后，随着研究视角的拓展，金融排斥的概念不断拓展。Rogaly 等（2000）认为，金融排斥是社会排斥在经济层面的表现，而社会排斥的产生和加剧通常也会加剧金融排斥，两者互为因果、相互影响。Panigyrakis 等（2002）认为，金融排斥是指部分群体难以从正规金融机构获得低成本、安全、公平的金融服务的现象。Devlin（2005）认为，金融排斥是指受到金融排斥的群体，虽然有能力获得金融产品和服务，但是这部分群体不能选择正确、合适的金融产品和服务的现象。其将遭受金融排斥的对象扩展到企业和区域层面，认为居民等微观个体、中小企业、欠发达地区等，由于难以获取金融服务与产品而遭受的排斥，即为金融排斥。Conroy（2006）认为，金融排斥是指贫困人群和弱势群体难以获得正规渠道金融服务的现象。总之，对于金融排斥的关注点，从距离银行到特定群体，从对银行金融服务可得性到能否得到合理、公平的各种金融服务，对金融排斥的研究是一个不断细化和深入的过程。

7.2.2　金融排斥的衡量

关于金融排斥的衡量主要有三类。一是根据金融排斥产生的原因来衡量。Kempson 和 Whyley（1999）提出金融排斥的六维评价标准，即金融排斥不仅包括地理排斥，而且包括条件排斥、评估排斥、营销排斥、价格排斥以及自我排斥。Cebulla（1999）在研究保险排斥的过程中，根据排斥产生的原因不同，将其分为结构排斥和主体排斥两个维度。高沛星和王修华（2011）从 Kempson 等的六个维度中选取了四个维度及相应的四个指标——农村地区万人机构覆盖度、农村地区人均贷款水平、农村地区获得贷款农户占比、农村地区万人拥有服务人员数，构建农村地区金融排斥指数测度金融排斥。王修华等（2012）利用 Kempson 等的六个维度分析欧盟成员国的金融排斥情况，并分析其对中国的借鉴意义。二是根据金融产品和服务的种类，单维度或者综合衡量金融排斥情况。Devlin（2005）考虑到不使用金融服务不一定是遭遇金融排斥，还可能是根本不需要，因为选择了五项"必要"的金融服务和产品——活期（支票）账户、储蓄账户、家庭财产保险、人寿保险和养老金，用这五项金融服务和产品的有无，来衡量英国的金融排斥状况。李涛等（2010）在研究城市家庭金融排斥状况时，分别从储蓄、贷款、保险、基金四个方面考察城市居民的金融排斥状况。张号栋和尹志超（2016）以"家庭是否具有正规金融账户"哑变量将家庭金融排斥分解为家庭投资类金融排斥和家庭融资类金融排斥，其中家庭投资类金融排斥包括活期存款、定期存款、股票、基金、债券、银行理财产品、外汇、商业保险、金融衍生品和黄金等排斥；家庭融资类金融排斥细分为农业、工商业（简称"农工商"）贷款，住房贷款，汽车贷款，教育贷款，信用卡等排斥。吕学梁和吴卫星（2017）以家庭是否持有银行存款作为家庭金融排斥的代理变量。三是其他方法，包括应用银行机构渗透率等单指标衡量，或者以上两种方法的综合应用。许圣道和田霖（2008）在研究农村金融排斥状况时，利用各省（区、市）农村地区银行业中介机构数量作为反映区域金融排斥现状的主要指标。粟芳和方蕾（2016）从银行、保险和互联网金融三个行业来研究中国农村地区的金融排斥，并根据不同行业的特点从表象和根源两个层面测量金融排斥，并将因果层面的金融排斥指数作为表象层金融排斥的解释变量来分析。赵丙奇、李露丹（2020）从经济绩效和社会绩效两方面构建了评价普惠金融精准扶贫效果的指标体系。从总体上来讲，对于金融排斥的衡量主要从两个角度出发：一是金融排斥产生的原因；二是各种金融产品及服务的可得性测量。基于金融排斥原因的测量，Kempson 等提出的六维度评价法是典型代表，该方法在国内外得到了较为广泛的、个性化的应用，但该方法难以很好地衡量对于金融服务和产品的排斥情况。而针对具体金融服务可得性的衡量，采用单变量衡量研究，难以反映综合情况。而有的研究包括了非必需金融产品和服务的测量，超越了金融普惠的范围。上述研究均存在一定的缺陷，金融普惠应该以最基本的金融服务的普惠为目标，只有找到并补齐基本金融服务的短板，才能实现金融普惠。

7.2.3　金融排斥产生的原因

Kempson 和 Whyley（1999）认为排斥可能是由于准入、条件、价格、营销或对负面体验或感知的自我排斥而产生的问题，基于此提出了金融排斥的六个维度。他们在分析英国金融排斥的原因时，综合考虑了社会和经济因素，如收入和收入分配、劳动力市场变化、人口变化、住房政策及使用权的变化、福利与财政改革、金融市场变化，发现最有可能处于金融服务业边缘的人群包括失业者、因病或残疾无法工作的人、单一养老金领取者和单亲父母。Carbó 等（2005）认为，社会经济的发展对金融排斥的形成有重要影响，同时，英国 20 世纪 80 年代及 90 年代初期金融业的行业重组、竞争加剧以及"客户价值"概念在金融业的兴起，都直接或间接地促成了英国的金融排斥。Mitton（2008）发现虽然英国未持有账户人数在 2003~2006 年快速减少，但是依然有很多人无法充分利用银行账户和相关金融服务，主要原因是这部分脆弱的群体具有不同的特质和较低的收入。Wentzel 等（2016）总结以往文献，找出影响金融排斥的九个比较重要的因素，即性别、年龄、主要收入来源、自有住房状况、婚姻状况、受教育程度、抚养人口数量、地理位置及母语，研究这九个因素对南非地区收入金字塔底层人群金融排斥状况的影响，发现对金融排斥影响较大的因素分别是受教育程度、主要收入来源、年龄、母语和抚养人口数量。

7.3 多维金融短板指数（MFWI）构建

本章根据 Alkire 等（2007）、王小林等（2009）关于多维贫困测量的 AF 方法，多维金融短板指数（multidimensional financial weaknesses index，MFWI）定义如下。

1. 金融产品和服务各维度获得状态的取值

设定 $Y=[y_{ij}]$ 是 $n \times m$ 维矩阵，y_{ij} 表示个体 i 在维度 j 上的取值，并定义 y_i 为 m 维向量，表示个体或家庭 i 在 m 个金融产品和服务维度上的取值。

2. 单维金融排斥的识别

定义 m 维排斥阈值（cut-off）向量 z，其中 z_j 表示维度 j 上的排斥阈值。定义排斥矩阵 $G^0=[g_{ij}^0]$ 是 $n \times m$ 维矩阵，ωg_{ij}^0 表示个体或家庭 i 在维度 j 上的排斥情况，并定义 m 维向量 g_{ij}^0，表示个体或家庭 i 的排斥情况。当 $y_{ij}<z_j$ 时 $g_{ij}^0=1$，个体或家庭 i 在维度 j 上发生排斥；否则 $g_{ij}^0=0$，未发生

排斥现象。

3. 多维金融排斥的识别

标识函数 $\rho(y_i, z)$: $R^m \times R^m \rightarrow \{0,1\}$。$\rho(y_i, z)=1$，表示个体或家庭 i 发生金融排斥；否则，$\rho(y_i, z)=0$，未发生金融排斥。设定 m 维向量 ω 表示个体或家庭排斥维度的权重，其中 ω_j 表示维度 j 的权重。函数 $\rho(y_i, z)$ 的设定为当 $g_i^0 \omega \geqslant k$ 时 $\rho(y_i, z)=1$，否则，$\rho(y_i, z)=0$，其中 k 为金融排斥的设定阈值。标识函数 $\rho(y_i, z)$ 既受 z（维度内的被排斥情况）的影响，又受跨维度被排斥情况的影响，因此，称之为双重临界值（dual cut-off）方法。定义 n 维向量 c 表示排斥计数，其中 $c_i = \|g_i^0\|$，表示个体或家庭 i 受到排斥维度数量的和。定义 $n \times m$ 维矩阵 $\widehat{G}^0 = [\widehat{g}_{ij}^0]$，如果 $\rho(y_i, z)=0$，则用 m 维零向量代替个体或家庭 i 在矩阵 G^0 中所在行。定义 n 维向量 $\widehat{c}$ 表示修正排斥计数，其中 $\widehat{c}^0 = [\widehat{g}_i^0]$，表示个体或家庭 i 受到排斥维度数量的和。

4. 多维金融排斥指数加总

定义 n 维向量 Z 表示多维金融排斥情况，其中 $Z_i = \rho(y_i, z)$。定义多维金融排斥发生率 $H = \dfrac{\sum_{i=1}^{n} Z_i}{n}$。定义多维金融排斥强度 $A = \dfrac{\sum_{i=1}^{n} \widehat{G}^0 \omega}{\sum_{i=1}^{n} Z_i}$。定义多维金融排斥指数为：

$$M_0 = H \times A$$

5. 多维金融排斥指数分解

多维金融排斥指数 M_0 具有良好的性质，可以根据维度、指标、区域和人口特征等进行分解，反映出在各个维度指标以及人口特征条件下，

多维金融排斥的情况和对于多维金融排斥指数的贡献情况。指数分解公式为:

$$M_0 = \sum_g I^g [\widehat{G}^0 \omega]$$

其中 I^g 定义为组别 g 的 n 维标识向量,当个体或家庭 i 为组别 g 时,$I^g_i = 1$;否则 $I^g_i = 0$。

7.4 维度、数据及阈值设定

7.4.1 维度构建

本章研究的对象是家庭普惠金融短板,主要衡量家庭不能获得社会成员普遍拥有的基本金融服务的状况。本章从人类发展的基本需要(basic needs)和基本能力(basic capabilities)视角定义个体或家庭的基本金融服务。个体或家庭的基本需要,即个体或家庭作为社会成员,满足当前经济社会状态下人们普遍认可的衣、食、住、行、教育、健康、金融等方面的基本需要。这为我们设置多维家庭金融短板的维度和阈值提供了价值判断,同时也将非基本金融服务排除在外。基本能力是指人们达到一定生活水平所需具备的获得教育、健康、就业、市场交易、金融服务等的能力(Devlin,2005)。因此,本章在家庭金融短板的衡量上,从获得最基本的金融服务和金融知识这一角度展开,基本金融服务(basic financial service)包括持有银行账户和获得贷款、商业保险以及基本的金融知识。

1. 持有银行账户

获得最基本的金融服务，首先要持有一个银行账户，可以是银行卡、存折甚至仅仅是一个账号，但是这个银行账户要有最起码的支付（含转账）和存储功能。账户的储蓄功能，能够帮助人们尤其是穷人获得更多的商业机会。Dupas 和 Robinson（2013）在肯尼亚的一项田野实验中发现，持有银行账户的小商贩尤其是女性小商贩，比没有银行账户的控制组，能存更多的钱，并且个人开支和商业投资方面的支出会比控制组分别多 38% 和 60%。Brune 等（2016）在马拉维的相关研究中也发现，拥有储蓄账户的农民会存更多的钱，进而增加相应的农业产出和家庭支出。Prina（2015）在尼泊尔通过田野实验，发现为女性家庭户主提供储蓄账户，能够让她们更好地应对收入波动，更好地分配支出，将更多的钱花在教育和食品支出方面。

2. 获得贷款

除了持有银行账户，最基本的金融服务还能够帮助人们投资自己、抓住商业机会从而抵御不确定性的经济风险。具体来说，人们能够从正规金融机构获得贷款，并投资于自身的教育及其他商业机会。关于获得信用贷款对于发展的影响是有争议的。Demirgüç-Kunt 等（2017）认为，在高收入的经济合作和发展组织国家中，金融机构是最常用的新贷款来源，而在发展中国家，向亲朋好友借款的成年人是向金融机构借款的成年人的 3 倍。以格莱珉银行为代表的小额信用贷款机构的兴起，也是基于中低收入人群（尤其是发展中国家的中低收入人群）对于信用贷款的旺盛需求以及需求的无法满足。早期，伴随着格莱珉银行的产生，20 世纪 90 年代多位学者发现获得小额信贷具有积极正向的作用。如 Pitt 和 Khandker（1998）发现户主尤其是女性户主获得小额信贷后，会增加家庭的支出、劳动供应和提高资产水平、儿童入学率。Bruhn 和 Love（2014）等构造自然实验进行实证分析，发现获得融资渠道对劳动力市场行为会产生重要影响，产生更多的私营雇主，同时可以提高收入水平，尤其对中低收入人群及银行渗透较少的地区的人影响更大。

3. 获得保险服务

基本的金融服务，还应该能够利用合适的商业保险应对家庭、生产经营过程中的相关风险。保险产品可以让人们用较小的成本来转移潜在的财务风险，这对中低收入人群来说更重要。当预期存在重大收入冲击和没有保险的情况下，个人可能会因此采用低风险、低回报的技术。Karlan 等（2014）在研究农业保险在农民生产决策中的作用时发现，获得免费农业保险的加纳农民，在农业种植过程中投入资金更多，同时也更愿意种植风险高、收益高的经济作物，也相应地获得了更高的收入和更多的流动资产。

4. 获得金融知识

当然，在获得金融服务的过程中，基本的金融常识和知识是必不可少的。Devlin（2005）对金融排斥的定义中，包含弱势群体不能选择正确、合适的金融产品和服务的现象。而选择正确、合适的金融产品和服务就需要掌握基本的金融知识。张号栋和尹志超（2016）认为，金融知识可以帮助人们提高金融计算能力、提高预期水平，能够有效释放家庭金融需求，还可以帮助人们获得和识别合适的金融产品和服务。本章认为，在一个经济社会中，个体或家庭获得基本的金融知识是应具备的一项基本能力。

因此，本章主要选取了银行账户、借贷、商业保险和金融知识四个维度来衡量家庭普惠金融的短板。

7.4.2　指标及阈值设定

根据前文中提到的维度，每个维度选择了一个相应的指标，分别衡量各个维度相应的金融产品和服务的获得情况。

1. 银行账户

银行账户维度选择的指标是家庭是否有银行储蓄卡或活期存折（张号栋、尹志超，2016；尹志超等，2019），一旦拥有银行账户，家庭便可以进行对外支付、储蓄。在阈值设定方面，当家庭没有任何银行储蓄卡或者活期存折时，视为存在金融账户与储蓄维度的短板；当家庭拥有银行储蓄卡或者活期存折时，视为不存在该维度的短板。本章认为，家庭储蓄存款的多少，衡量的是家庭的收入水平和储蓄习惯，不属于金融短板的范畴，而能否从正规金融机构获得储蓄服务则属于金融短板的范畴。在我国持有银行账户就可获得储蓄服务，因此，本章以是否持有银行账户来衡量是否存在金融短板。

2. 借贷

借贷维度，主要衡量家庭的借贷需求，能否从正规金融渠道获得。具体地，本章将所有家庭分为三类。第一类是有负债的家庭，当这些家庭没有从正规渠道（如银行、信用社、小额贷款公司等）贷款，那么说明家庭在借贷方面是存在短板的。第二类家庭没有负债，但是明确表示有借贷需求，并且计划的贷款渠道不包含正规渠道，那么认为这些家庭在借贷方面存在金融短板。第三类家庭是指那些既没有负债，也没有明确表达有借贷需求的家庭，且家庭总消费支出大于家庭总收入，同时又没有任何形式的存款。第三类情况旨在测度入不敷出，且不知用借贷平滑消费的自我排斥现象。

3. 商业保险

在商业保险维度，本章选择的指标为是否拥有商业保险。由于基本养老保险、基本医疗保险等属于社会保障部分，因此本章所说的商业保险不包含国家基本的养老保险、医疗保险等属于社会保障部分的保险，而关注除此之外的其他任何商业保险，主要包括补充养老保险、补充医疗保险、交强险、财产保险等商业保险。在阈值设定方面，如果家庭没有任何形式的商业保险，即视为存在商业保险维度的金融短板。

4. 金融知识

金融知识维度选择的是与借款利息相关的常识性问题和对财经信息的关注情况，以此为代表反映家庭金融知识的获得情况。两个具体问题分别是："假设银行的年利率是4%，100元钱存1年后获得的本息和为多少？""您平时对经济、金融方面的信息关注程度如何？"

家庭多维金融短板指标及相应阈值设定如表7-1所示。

表7-1　家庭多维金融短板指标及阈值设定

序号	维度	指标	阈值
1	银行账户	家庭是否有银行储蓄卡或活期存折	家庭没有银行储蓄卡或活期存折，则视为存在本维度的金融服务短板
2	借贷	能否获得银行等正规金融机构的贷款	有家庭负债时，不能得到正规金融机构的贷款；家庭目前没有负债，但是有资金需求时，计划的贷款来源无正规金融渠道；没有负债且没有提出有资金需求的家庭，如果家庭总消费支出大于总收入，并且也没有任何形式的存款。存在上述三种情况的任一种视为本维度存在短板
3	商业保险	是否拥有商业保险	没有任何商业保险，视为本维度存在短板
4	金融知识	假设银行的年利率是4%，100元钱存1年后获得的本息和是多少 您平时对经济、金融方面的信息关注程度如何	无法回答关于借款利息的常识性问题，同时又从不关注财经信息的家庭，视为本维度存在短板

7.4.3　数据说明

1. 数据来源及说明

本章以家庭为分析单位，所采用的数据来自 2019 年中国家庭金融调查，该问卷样本总数包括 34654 户家庭，除去缺失样本后用于本章分析的有效样本为 33592 户家庭，分布在全国 29 个省（区、市）。

2. 样本权重调整

在本研究中，各维度采取等权重。城乡人口的比例对于计算地区多维金融排斥指数及相关分解是重要的，因此，切合实际的城乡人口比例是准确计算全国及各省份多维金融排斥指数的必要前提。样本的城乡人口比例（全国和省级）与国家统计局发布的相关人口数据有一定差异。本样本中，原始家庭样本的权重为 $\omega_{i,p,r}^{old} = \dfrac{1}{p_1 p_2 p_3}$，其中下标 i 表示个体，下标 p 表示省（区、市），下标 r 表示城市（$r=0$）或者乡村（$r=1$）；变量 p_1 表示调查市、县被抽中的概率，变量 p_2 表示调查社区（村）在所属区、县被抽中的概率，变量 p_3 表示调查样本在所属社区（村）被抽中的概率。样本的城乡人口比例（全国和省级）与国家统计局发布的相关人口数据有一定差异。为了调整城乡人口比例，我们采用以下权重调整方式：

$$\omega_{i,p,r}^{adj} = \frac{\omega_{i,p,r}^{old} \times \pi_{p,r}^{old}(i)}{\pi_p(r) \times \pi_{p,r}(i)}$$

其中，$\omega_{i,p,r}^{adj}$ 表示调整后的样本权重；$\pi_{p,r}^{old}(i) = \dfrac{\omega_{i,p,r}^{old}}{\sum_i \omega_{i,p,r}^{old}}$，表示在原

始样本权重条件下样本 i 代表的样本比例；$\pi_p(r)$ 表示在省（区、市）p 中，城市或者乡村人口的比例；$\pi_{p,r}(i)$ 表示在省（区、市）p 城市或者乡村人口中个体 i 被抽中的概率。

7.5 多维金融短板指数的测度与分解

7.5.1 单维金融短板估计结果

本章从金融普惠的四个维度分别估算全国及城乡家庭单维金融短板发生率（见表7-2）。2019 年，从全国家庭的单维金融短板发生情况看，短板较为突出的两个维度是商业保险和金融知识，其中，54.9% 的家庭没有任何商业保险，47.9% 的家庭在获取金融知识方面存在短板。短板发生率最低的维度是银行账户，为 18.1%，特别需要指出的是，在农村地区仍有 28.1% 的家庭没有银行账户。农村家庭银行账户短板发生率高，可能与近几年快速城市化和农村老龄化带来的农村家庭结构变化有关。

表7-2　中国城市和农村家庭单维金融短板发生率

单位：%

维度	全国	城市	农村
银行账户	18.1	11.5	28.1
借贷	28.3	20.1	40.4
商业保险	54.9	47.3	66.2
金融知识	47.9	41.1	57.9

在城市居民家庭中，单维度金融短板发生率最高的两个维度是商业保险、金融知识。其中 47.3% 的城市家庭没有任何商业保险，41.1% 的城市家庭在金融知识获取方面存在短板。在农村居民家庭中，单维度金融短板发生率最高的维度也是商业保险，相应的发生率高达 66.2%；其次是金融知识，为 57.9%。虽然金融短板发生率最高的两个维度都是商业保险和金融知识，但是农村居民家庭中相应的短板发生率明显更高。在银行账户和借贷两个维度上，农村居民家庭的单维度金融短板发生率是城市家庭相应发生率的两倍多。这说明：在商业保险和金融知识的获取方面，虽然农村地区的短板更突出，但在城镇地区也普遍存在短板；而在银行账户和借贷两个维度，农村地区的金融短板与城镇地区的差距更加突出。

7.5.2 多维金融短板估计结果

按照 AF 分析方法，计算出家庭多维金融短板的结果（见表 7–3）。当考虑任意一个维度的金融短板时，全国家庭金融短板的发生率（H）为 74.2%，即 74.2% 的家庭存在四个维度中任意一个维度的金融短板；相应的四个维度中存在的平均短板强度（A）为 0.503，即存在金融短板的家庭平均有约两个维度的短板，反映存在金融短板家庭的短缺程度；此外，多维金融短板指数（M_0）为 0.373。当考虑任意两个维度的多维金融短板时，将存在任意两个及以上维度的短板的家庭视为存在金融短板的家庭，那么全国家庭多维金融短板发生率（H）是 43.6%，平均短板强度（A）为 0.680，多维金融短板指数（M_0）为 0.297。

表7-3 全国家庭多维金融短板估计结果

短板阈值（k）	短板发生率（H）（%）	多维金融短板指数（M_0）	短板强度（A）
1	74.2	0.373	0.503
2	43.6	0.297	0.680
3	20.9	0.183	0.875
4	10.5	0.105	1.000

　　根据分城乡的多维金融短板结果分析（见表7-4），在城市地区任一维度金融短板的发生率为66.3%，在农村地区任一维度的金融短板发生率为85.8%，这说明农村地区家庭的单维度金融短板发生率较高，而且超85%的农村家庭都存在任意一个维度上的金融短板。此外，城市和农村的任意一个维度金融短板指数分别为0.300和0.482。当考虑两个维度（$k=2$）的多维金融短板时，城市和农村多维金融短板发生率分别为33.8%和58.3%，相应的多维金融短板指数分别为0.219和0.413。

表7-4 城乡多维金融短板结果分析

短板阈值（k）	短板发生率（H）（%）		多维金融短板指数（M_0）	
	城市	农村	城市	农村
1	66.3	85.8	0.300	0.482
2	33.8	58.3	0.219	0.413
3	13.6	31.8	0.118	0.280
4	6.3	16.7	0.063	0.167

7.5.3　多维金融短板指数分解

1. 维度分解

由于 AF 方法的可加总、可分解优势，本章可以得出不同的 k 值下金融短板情况。如 $k=2$ 时，即将存在四个维度中任意两个维度存在短板的家庭，视为存在多维金融短板的家庭。所对应的多维金融短板指数，以及四个维度分别对于给定 k 值下的多维金融短板指数的贡献率见表 7–5。以 $k=2$ 为例，同时存在任意两个维度排斥的多维金融短板指数为 0.297。其中，商业保险和金融知识的贡献率最大，分别为 31.9% 和 30.5%。这说明，在现阶段，对于金融普惠的进一步推进，需重点关注这两个维度。

表7–5　多维金融短板指数及不同k值下每个维度的贡献率

短板阈值（k）	多维金融短板指数（M_0）	M_0 的贡献率（%）			
		银行账户	借贷	商业保险	金融知识
1	0.373	12.2	19.0	36.8	32.1
2	0.297	15.3	22.4	31.9	30.5
3	0.183	23.0	28.6	25.0	23.5
4	0.105	25.0	25.0	25.0	25.0

2. 城乡分解

通过对多维金融短板指数进行城市和农村的分解，得到不同 k 值下城市和农村对其的贡献率（见表 7–4 和表 7–6）。以 $k=2$ 为例，全国多维金融短板指数为 0.297，其中，城市多维金融短板指数为 0.219，农村多维金融短板指数为 0.413；城市家庭和农村家庭对全国多维金融短板指数的贡献率分别为 44.0% 和 56.0%。另根据国家统计局统计，2019 年，我国城市和农村人口的占比分别为 60.6% 和 39.4%，在考虑单维度金融短板时，由于城市和农村单维金融短板发生率都比较高，因此城市的贡献率略高，但在 4 个维度内，随着考虑的金融短板维度越多，农村的金融短板越严重，对于全国多维金融短板指数的贡献也越大。

表7-6 不同k值下多维金融短板指数的城乡分解

短板阈值（k）	多维金融短板指数（M_0）	H 的贡献率（%）		M_0 的贡献率（%）	
		城市	农村	城市	农村
1	0.373	53.4	46.6	48.0	52.0
2	0.297	46.2	53.8	44.0	56.0
3	0.183	38.7	61.3	38.3	61.7
4	0.105	36.0	64.0	36.0	64.0

3. 针对金融短板的深入分解

根据表 7-3 的分析发现：当 $k=1$ 时，即存在任意维度的金融短板的发生率为 74.2%，而当 $k=2$ 时，在任意 4 个维度的金融短板发生率为 43.6%，当 $k=4$ 时，金融短板发生率为 10.5%。因此，当 k 值取值不同时，对应的所识别出的存在金融短板的家庭也不同，相应的群体特征及存在金融短板的主要原因也不同。本章后续的分析是在 $k=2$ 的基础上进行，相应地下文所分析的存在金融短板的家庭，是指在任意两个维度上存在金融短板的家庭，其对应的多维金融短板指数为 0.297。

（1）区域层面的分析

根据上述方法，可以计算出全国 29 个省（区、市）在 $k=2$ 时的家庭金融短板指数（见表 7-7）。从表 7-7 可以看出：家庭多维金融短板最严重的 3 个省（区、市）分别是黑龙江省、安徽省和河南省，相应的金

融短板发生率分别为 53.3%、52.8%、50.7%，多维金融短板指数分别为
0.381、0.377、0.368；存在金融短板最少的 3 个省（区、市）分别为上
海、北京和天津，相应的多维金融短板指数分别为 0.162、0.164、0.178；
在城市地区，多维金融短板指数最高的 3 个省（区、市）分别是黑龙
江省、海南省和吉林省，相应的多维金融短板指数分别为 0.321、0.296
和 0.266；在农村地区，多维金融短板指数最高的 3 个省（区、市）分
别是河南省、安徽省和辽宁省，相应的多维金融短板指数分别为 0.517、
0.516、0.506。

表7-7　全国多维金融短板结果分析（$k=2$）

省（区、市）	H（%）	M_0	H（%）		M_0		H 的贡献度		M_0 的贡献度	
			城市	农村	城市	农村	城市	农村	城市	农村
黑龙江省	53.3	0.381	47.1	62.2	0.321	0.467	0.514	0.486	0.500	0.500
安徽省	52.8	0.377	37.9	70.5	0.260	0.516	0.389	0.611	0.379	0.621
河南省	50.7	0.368	32.7	68.5	0.218	0.517	0.317	0.683	0.295	0.705
海南省	52.7	0.353	45.1	63.3	0.296	0.433	0.500	0.500	0.500	0.500
山西省	47.2	0.352	35.0	64.3	0.253	0.490	0.433	0.567	0.424	0.576
甘肃省	51.3	0.340	35.1	65.5	0.212	0.451	0.318	0.682	0.273	0.727
陕西省	48.1	0.329	35.4	66.0	0.221	0.480	0.433	0.567	0.400	0.600
辽宁省	46.6	0.319	35.3	70.6	0.230	0.506	0.514	0.486	0.486	0.514
吉林省	44.2	0.314	38.5	51.8	0.266	0.377	0.500	0.500	0.476	0.524
贵州省	48.7	0.314	38.5	57.3	0.244	0.374	0.367	0.633	0.357	0.643
山东省	45.0	0.312	37.9	55.9	0.260	0.391	0.513	0.487	0.506	0.494
广西壮族自治区	47.8	0.308	40.6	54.9	0.257	0.359	0.421	0.579	0.405	0.595
江西省	47.5	0.307	37.5	60.1	0.224	0.411	0.432	0.568	0.400	0.600
河北省	42.7	0.302	33.3	54.4	0.228	0.395	0.434	0.566	0.411	0.589
湖南省	43.3	0.299	32.9	55.8	0.215	0.402	0.420	0.580	0.392	0.608

续表

省（区、市）	H（%）	M_0	H（%） 城市	H（%） 农村	M_0 城市	M_0 农村	H 的贡献度 城市	H 的贡献度 农村	M_0 的贡献度 城市	M_0 的贡献度 农村
重庆市	46.3	0.297	38.6	60.0	0.234	0.409	0.542	0.458	0.500	0.500
江苏省	44.3	0.293	40.1	53.9	0.250	0.392	0.633	0.367	0.593	0.407
四川省	40.6	0.279	30.8	51.0	0.206	0.358	0.393	0.607	0.386	0.614
浙江省	42.0	0.273	33.1	61.0	0.210	0.407	0.538	0.462	0.526	0.474
内蒙古自治区	37.8	0.262	25.2	58.8	0.158	0.435	0.438	0.563	0.375	0.625
福建省	40.6	0.261	34.5	51.6	0.206	0.363	0.556	0.444	0.500	0.500
湖北省	40.6	0.260	32.6	52.5	0.199	0.351	0.475	0.525	0.447	0.553
宁夏回族自治区	38.2	0.256	35.7	41.9	0.231	0.291	0.500	0.500	0.500	0.500
广东省	36.0	0.244	27.2	57.0	0.174	0.412	0.529	0.471	0.500	0.500
云南省	37.2	0.232	22.1	50.6	0.129	0.325	0.267	0.733	0.250	0.750
青海省	36.5	0.216	26.4	47.8	0.154	0.285	0.333	0.667	0.333	0.667
天津市	27.7	0.178	25.1	40.2	0.161	0.258	0.750	0.250	0.714	0.286
北京市	26.6	0.164	22.2	54.4	0.135	0.348	0.700	0.300	0.667	0.333
上海市	26.1	0.162	24.0	43.1	0.146	0.291	0.818	0.182	0.800	0.200

从区域分布的另一个层面来看（见表 7-8）：中国东部地区较其他地区家庭多维金融短板发生率低；中国东北地区家庭多维金融短板发生率最高，为 48.4%；在城市地区，中国东北地区家庭多维短板发生率最高；而在农村地区，中部地区的家庭多维金融短板发生率最高。另外，无论在家庭多维金融短板发生率方面，还是在多维金融短板的强度方面，中国的中部地区都是当前城乡差异最大的地区。从贡献度的角度看，在大部分区域，农村地区对家庭多维金融短板发生率和强度的贡献度，要高于城市地区。

表7-8　分地区城乡多维金融短板指数及贡献度（k=2）

地区	H（%）			M_0			H 的贡献度		M_0 的贡献度	
	全国	城市	农村	全国	城市	农村	城市	农村	城市	农村
东部	40.1	32.6	55.4	0.270	0.211	0.392	0.548	0.452	0.525	0.475
中部	47.3	34.4	62.8	0.330	0.226	0.456	0.398	0.602	0.374	0.626
西部	43.8	32.9	55.8	0.289	0.207	0.380	0.396	0.604	0.377	0.623
东北	48.4	39.9	62.1	0.340	0.269	0.455	0.517	0.483	0.489	0.511

从区域经济发展水平看，在人均 GDP 对数值水平较高的地区，相应的多维金融短板指数明显要更小一些（见图 7-1）。

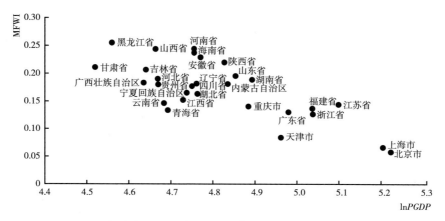

图7-1　经济发展水平（lnPGDP）与区域多维金融短板指数

从信用风险水平来看，本章用各省（区、市）商业银行的不良贷款率（NLR）代理当地的信用水平，发现在信用水平较高的地区，多维金融短板指数较低。随着信用水平的降低，多维金融短板指数逐渐变大，当信用水平降低到一定程度时，多维金融短板指数便不再有明显的规律（见图 7-2）。

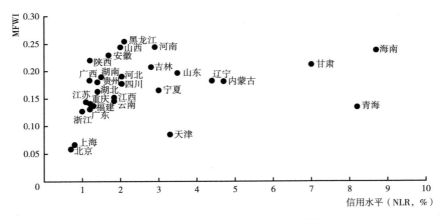

图7-2　区域信用水平与多维金融短板指数

从金融业竞争水平的角度来看，本章用各省（区、市）的存贷比（HHI）（存款/贷款）来代理当地金融业的竞争水平。从图7-3可以看出：随着竞争水平的降低，多维金融短板指数增加；当竞争水平低于一定程度时，多维金融短板指数有所下降。

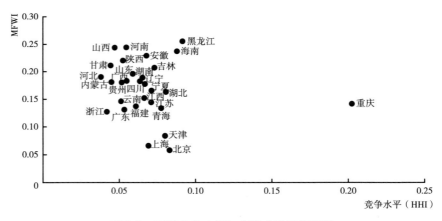

图7-3　区域竞争水平与多维金融短板指数

（2）家庭层面的分析

从收入水平方面来看（见表7-9），本章将城乡家庭人均收入分别低于 2019 年城市和农村居民人均可支配收入中位数的 40% 的家庭标记为低收入家庭，其他为中高收入家庭。通过分析发现：低收入家庭多维金融短板发生率高达 62.4%；低收入家庭的多维金融短板指数为 0.450，接近中高收入家庭的两倍。这说明低收入家庭确实更容易成为存在多维金融短板的家庭。从是否有住房方面来看：无自有住房的家庭更容易存在多维金融短板，相应的多维金融短板发生率为 50.3%，多维金融短板指数为 0.350，均比有自有住房的家庭略高；但是有自有住房的家庭对于多维金融短板指数的贡献率非常高，达到 89.0%。从户主主要工作的合同类别看，户主如果从事没有合同的工作，那么其家庭最容易成为存在金融短板的家庭。

表7-9　多维金融短板指数的分解（$k=2$）

分类	H（%）	M_0	M_0 的贡献度	分类	H（%）	M_0	M_0 的贡献度
中高收入	38.1	0.251	0.654	丧偶	65.9	0.493	0.152
低收入	62.4	0.450	0.346	无固定合同	11.3	0.064	0.091
16~30 岁	16.4	0.088	0.008	长期合同	9.4	0.053	0.131
30~45 岁	21.2	0.126	0.069	短期或同	30.3	0.176	0.126
45~60 岁	37.8	0.242	0.310	没有合同	38.1	0.223	0.652
60+ 岁	58.7	0.420	0.613	男性	43.3	0.292	0.746
未婚	36.6	0.250	0.024	女性	44.6	0.313	0.254
已婚	41.6	0.278	0.794	低抚养比	34.1	0.215	0.234
同居	49.5	0.346	0.003	高抚养比	48.2	0.335	0.766
分居	55.9	0.394	0.005	自有住房	42.9	0.291	0.890
离婚	37.6	0.242	0.021	无自有住房	50.3	0.350	0.110

续表

分类	H（%）	M_0	M_0 的贡献度	分类	H（%）	M_0	M_0 的贡献度
没上过学	79.5	0.616	0.161	大专/高职	11.1	0.063	0.014
小学	63.0	0.442	0.394	大学本科	7.7	0.042	0.009
初中	42.8	0.275	0.315	硕士生	6.0	0.033	0.001
高中	28.9	0.185	0.090	博士生	00.0	0.000	0.000
中专/职高	20.2	0.118	0.016				

（3）人口学特征分解

从户主性别来看（见表7-9），户主为女性时家庭多维金融短板的发生率略高，户主是女性的家庭更容易出现金融短板；从贡献率来说，户主是男性的家庭对于MFWI的贡献率是74.6%，显著高于户主是女性的家庭。从年龄分解来看，户主年龄越大，家庭越容易存在多维金融短板，对MFWI的贡献率也越大。从户主的婚姻状况来看，丧偶的户主，其家庭最容易出现多维金融短板，相应的多维金融短板发生率为65.9%，同时其MFWI也最高，为0.493。

从家庭人口结构来看，本章按照家庭抚养的16岁以下人口和60岁及以上老年人口占家庭人口的比重，将样本分成高、低两组，发现：家庭抚养和赡养人口占比高的一组，更容易成为存在多维金融短板的家庭，相应的发生率约为48.2%，MFWI为0.335，对于多维金融短板指数的贡献率为76.6%。从户主受教育程度来看，受教育程度越高，其家庭越不容易成为存在多维金融短板的家庭，多维金融短板的发生率越低，相应的MFWI也越低。其中，户主没上过学的家庭，金融短板的发生率约为79.5%，存在多维金融短板，相应的MFWI为0.616。从贡献率上看，对MFWI贡献最大的群体是户主受教育程度为小学的群体，

其贡献率约 39.4%，其次是户主受教育程度是初中的家庭，其贡献率约
31.5%。

7.6　结论与建议

本章采用多维贫困测量的 AF 方法，利用 2019 年中国家庭金融调查
（CHFS）数据，构建家庭多维金融短板指数（MFWI），分析中国家庭的
多维金融短板问题。通过从不同维度、不同区域、户主不同人口学特征，
对家庭多维金融短板指数的合成与分解，得到以下几点结论与建议。

7.6.1　主要结论

（1）从存在金融短板的维度来分析，中国家庭最容易存在金融短板
的三个维度是金融知识、商业保险和借贷。

（2）多维金融短板存在明显的区域不平衡。从分布区域上来说，农村
比城市的多维金融短板发生率和指数都更高；东北地区的多维金融短板指
数最高，中部地区的城乡差距最大，西部地区则需要加大普惠金融力度。
从全国层面看，多维金融短板指数最大的 3 个省（区、市）分别是黑龙江
省、安徽省和河南省。在城市地区，多维金融短板指数最大的 3 个省（区、
市）分别是黑龙江省、海南省和吉林省；在农村地区，多维金融短板指数
最大的 3 个省（区、市）分别是河南省、安徽省和辽宁省。

（3）低收入和脆弱家庭更容易存在多维金融短板。按照收入分解，
近一半的低收入家庭成为存在多维金融短板的家庭。从人口特征方面看，

老年户主、丧偶、从事未签订合同的工作或者受教育程度为小学及以下文化程度的家庭，都属于脆弱家庭，更容易成为存在多维金融短板的家庭。

7.6.2 政策建议

（1）实施精准治理举措，实现金融普惠目标。建议相关部门以家庭多维金融短板指数为参考，分维度、分区域、分人群精准治理，促进金融普惠。

（2）加强金融知识和商业保险的普惠服务。在农村地区，持续推动基本金融知识的普及，通过扩大农业保险、家庭财产保险等的覆盖度，进一步提高家庭抵御收入冲击和不确定因素的能力。

（3）针对低收入家庭和欠发达地区提供多种金融服务。针对金融发展相对落后的地区，以政策性银行以及国有商业银行为主体，结合数字金融创新，发展针对低收入家庭和欠发达地区的小额信贷、保险、数字支付等金融产品和服务。

（4）推动数字金融服务成为数字乡村振兴的重要举措。充分发挥我国数字基础设施、数字公共服务等方面的优势，鼓励数字金融服务在乡村振兴中积极作为，把数据作为关键生产要素，让欠发达地区分享数字金融红利。

参考文献

高沛星、王修华，2011，《我国农村金融排斥的区域差异与影响因素——基于省际数据的实证分析》,《农业技术经济》第 4 期。

李涛、王志芳、王海港等,2010,《中国城市居民的金融受排斥状况研究》,《经济研究》第 7 期。

吕学梁、吴卫星,2017,《金融排斥对于家庭投资组合的影响——基于中国数据的分析》,《上海金融》第 6 期。

粟芳、方蕾,2016,《中国农村金融排斥的区域差异:供给不足还是需求不足?——银行、保险和互联网金融的比较分析》,《管理世界》第 9 期。

王小林,Alkire S.,2009,《中国多维贫困测量:估计和政策含义》,《中国农村经济》第 12 期。

王修华、李乐、谭开通,2012,《欧盟成员国金融排斥水平及破解:比较与借鉴》,《上海金融》第 1 期。

徐贝贝、刘桂平,2021,《努力以普惠金融的高质量发展助力全体人民共同富裕》,《金融时报》12 月 17 日,第 1 版。

许圣道、田霖,2008,《我国农村地区金融排斥研究》,《金融研究》第 7 期。

尹志超、耿梓瑜、潘北啸,2019,《金融排斥与中国家庭贫困——基于 CHFS 数据的实证研究》,《财经问题研究》第 10 期。

张号栋、尹志超,2016,《金融知识和中国家庭的金融排斥——基于 CHFS 数据的实证研究》,《金融研究》第 7 期。

赵丙奇、李露丹,2020,《中西部地区 20 省份普惠金融对精准扶贫的效果评价》,《农业经济问题》第 1 期。

Alkire, S., Foster, J. 2007. "Counting and multidimensional poverty measurement." *Journal of Public Economics*, 95(7–8): 476–487.

Bruhn, M., Love, I. 2014. "The real impact of improved access to finance: Evidence from Mexico." *Journal of Finance*, 69(3): 1347–1376.

Brune, L., Giné, X., Goldberg, J. et al. 2016. "Facilitating savings for agriculture: Field experimental evidence from Malawi." *Economic Development and Cultural Change,* 64(2): 187–220.

Carbó, S., Gardener, E. P. M., Molyneux, P. 2005. "Financial exclusion in

Europe." In *Financial Exclusion*, London: Palgrave Macmillan UK.

Cebulla, A. A. 1999. "Geography of insurance exclusion: Perceptions of unemployment risk and actuarial risk assessment." *Area*, 31(2): 111–121.

Conroy, J. 2006. "APEC and financial exclusion: Missed opportunities for collective action？" *Asia -Pacific Development Journal*, 12(1): 53–79.

Demirgüç-Kunt, A., Klapper, L., Singer, D. 2017. "Financial Inclusion and Inclusive Growth: A Review of Recent Empirical Evidence." Washington, DC: World Bank. Working Paper. https://openknowledge.worldbank.org/handle/10986/26479 (March 7, 2023).

Devlin, J. 2005. "A detailed study of financial exclusion in the UK." *Journal of Consumer Policy*, 28: 75–108.

Dupas, P., Robinson, J. 2013. "Savings constraints and microenterprise development: Evidence from a field experiment in Kenya." *Social Science Electronic Publishing*, 5(1): 163–192.

Karlan, D., Osei, R., Osei-Akoto, I. and Udry, C. 2014. "Agricultural decisions after relaxing credit and risk constraints." *The Quarterly Journal of Economics,* 129(2): 597–652.

Kempson, E., Whyley, C. 1999. "Kept out or opted out? understanding and combating financial exclusion." Joseph Rowntree Foundation.

Leyshon, A., Thrift, N.1993. "The restructuring of the U. K. financial services industry in the 1990s: A reversal of fortune?" *Journal of Rural Studies*, 9(3): 223–241.

Mitton, L. 2008. "Financial inclusion in the UK: Review of policy and practice." Joseph Rowntree Foundation.

Panigyrakis, G., Theodoridis, P., Veloutsou, C. 2002. "All customers are not treated equally: Financial exclusion in isolated Greek islands." *Journal of Financial Services Marketing*, 7(1): 54–66.

Pitt, M. M., Khandker, S. R. 1998. "The Impact of group-based credit programs on poor households in Bangladesh: Does the gender of participants matter?." *Journal of Political Economy*, 106(5): 958–996.

Prina, S. 2015. "Banking the poor via savings accounts: Evidence from a field experiment." *Journal of Development Economics*, 115: 16–31.

Rogaly, B., Fisher, T., Mayo, E. 2000. *Poverty, Social Exclusion and Microfinance in Britain*. Oxfam.

Wentzel, J. P., Diatha, K. S., Yadavalli, V. S. S. 2016. "An investigation into factors impacting financial exclusion at the bottom of the pyramid in South Africa." *Development Southern Africa*, 33(2): 203–214.

第8章 县域基本公共服务短板

8.1 引言

基本公共服务均等化既是解决新时代我国主要社会矛盾的重要措施（缪小林、张蓉，2022），也是逐步实现共同富裕的关键路径（李实、杨一心，2022）。回顾历史，我国自2006年在《国民经济和社会发展第十一个五年规划纲要》中首次明晰基本公共服务均等化概念以来，为促进实现基本公共服务均等化出台了多项公共政策，公共服务政策的价值取向逐渐从"平均""效率"向"公平"转变（范逢春，2016）。2012年，党的十八大报告明确指出"加快形成政府主导、覆盖城乡、可持续的基本公共服务体系"。《国民经济和社会发展第十四个五年规划和2035年远景目标纲要》提出，到2035年，"基本公共服务实现均等化"。综合来看，尽管我国在基本公共服务均等化方面取得了显著成就，特别是脱贫攻坚期间针对贫困地区的帮扶与发展政策，极大地弥补了贫困地区的基本公共服务短板，一定程度上缩小了基本公共服务均等化的整体差距。但是，囿于地区经济发展水平、财政收入、政府治理能力等多重影响因素，区域间基本公共服务供给能力依然参差不齐（董艳玲、李华，2022），县域间公共服务质量也存在一定差距（吕光明、陈欣悦，2022）。因此，逐步缓解基本公共服务县域间及区域间的显著差距，对实现基本公共服务均等化具有重要意义。

城乡分治的二元格局与县级政府的财政压力和支出缺口，导致农村基本公共服务短板问题长期难以解决，在县域范围内均衡城乡之间的公共资源配置对促进乡村全面振兴至关重要。从实践来看，我国自 1994 年实施"分税制"改革以来，农村基本公共服务主要支出责任在地方政府，贫困县、民族县、革命老区县等则由来自中央的转移支付和部门实施的专项项目给予适当平衡。"以县为主"的财政体制，以及区域间的经济发展差距是形成县域间基本公共服务不均等格局的重要原因之一（王小林，2008）。此外，结构转型进程中，农业发展相对工业和服务业发展滞后，农村相对城市发展滞后，收入分配不公问题加剧，进而形成村与县、县与城之间公共服务差距巨大的格局，这也是实现共同富裕的"瓶颈"。党的十八大以来，党中央始终坚持"三农"重中之重的战略定位，坚决打赢脱贫攻坚战，全面实施乡村振兴战略，加快农业农村现代化，逐步实现共同富裕目标。2020 年 12 月 28 日，习近平总书记在中央农村工作会议上指出："要在推进城乡基本公共服务均等化上持续发力，注重加强普惠性、兜底性、基础性民生建设。"因此，城乡居民普遍获得基本公共服务是实现共同富裕的关键领域，均衡县域内城乡公共资源配置不失为缓解基本公共服务城乡差距的有效切入点。

县域发展对我国实现共同富裕目标具有重要作用，聚焦县域基本公共服务均等化对推动城乡融合与新型城镇化具有积极作用。2022 年 3 月，国家发展改革委印发的《2022 年新型城镇化和城乡融合发展重点任务》指出，要以县域为基本单元推动城乡融合发展，推进城镇基础设施向乡村延伸、公共服务和社会事业向乡村覆盖。2022 年 5 月 6 日，中共中央办公厅、国务院办公厅印发《关于推进以县城为重要载体的城镇化建设的意见》，明确提出"到 2025 年，以县城为重要载体的城镇化建设取得重要进展，县城短板弱项进一步补齐补强"。县域作为我国经济发展与社会治理的基本单元，也是推动乡村振兴（杨华，2019）、促进城乡融合发展的主战场（折晓叶，2014）。我国县域户籍人口总数达 10.3 亿左右。[1] 对基本公共服务而言，除去外出务工求学等相关人员，全国约有半数以上的人口需在县级及以下地区获得基本公共服务的各项供给。因此，以县域为基本单元推进基本公共服务均等化，既是打破城乡分治、缓解区域间发展不平衡的关键举措，也是促进乡村振兴与城乡融合的必由之路。

准确定位基本公共服务薄弱县、明晰基本公共服务薄弱县的短板弱项，是实现基本公共服务均等化的重要基础与前提。但是，对县域基本公共服务均等化的已有研究仍然存在指标体系难以完全反映发展需求、对县域基本公共服务短板弱项的刻画相对有限等不足之处。当前，我国县级市与县的数量分别为 388 个与 1312 个。[2] 仅县域财政收入、倾斜性政策叠加等部分主要影响因素[3]，就可能导致县域间基本公共服务供给现状千差万别。推进全国范围内基本公共服务均等化的整体进程，需各地

---

[1] 数据来源：《中国县域统计年鉴（2020）》。

[2] 数据来源：《中国统计年鉴（2021）》。

[3] 如脱贫攻坚期间，贫困县获得大量的转移性财政收入，教育扶贫、健康扶贫等专项政策在较大程度上完善了基本公共服务，并缩小了县域内城乡基本公共服务差距。但对与贫困县发展差距相对较小的非贫困县而言，其在缓解县域内城乡基本公共服务差距方面存在明显不足。

区在已有基本公共服务的基础上补齐短板弱项。诸多文献从全国层面对基本公共服务均等化的指标体系构建及实现路径进行了分析，部分文献测度了省级、市级层面的基本公共服务均等化差异程度，但对于县域基本公共服务问题缺乏足够的分析研究，尤其是对于县域多项基本公共服务的综合情况，以及全国县域基本公共服务均等化的整体研究明显不足。因此，本章拟采用 AF 方法对全国范围内基本公共服务薄弱县及其短板弱项进行精准识别，并聚焦基本公共服务薄弱县进行分级指标的细致分析，进而提出促进基本公共服务均等化的政策建议。

本章贡献主要在以下三个方面：一是首次采用测度多维贫困的 AF 方法对县域基本公共服务短板进行测度，该方法适用于更加广泛的公共服务短板测量，可以精准识别不同特征县域的基本公共服务短板弱项；二是以县域作为基本分析单元，首次基于区域间及县域间的双重视角对基本公共服务短板予以分析；三是在基本公共服务的指标体系中，聚焦县域发展实际，构建涵盖经济、社会、环境的一级指标，并首次纳入数字乡村二级指标。

8.2　文献综述

社会公平正义理论和福利经济学分别从政治与经济视角为基本公共服务均等化研究提供了理论基础（王志雄，2011）。公平正义是社会普遍认同的价值追求，社会公平正义理论在公共服务方面的体现便是公共服务均等化（刘德吉，2009）。Frank Lovett（2011）提出的两大正义原则（平等自由原则与差别原则）论述了政治领域中公平正义的重要性，

Amartya（1997）在此基础上提出能力平等说，强调个体能力在追求自由中的重要性，将公平正义理论进一步拓展至经济社会领域。福利经济学对基本公共服务均等化的理论指导则源于庇古提出的公共服务与社会福利之间的相关关系（于树一，2007），通过补偿原则、社会福利函数及帕累托最优标准等分析工具，讨论提升社会总体福利的公共资源配置方式（丁焕峰、曾宝富，2010）。在理论研究的基础上，国内学者基于不同视角对基本公共服务均等化的基本内涵进行了探讨，包括全体公民普遍享受基本公共服务的平等权利（陈海威，2007；丁元竹，2008）、均等机会（迟福林等，2008）与大体一致的结果水平（迟福林，2006）等诸多观点。尽管已有研究对基本公共服务均等化的基本内涵尚未达成统一共识，但多发现政府供给能力与均等化程度之间具有明确的相关关系。具体而言，地方政府公共服务供给能力与地区经济发展能力在较大程度上决定了基本公共服务的均等化程度（陈振明、李德国，2011），供给能力受地区经济发展水平、地方政府财力、公共服务支出偏好及中央转移支付等多重因素的影响（吕炜、王伟同，2008）。因此，提高地区提供基本公共服务的相关能力是实现基本公共服务均等化的主要着力点。

对公共服务均等化的定量评价是逐步实现基本公共服务均等化的前提（安体富、任强，2008），大量研究从省际（李拓等，2016；任强，2009）、市际（马慧强等，2011；武力超等，2014）及城乡（韩增林等，2015；刘成奎、王朝才，2011）等视角围绕基本公共服务的供给能力与均等化程度测度展开了详细研究。通过构建相应的指标体系，并利用综合评价法（安体富、任强，2008；魏福成、胡洪曙，2015）、主成分分析法（武力超等，2014）、熵权法（辛冲冲、陈志勇，2019）等研究方法生成基本公共服务供给能力的综合评价指数，并通过描述性统计方法整理区域、省市相关的指数差异情况，以反映不同地区的基本公共服务供给差异。而在均等化程度测度方面，则通过引入泰尔指数（范柏乃等，2015）、基尼系数（李华、董艳玲，2020；任强，2009）等方法测度基本公共服务均等化的空间差异。研究表明，基本公共服务在区域间、城乡间均存在不同程度的非均等化问题，东部地区明显好于其他地区，城市也显著优于农村。从县域视角来看，吕光明、陈欣悦（2022）运用组基尼系数对全国县域间的基本公共服务均等化水平进行了测度，并讨论了不同类型县域间的差异成因；李杰刚等（2013）以河北省为例，讨论了制约县域间基本公共卫生服务均等化的影响因素，如经济发展水平、政府公共服务支出偏好等。

我国在推进基本公共服务均等化进程中存在供需不均等、区域间不均等、城乡间不均等、群体间不均等的主要问题（姜晓萍、吴菁，2012），政府间财权与事权的不对称（廖文剑，2008）、转移支付制度的低效率、城乡分治引发的非均衡供给格局（丁焕峰、曾宝富，2010）、单一的政府供给主体与公共服务绩效评价体系的缺乏等构成了推进均等化的制度障碍（曹静晖，2011）。为缓解基本公共服务不均等状况，诸多研究围绕提高供给能力与强调需求导向两方面展开论述。一方面，可通过建立质量评价体系（姜晓萍、康健，2020）、完善多元主体供给机制（何文炯，2022）、以公共服务为重点优化均衡化财政转移支付体系（赵云旗等，2010）等措施增强供给能力；另一方面，"自上而下"的以供给为导向的基本公共服务已经难以满足公众需求，应逐渐从"供给导向"向"需求导向"转变（尹栾玉，2016），并完善有关基本公共服务的需求与利益表达机制，以确保公共服务与公众需求相匹配（苏明等，2011）。

从已有的研究成果可以发现，在指标体系方面，诸多学者根据国内发展需求及相关政策文件对基本公共服务的综合指标体系进行构建，尽管略有差异但整体区别较小；在供给水平测度方面，则是基于指标体系，通过综合评价法、熵权法、主成分分析法等涵盖主客观赋权的方法对各个指标赋予一定权重，进而生成一个综合指数来刻画省（市、县）的基本公共服务供给水平。本章将在已有研究的基础上，进一步丰富基本公共服务均等化的研究视角、研究方法与具体的指标体系。第一，本章从测量县域基本公共服务短板的视角出发，比较分析了区域间以及不同类型县域之间基本公共服务供给短板的差异。公共服务短板测量丰富了已有关于公共服务均等化的研究，已有研究侧重于分析公共服务水平的区域差异，本章通过计算基本公共服务短板指数聚焦于公共服务薄弱县的短板问题，呈现了不同县域的结构性短板差异，指明补齐公共服务短板的政策落脚点，并提出从县域间到区域间的逐步实现基本公共服务均等化的理论框架，对较少关注县域视角下的基本公共服务均等化研究进行了有益补充。第二，为了聚焦公共服务薄弱县的短板问题，本章引入了多维度短板测量方法——AF方法，利用计数方法消除量纲差异，形成多维度汇总指数。并且利用其在指标和地区上的分解性质，刻画基本公共服务薄弱县的短板特征，以将基本公共服务均等化的"补短板、强弱项"工作思路转化为具体的公共政策。第三，本章考虑了县域数字乡村建设水平，丰富了县域公共服务测量体系。已有研究多基于社会保障、公共安全、公共卫生、基础教育、基础设施、环境保护等构建基本公共服务指标体系，但在数字技术快速发展的时代背景下，"数字鸿沟"可能扩大各项发展差距，有必要在基本公共服务指标体系中考虑数字化相关指标，因此本章将数字乡村指标纳入其中。

8.3　数据说明与研究方法

8.3.1　数据来源

本章使用《中国县域统计年鉴》和《中国县城建设统计年鉴》中
2020 年的县级横截面数据，以及北京大学新农村发展研究院等编制的
《县域数字乡村指数（2020）》中的相关数据。其中《中国县域统计年鉴》
的数据覆盖了全国 2000 多个县级区域，而《中国县城建设统计年鉴》的
数据包括全国 1479 个县和 16 个特殊区域。《县域数字乡村指数（2020）》
从乡村数字基础设施、乡村经济数字化、乡村治理数字化、乡村生活数
字化四个方面具体界定数字乡村的内涵和外延，反映了县域乡村数字化
发展的综合状况，样本覆盖了 1805 个县级行政单位。本章主要关注县域
的公共服务短板测量，选择以县域作为测量单位，通过数据处理和检查，
形成有效样本 1268 个。

本章数据样本选择的考虑和说明如下。首先，2020 年为脱贫攻坚与乡
村振兴政策过渡衔接的重要节点，因此选择该年作为分析年份。我国实现
了消除绝对贫困的历史性成就，完成了脱贫攻坚时期"两不愁三保障"的
目标任务，并迈入了乡村振兴新的发展阶段。全国原有贫困县在政策帮扶
下，经济发展水平有了一定提高，公共服务供给状况得到改善。明晰乡村
振兴起始阶段各个县域基本公共服务的短板弱项，对统筹推进乡村振兴战
略与新型城镇化建设、实现基本公共服务均等化具有重要的实践价值。其
次，在指标选取方面，根据社会发展需要，本章纳入数字乡村建设等相关
指标。受限于评价县域教育质量均衡数据的缺失，未能将县域教育质量测

量纳入本章研究。此外，本章重点在于解释 AF 方法用于测度基本公共服务短板的适用性和有效性，因此使用单期数据对本章介绍推广理论方法及解释说明现实问题均不造成明显影响。

8.3.2 多维公共服务短板分析

本章借鉴（王小林、S. Alkire，2009；Alkire and Foster，2011）关于多维贫困的测量理论和测量方法（简称 AF 方法），对于公共服务薄弱县域进行短板分析。

AF 方法最早关注对多维贫困问题的分析。其具有良好的计数指数（Counting Approach）性质。首先，AF 方法将不同量纲的多维度指标合成为可比较大小的指数，同时具有指标和组成部分的加总分解能力。这样的指数具有良好的解释性，可以反映基本公共服务这样的复合型概念与现实中各个具体公共服务项目之间的联系。其次，AF 方法具有对薄弱群体的关注性，以及对于短板指标的关注性。换句话说，薄弱县域的公共服务水平提升将会降低公共服务短板指数，而非公共服务薄弱县域的水平提升不会影响短板指数。加权平均指数方法（方方、李裕瑞，2022；尹向飞，2021）测算的公共服务指数并不直接识别和区分公共服务薄弱县域与非薄弱县的差异。引入 AF 方法计算公共服务短板指数更加聚焦于公共服务薄弱县域的短板问题，使指数变化与薄弱县的公共服务发展水平联系更为紧密，政策指向更具有针对性。

1. 多维县域公共服务供给水平的矩阵表示

设定县域公共服务供给水平矩阵 $Y=[y_{ij}]$ 是 $n \times m$ 维矩阵，y_{ij} 表示县域 i 在公共服务指标 j 上的取值。其中，行 i 的向量 y_i 为 m 维向量，表示

县域 i 在 m 个公共服务指标供给水平上的取值。

2. 基本公共服务短板的识别

定义 m 维短板阈值（cut-off）向量 z，其中 z_j 表示指标 j 的公共服务指标短板的识别阈值。定义 $n \times m$ 维短板矩阵 $G^0=[g_{ij}^0]$，g_{ij}^0 表示县域 i 在指标 j 上的短缺情况。当 $y_{ij}<z_j$ 时，$g_{ij}^0=1$，县域 i 在指标 j 上存在短板；否则 $g_{ij}^0=0$，则不存在公共服务指标短板。给定短板阈值向量 z，任意县域公共服务供给水平矩阵 Y，总可以得到唯一对应短板矩阵 G^0。其中行 i 的 m 维向量 g_i^0，表示县域 i 的公共服务指标短板情况。

3. 基本公共服务薄弱县的识别

标识函数 $\rho(y_i; z, k)$：$\mathbb{R}^m \rightarrow \{0,1\}$，当 $g_i^0 \omega \geqslant k$ 时（给定指标短板阈值 z，每一个县域的公共服务供给水平 y_i 可以转化为对应的短板矩阵 g_i^0），$\rho(y_i; z, k)=1$，表示县域 i 存在公共服务薄弱问题，记为公共服务薄弱县；否则，$\rho(y_i; z, k)=0$，记为非公共服务薄弱县。设定 m 维向量 ω 表示县域基本公共服务短板测量权重，其中 ω_j 表示指标 j 对于总体县域公共服务薄弱问题的计算权重。标识函数 $\rho(y_i; z, k)$ 既受各个指标短缺情况的影响，又与多维度短板状况相关，因而称之为双重临界值（dual cut-off）方法。现在已经可以识别出公共服务薄弱县的情况，在计算县域公共服务短板指数前，给出关于短板计数和修正短板计数的概念，这是计数方法实现多维度指标加总的重要环节。首先，定义 n 维向量 $c_i=g_i^0 \omega$ 表示短板得分，体现县域 i 存在短板的维度数量的加权汇总情况。然后，定义 $n \times m$ 维矩阵 $\widehat{G}^0 = [\widehat{g}_{ij}^0]$，如果 $\rho(y_i; z, k)=0$，则用 m 维零向量代替县域 i 在矩阵 G^0 中所在行。定义 n 维向量 $\widehat{c}$ 表示修正的短板计数，其中 $\widehat{c}^0 = \widehat{g}_i^0 \omega$，表示公共服务薄弱县域 i 存在短板的维度数量的加权汇总情况。

4. 多维公共服务短板指数计算

定义 n 维向量 h 表示多维公共服务短板排斥情况，其中 $h_i = \rho(y_i; z, k)$。

定义多维公共服务短板发生率为 $H = \dfrac{\sum_{i=1}^{n} h_i}{n}$。定义多维公共服务短板的

短缺程度为 $A = \dfrac{\sum_{i=1}^{n} \widehat{G}^0 \omega}{\sum_{i=1}^{n} h_i}$。定义多维公共服务短板指数（在下文中，简称

为短板指数）为：

$$M_0 = H \times A \tag{1}$$

5. 短板指数的分解

多维公共服务短板指数 M_0 可以根据指标和群体（区域）分组进行分解，反映出各个维度指标以及分组特征条件下，公共服务的短板情况和各个指标及分组群体对于短板指数的贡献情况。

（1）短板指数的指标分解。

$$M_0 = \frac{1}{n} \sum_{i=1}^{n} \sum_{j=1}^{d} w_j \widehat{g}_{ij}^0 = \sum_{j=1}^{d} w_j \left(\frac{1}{n} \sum_{i=1}^{n} \widehat{g}_{ij}^0 \right) \tag{2}$$

可知，短板指数等于各个指标的短板状况的加权平均。进一步地，可以计算每个指标对于短板指数的贡献率，为：

$$\phi_j^0 = \frac{w_j \left(\dfrac{1}{n} \sum_{i=1}^{n} \widehat{g}_{ij}^0 \right)}{M_0} \tag{3}$$

由（2）和（3）可知，$\sum_j \phi_j^0 = 1$，所有指标贡献率的和为 1。

（2）短板指数的分组分解。

$$M_0 = \sum_l I_l^g \left(\widehat{G}^0 \omega \right) \tag{4}$$

其中 I^g 为组别 g 的 n 维标识向量，当县域 i 为组别 l 时，$I_i^g = 1$；否则 $I_i^g = 0$。从分组的角度来看，总体样本的公共服务短板由各个（区域）分组的县域短板指数加总得到，这种可分解的性质使多维的指数具有准确的群体含义，可以分析各个组成部分与总体间的关系（Alkire et al.，2015）。

进一步地，可以计算出分组群体 l 对于总体短板指数 M_0 的贡献状况，$\psi_l^0 = \dfrac{I_l^g \left(\widehat{G}^0 \omega \right)}{M_0}$。当存在互斥分组 $\{I_l^g\}$ 时，$\sum_l \psi_l^0 = 1$，各分组的贡献和为 1。

8.3.3　基本公共服务供给测量指标选取与短板阈值

本章参考《国家基本公共服务标准（2021 年版）》等公共政策文件，以及相关文献（吕光明、陈欣悦，2022；张嘉紫煜等，2022），结合实际可得县级单位的数据，制定了基本公共服务短板测量方案（见表 8-1）。方案中包括经济设施、社会事务和人居环境 3 个维度 10 个指标的公共服务水平测量。参考世界银行提出的促进共享繁荣、消除不平等目标中（World Bank，2020）给予发展中国家最贫困的 40% 群体关注和帮扶的建议，本章选取各个指标 40% 分位数作为其短板阈值。按照公共服务短板指数构建方法，将对这部分县域的公共服务短板问题给予分析和政策建议。教育的数据缺失问题，前文已述。因最低生活保障的分县数据只公开到 2017 年底，故未纳入分析。本章县域基本公共服务各指标 2020 年数据的描述统计见表 8-2。

表8-1　基本公共服务短板测量方案

维度	指标	指标说明	阈值
经济设施	燃气供给	县城燃气普及率（%）	91.52
	用水供给	县城公共供水普及率（%）	96.01
	交通路网	县城路网密度（千米/平方千米）	6.37
	数字乡村	县域数字乡村指数	50.33
人居环境	绿化水平	县城绿化覆盖率（%）	38.30
	垃圾处理	县城生活垃圾处理率（%）	100.00
	污水处理	县城污水处理率（%）	92.03
	排水管网	县城排水管道密度（千米/平方千米）	8.45
社会事务	医疗服务	县域每千人医疗卫生机构床位（个）	4.23
	社工服务	县域每千人提供住宿的社会工作机构床位（个）	2.37

表8-2　2020年县域基本公共服务指标描述性统计

指标	均值	标准差	中位数	最小值	最大值
燃气供给	85.70	21.02	95.18	1.37	100.00
用水供给	94.73	8.41	97.71	16.67	100.00
交通路网	7.29	2.92	7.26	0.52	34.23
数字乡村	54.16	13.22	53.20	20.00	122.08
绿化水平	36.87	8.90	39.20	2.02	58.31
垃圾处理	99.14	3.62	100.00	20.60	100.00
污水处理	93.79	8.96	95.75	5.26	100.00

续表

指标	均值	标准差	中位数	最小值	最大值
排水管网	10.56	5.40	9.66	0.26	38.70
医疗服务	4.65	1.29	4.53	1.00	12.93
社工服务	3.46	2.59	2.85	0.04	25.80

8.3.4　县域类型划分方式

本章识别了基本公共服务薄弱县域，并根据国家部分重点政策实施范围、县域所处地形地貌、主要农产品生产情况、城镇化水平与建设规模等予以分类讨论。2022 年，中共中央办公厅、国务院办公厅印发的《关于推进以县城为重要载体的城镇化建设的意见》中指出，要科学把握功能定位，分类引导县城发展方向，并且强调更好发挥政府作用，发挥县城连接城市、服务乡村作用，促进县城基础设施和公共服务向乡村延伸覆盖。因此，本章进一步分类分析县域基本公共服务短板问题，强化对于不同类型县域基本公共服务短板问题的认识，进而提出有针对性的基本公共服务发展建议。

1. 根据部分重点政策实施范围的分类

第一，脱贫县（原国家扶贫开发工作重点县）。享受国家脱贫攻坚政策，公共服务情况得到普遍改善，公共服务的提升具有明显的减贫效果（孙玥等，2022），巩固脱贫攻坚成果离不开公共服务水平的持续提升（乔俊峰、郭明悦，2021）。第二，乡村振兴重点帮扶县。国家从财政、金融、土地、人才、基础设施建设、公共服务等方面给予集中支持，增强其内生发展能力。第三，革命老区县。推动乡村振兴和新型城镇化建设是新时期

213

革命老区振兴的重要内容（申兵，2021），当前要聚焦革命老区县公共服务短板问题，提升县域公共服务水平和质量。[1]第四，民族县。较多分布于原集中连片贫困地区，即"三区三州"等地，经济社会建设基础相对薄弱（张丽君等，2019）。第五，纳入国家重点生态功能区的县（简称"生态县"）。实施产业准入负面清单，限制淘汰生态功能区内不符合生态环保理念的相关产业，同时以生态补偿转移支付的方式给予地方政府财政补助，促进生态环境建设和公共服务供给能力协同提升（曹鸿杰等，2020）。2021年发布的《关于深化生态保护补偿制度改革的意见》指出，坚持生态保护补偿力度与财政能力相匹配，与推进基本公共服务均等化相衔接，要对重点生态功能区基础设施和基本公共服务设施建设予以倾斜。综上，准确识别政策聚焦县域，识别公共服务薄弱县域以及公共服务短板问题，对于精准实施县域帮扶政策、推动乡村振兴战略实施具有重要意义。本章根据相关政策文件中所涉及的县域进行分类。

2. 根据县域所处地形地貌的分类

2018年发布的《乡村振兴战略规划（2018—2022年）》中指出，梯次推进乡村振兴，推动不同地区、不同发展阶段的乡村有序实现农业农村现代化。其中，中小城市和小城镇周边以及广大平原、丘陵地区的乡村是乡村振兴的主战场，到2035年基本实现农业农村现代化；革命老区、民族地区、边疆地区、集中连片特困地区的乡村是乡村振兴攻坚区，需要精准发力。本章参考《中国县域统计年鉴（2012）》，讨论了陆地边境县、山区县以及丘陵县的公共服务短板问题。

---

[1] 国家发展改革委等部门于2021年印发的《"十四五"支持革命老区巩固拓展脱贫攻坚成果衔接推进乡村振兴实施方案》。

3. 根据县域主要农产品生产情况的分类

2017 年发布的《国务院关于建立粮食生产功能区和重要农产品生产保护区的指导意见》中提出，为优化农业生产布局，聚焦主要品种和优势产区，实行精准化管理，建立粮食生产功能区和重要农产品生产保护区。国家重视农产品主产区的农业设施建设以及基本公共服务供给，推进农产品主产区农业现代化建设，以保障国家粮食安全和重要农产品有效供给。本章参考《中国县域统计年鉴（2012）》中关于农牧产品主产区类型对县域进行分类。

4. 根据县域城镇化水平与建设规模的分类

县域城镇化发展和规模扩张与基本公共服务短板的消除具有紧密联系。县域的城镇化发展可以有效缓解城乡二元结构问题，消除城乡社会保障体系差异，进而促进城乡公共服务一体化发展（王凯霞，2022）。为了分析不同城镇化阶段和建设规模的县域存在的基本公共服务短板差异，本章分别以县域城镇化率、县域人口总数和县城建成区面积的中位数水平为界，将样本县域根据分类标准分为高水平组和低水平组。

5. 根据县域经济结构和财政能力的分类

地区产业结构与公共服务供给水平具有紧密的关系，不同产业发展类型与公共服务供给的联动关系存在差异，其中第三产业生产效率与公共服务供给之间的相互影响程度最高（朱高立等，2022）。在我国目前的发展阶段，县域是连接城市与乡村经济的重要纽带，县域工农业的发展仍然是乡村经济的重要组成部分。与此同时，地方政府财政在支持地方经济发展、提高县域工业化水平的同时，对于提升地区公共服务供给水平具有显著的正向作用（李小奕、谢舜，2019；熊小林、李拓，2018）。本章分别根据第一产业比重的中位数、县域规模以上工业企业数量的中位数以及县级财政收入与财政支出比例（熊小林、李拓，2018）的中位数作为划分标准，将全样本分为高水平组和低水平组，并讨论了不同经济结构与财政能力县域的基本公共服务短板问题。

8.4 全国县域基本公共服务短板测量结果及区域分解

8.4.1 全国县域基本公共服务短板概况分析

在选定指标短板阈值以后，本部分进一步考察基本公共服务薄弱县识别标准的选择。根据多维测量方法在贫困劳动力就业（陈爱丽、王小林，2021）以及普惠金融短板（张秀梅等，2022）等领域的应用经验，结合我国县域公共服务发展情况，本章选择 $k=0.4$ 作为基本公共服务薄弱县识别标准，即县域在总指标数的任意 40% 及以上的指标存在短板，则为基本公共服务薄弱县（见表 8-3）。识别出存在基本公共服务薄弱问题的县域共 650 个，平均每个公共服务薄弱县存在 5.5 个指标的短板问题，即一半以上的基本公共服务指标未能到达全国县域供给水平的 40% 分位数。计算得到 2020 年中国县域多维公共服务短板指数为 0.283，存在基本公共服务薄弱问题的县域占全国县级行政区划单位的比例为 22.8%。[1]

---

[1] 根据《2020 年民政事业发展统计公报》，截至 2020 年底，全国共有县级行政区划单位 2844 个，包括 973 个市辖区、388 个县级市、1312 个县、117 自治县、49 个旗、3 个自治旗、1 个特区、1 个林区。

表8-3　2020年基本公共服务薄弱县识别阈值分析

短板阈值	H	基本公共服务薄弱县数量	A	M_0
0.1	0.953	1208	0.396	0.378
0.2	0.844	1070	0.434	0.367
0.3	0.685	869	0.489	0.335
0.4	0.513	650	0.552	0.283
0.5	0.367	465	0.613	0.225
0.6	0.222	281	0.687	0.152
0.7	0.126	160	0.753	0.095
0.8	0.052	66	0.827	0.043
0.9	0.014	18	0.900	0.013
1	0	0	0	0

8.4.2　县域基本公共服务的区域差异比较分析

区域间基本公共服务发展水平极不平衡。中部、西部以及东北部地区的基本公共服务能力和供给水平与东部地区存在明显差距，尤其是东北部地区的基本公共服务短板及薄弱问题突出（见表 8-4）。东部地区基本公共服务薄弱县比例仅为 18.9%，短板指数 0.096，两者明显低于全国平均水平情况，说明东部地区基本公共服务能力和供给水平处于全国领先水平；中部地区基本公共服务薄弱县比例为 40.2%，短板指数 0.199，两者略低于全国平均水平情况；西部地区基本公共服务薄弱县比例为 67.8%，短板指数 0.393，两者均高于全国平均水平情况；而东北部地区的基本公共服务短板最为突出，基本公共服务薄弱县比例高达 94.0%，短板指数 0.524，短板指数接近全国平均水平的 1.9 倍。因此，对于西部与东北地区的基本公共服务短板问题仍需保持高度关注，需要进一步了解上述区域省份的基本公共服务短板问题，并且分解剖析其所面临的结构性基本公共服务短板问题。

表8-4　分区域基本公共服务短板指数分析

		全国	东部	中部	西部	东北部
指数	H	0.513	0.189	0.402	0.678	0.940
	A	0.552	0.508	0.495	0.580	0.557
	M_0	0.283	0.096	0.199	0.393	0.524
指标贡献状况	燃气供给	0.115	0.023	0.121	0.119	0.139
	用水供给	0.108	0.104	0.156	0.095	0.095
	交通路网	0.104	0.104	0.140	0.090	0.111
	数字乡村	0.110	0.042	0.046	0.130	0.155
	绿化水平	0.120	0.100	0.110	0.122	0.143
	垃圾处理	0.055	0.019	0.042	0.070	0.023
	污水处理	0.100	0.116	0.079	0.111	0.068
	排水管网	0.104	0.158	0.106	0.093	0.125
	医疗服务	0.090	0.174	0.103	0.073	0.107
	社工服务	0.094	0.158	0.099	0.098	0.034

西部以及东北部区域基本公共服务短板问题相对突出，且面临不同的结构性基本公共服务短板问题。在西部地区，主要基本公共服务短板问题为数字乡村建设，短板贡献率为13%。对于东北地区来说，主要基本公共服务短板问题是数字乡村建设、绿化水平以及燃气供给。随着数字经济在中国的快速发展，全国总体数字发展水平逐年提升，但是区域间发展水平存在显著差距，数字鸿沟的产生将会限制和阻碍城乡经济发展（蔡绍洪等，2022）。提升西部和东北部地区的数字乡村建设水平，对于推进区域协调发展具有重要影响。此外，保障

东北部地区的燃气供给，尤其是保证供应安全和储运安全，对于改善区域能源消费结构，促进地区经济可持续发展具有重要意义（郭明晶等，2018）。

全国和省级（县域）基本公共服务短板指数测量结果如图 8-1 所示，各省份的基本公共服务短板指数分布在 0.010~0.715。其中，短板指数最高的为西藏（0.715），得分最低的为福建（0.010），28 个省份县域基本公共服务短板指数均值（$\overline{M_0}$）为 0.307，标准差（SD）为 0.207，结果表明，不同省份之间的基本公共服务短板指数存在明显差异。依据短板指数均值与标准差的关系（魏敏、李书昊，2018），可将 28 个省份划分为高度短板（得分高于 $\overline{M_0}+SD$）、中度短板（得分介于 $\overline{M_0}-SD$ 至 $\overline{M_0}+SD$ 之间）和低度短板（得分低于 $\overline{M_0}-SD$）三种类型。

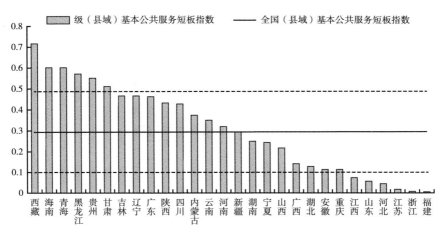

图8-1　全国和省级（县域）基本公共服务短板指数

注：由于北京、天津、上海无县域，故不包含这三个直辖市；由于数据缺失问题，不含香港、澳门、台湾。

结合表8-4和表8-5分析，进一步发现我国县域基本公共服务短板问题主要集中于西部和东北部地区。东部地区中，海南存在高度短板，广东存在中度短板，其余5省份存在低度短板；中部地区省份县域全部存在中度短板；西部地区有7个省份存在中度短板，4个省份存在高度短板；东北地区中，有2个省份存在中度短板，黑龙江存在高度短板。

表8-5 省级（县域）基本公共服务短板情况分类

	东部	中部	西部	东北部
低度短板	山东、河北、江苏、浙江、福建			
中度短板	广东	江西、湖北、安徽、山西、湖南、河南、广西	重庆、宁夏、新疆、四川、陕西、云南、内蒙古	辽宁、吉林
高度短板	海南		甘肃、贵州、青海、西藏	黑龙江

8.5 县域间基本公共服务短板差异分析

8.5.1 部分政策重点聚焦县域

部分政策重点聚焦县域分类包括脱贫县、乡村振兴重点帮扶县、民族县、1类革命老区县与生态县等5组类型，县域基本公共服务短板指数分析见表8-6。

表8-6　部分政策重点聚焦县域的基本公共服务短板指数分析

		脱贫县	乡村振兴重点帮扶县	民族县	1 类革命老区县	生态县
指数	H	0.676	0.842	0.693	0.365	0.603
	A	0.580	0.615	0.587	0.537	0.567
	M_0	0.392	0.518	0.407	0.196	0.342
指标贡献状况	燃气供给	0.128	0.134	0.127	0.108	0.119
	用水供给	0.102	0.077	0.092	0.121	0.107
	交通路网	0.095	0.079	0.086	0.107	0.092
	数字乡村	0.119	0.143	0.140	0.087	0.135
	绿化水平	0.122	0.130	0.131	0.128	0.125
	垃圾处理	0.063	0.055	0.060	0.053	0.054
	污水处理	0.101	0.103	0.107	0.097	0.108
	排水管网	0.096	0.076	0.084	0.111	0.090
	医疗服务	0.080	0.101	0.081	0.096	0.078
	社工服务	0.094	0.101	0.091	0.093	0.091
	县域数量	583	120	293	254	443

　　消除绝对贫困后，我国进入乡村振兴和实现共同富裕的新阶段。为了实现巩固拓展脱贫攻坚成果同乡村振兴有效衔接，中央和地方政府根据县域发展情况，针对欠发达县域实施帮扶计划。本章分析了脱贫县（原国家级贫困县）以及中央政府确定的国家乡村振兴重点帮扶县的基本公共服务短板问题，结果表明脱贫县和国家乡村振兴重点帮扶县的基本公共服务短板问题比较严重，总体发生率和短板指数高于全国平均水平，尤其是乡村振兴重点帮扶县，基本公共服务薄弱县比例高达 84.2%，短板指数为 0.518，两者均高于全国水平，亟待政策的有力支持。对于脱贫县来说，所面临的主要基本公共服务短板问题是燃气供给、绿化水平和

数字乡村。而对于乡村振兴重点帮扶县，主要基本公共服务短板为数字乡村、燃气供给和绿化水平。

政府分阶段梯次推进乡村振兴，推动不同地区、不同发展阶段的乡村有序实现农业农村现代化，加强对革命老区、民族地区基本公共服务建设支持力度，加大对于生态功能区县域的财政转移支付力度，提高生态县域等地区基本公共服务保障能力。结果表明，目前民族县的基本公共服务薄弱县比例为 69.3%，短板指数为 0.407；生态县域基本公共服务薄弱县比例为 60.3%，短板指数为 0.342。民族县和生态县域的基本公共服务短板集中于数字乡村建设、绿化水平和燃气供给。而 1 类革命老区县域的基本公共服务短板问题相对缓和，基本公共服务薄弱县比例为 36.5%，短板指数为 0.196，低于全国平均水平，其主要基本公共服务短板为绿化水平、用水供给与排水管网。

8.5.2 特殊地形地貌的县域

特殊地形地貌分类包括陆地边境县、山区县与丘陵县等 3 种类型，县域基本公共服务短板指数分析见表 8-7。

表8-7 特殊地域地形的县域基本公共服务短板指数分析

		陆地边境县	山区县	丘陵县
指数	H	0.807	0.424	0.500
	A	0.527	0.559	0.526
	M_0	0.425	0.237	0.263

续表

		陆地边境县	山区县	丘陵县
指标贡献状况	燃气供给	0.145	0.109	0.092
	用水供给	0.103	0.123	0.107
	交通路网	0.095	0.108	0.123
	数字乡村	0.169	0.113	0.123
	绿化水平	0.116	0.115	0.130
	垃圾处理	0.041	0.041	0.037
	污水处理	0.083	0.119	0.097
	排水管网	0.095	0.101	0.116
	医疗服务	0.050	0.084	0.092
	社工服务	0.103	0.086	0.083
	县域数量	57	363	266

陆地边境县域存在明显的基本公共服务短板，山区县域基本公共服务短板指数接近（略低于）全国县域短板指数。我国幅员辽阔，陆地边界线总长超过 2 万千米，是世界上陆地边界线最长和邻国最多的国家，与 14 个国家接壤。部分边境县受到自然环境不利条件以及经济发展相对落后的限制（王智慧、潘雅婷，2016），存在明显的基本公共服务短板，其基本公共服务短板发生率 80.7% 和短板指数 0.425 明显高于全国平均水平。山区县和丘陵县存在相对轻度的基本公共服务短板问题。改革开放以来我国长期持续投资交通基础设施建设，历经 30 年左右的时间完成国家高速公路网，并加快推动乡村道路建设，改变了山区和丘陵地区交通不便的状况，促进山区丘陵地带的县城建设发展。与此同时，在脱贫攻坚时期，我国实施了异地搬迁政策，解决了贫困人群的基本公共服务难题，也改变了周边县域的人口分布，这些举措取得了一定成效（罗庆

等，2020）。目前山区县的基本公共服务薄弱县比例为 42.4%，短板指数为 0.237，主要基本公共服务短板为用水供给、污水处理；丘陵县的基本公共服务薄弱县比例为 50.0%，短板指数为 0.263，主要基本公共服务短板为绿化水平、数字乡村和交通路网。

8.5.3　不同农产品主产区的县域

农产品主产区分类包括粮食生产大县、棉花生产大县与畜牧区等 3 种类型，县域基本公共服务短板指数分析见表 8-8。

表8-8　农产品主产区县域基本公共服务短板指数分析

		粮食生产大县	棉花生产大县	畜牧区县
指数	H	0.441	0.429	0.848
	A	0.560	0.492	0.606
	M_0	0.247	0.211	0.514
指标贡献状况	燃气供给	0.109	0.068	0.138
	用水供给	0.119	0.098	0.096
	交通路网	0.140	0.143	0.099
	数字乡村	0.081	0.053	0.153
	绿化水平	0.131	0.128	0.129
	垃圾处理	0.025	0.060	0.058
	污水处理	0.083	0.098	0.096
	排水管网	0.123	0.143	0.088
	医疗服务	0.125	0.113	0.075
	社工服务	0.065	0.098	0.068
	县域数量	211	63	165

　　我国农产品主产区的县域基本公共服务水平差异较大，畜牧区存在明显的基本公共服务短板，粮食生产大县及棉花生产大县的基本公共服务水平相对较高。我国的畜牧区主要位于西部的四川、西藏、甘肃、青海、宁夏、新疆等地，以及中部和东北区部分县域。畜牧区的基本公共服务基础设施相对落后，地方政府正在加大扶持力度，出台基础设施管护政策。[1] 目前畜牧区县域基本公共服务薄弱问题的发生率（0.848）、短板强度（0.606）、短板指数（0.514）均明显高于全国平均水平。其中主要的基本公共服务短板为数字乡村、燃气供给以及绿化水平。而目前我国的粮食生产大县和棉花生产大县基本公共服务水平情况相对良好，基本公共服务短板指数略低于全国平均水平。粮食生产大县主要位于东部和中部地区的区县，棉花生产大县主要位于长江和黄河流域以及新疆部分地区，经济发展水平大多位于全国中游及以上，基本公共服务短板情况相对缓和，其面临的主要基本公共服务短板为交通路网、绿化水平、排水管网以及医疗服务。

8.5.4　不同城镇化水平与建设规模的县域

　　不同城镇化水平与建设规模的县域分类包括城镇化率分组、人口规模分组与建成区面积分组等几种类型，县域基本公共服务短板指数分析见表 8-9。

---

[1]　新疆于 2020 年发布《关于深化新疆农村公共基础设施管护体制改革的实施意见》，内蒙古于 2020 年发布《关于加强农村牧区公共基础设施管护的通知》。

表8-9　不同城镇化水平与建设规模的县域基本公共服务短板指数分析

		城镇化率分组		人口规模分组		建成区面积分组	
		低	高	低	高	低	高
指数	H	0.557	0.500	0.583	0.442	0.568	0.451
	A	0.566	0.542	0.571	0.529	0.576	0.528
	M_0	0.315	0.271	0.333	0.234	0.327	0.238
指标贡献状况	燃气供给	0.109	0.126	0.125	0.103	0.129	0.095
	用水供给	0.105	0.112	0.100	0.121	0.104	0.114
	交通路网	0.105	0.099	0.086	0.128	0.081	0.134
	数字乡村	0.098	0.122	0.136	0.069	0.134	0.072
	绿化水平	0.123	0.117	0.122	0.119	0.122	0.119
	垃圾处理	0.045	0.067	0.059	0.048	0.059	0.048
	污水处理	0.100	0.105	0.107	0.093	0.109	0.091
	排水管网	0.101	0.105	0.090	0.124	0.085	0.131
	医疗服务	0.103	0.074	0.086	0.097	0.084	0.099
	社工服务	0.110	0.074	0.090	0.098	0.092	0.096

县域发展规模对于县域基本公共服务能力和供给水平具有影响。事实上，县域基本公共服务能力与县城规模扩张存在相辅相成的关系。一方面，推动县城建设离不开良好的基本公共服务供给能力以及县城对于周边乡村基本公共服务的辐射与覆盖。补齐基本公共服务的短板才能更好地发挥县城对于高素质人才以及优势资源的吸引和集聚能力，带动县域经济社会发展；另一方面，县城规模的扩张使基本公共服务的供给规模扩大，有利于发挥基本公共服务的规模经济效应，尤其是在数字经济赋能下，缓解和消除了基本公共服务供需信息不对称，降低了政府和公

共事业单位提供服务的边际成本，进一步促进了具有较大规模县域的基本公共服务发展。本章分别以县域常住人口总数和县城建成区面积的中位数水平为界，将样本县域分为人口规模高和低两组，以及建成区面积高和低两组。结果表明，无论是按照人口规模还是建成区面积分组，规模较大的县域基本公共服务短板指数（分别为 0.234 和 0.238）明显低于全国短板指数（0.283）。规模较小的县域主要基本公共服务短板为燃气供给、数字乡村建设和绿化水平；而规模较大的县域的数字乡村建设水平较高，短板贡献率明显低于全国平均水平以及规模较小的县域，其主要的基本公共服务短板为交通路网、排水管网、绿化水平以及用水供给。

结果表明，随着城镇化水平的提升，县域公共服务效率得到提高，公共服务质量不断提升（尹鹏等，2021），县域基本公共服务短板指数下降。目前，对于城镇化发展水平较低的县域来说，主要面临的基本公共服务短板问题是绿化水平、社工服务和燃气供给；而对于城镇化水平较高的县域来说，医疗服务和社工服务等社会事务公共服务水平明显较高，短板贡献率明显较低，其主要基本公共服务短板问题为燃气供给、数字乡村以及绿化水平。

8.5.5　不同经济结构和财政能力的县域

不同经济结构和财政能力的县域分别按照农业产值比例、规模以上工业企业数量与财政能力等分组，县域基本公共服务短板指数分析见表 8-10。

表8-10 不同经济结构和财政能力的县域基本公共服务短板指数分析

		农业产值比例		规模以上工业企业数量		财政能力	
		低	高	低	高	低	高
指数	H	0.371	0.655	0.668	0.338	0.702	0.324
	A	0.526	0.566	0.567	0.515	0.574	0.503
	M_0	0.195	0.371	0.379	0.174	0.403	0.163
指标贡献状况	燃气供给	0.112	0.116	0.122	0.097	0.121	0.101
	用水供给	0.124	0.099	0.096	0.134	0.102	0.123
	交通路网	0.116	0.097	0.091	0.136	0.094	0.128
	数字乡村	0.090	0.120	0.137	0.046	0.121	0.082
	绿化水平	0.116	0.122	0.119	0.118	0.124	0.112
	垃圾处理	0.059	0.052	0.055	0.047	0.059	0.044
	污水处理	0.098	0.101	0.099	0.096	0.101	0.096
	排水管网	0.106	0.103	0.096	0.128	0.099	0.117
	医疗服务	0.091	0.090	0.084	0.107	0.087	0.098
	社工服务	0.088	0.098	0.100	0.091	0.092	0.101

县域经济结构和财政能力显著影响基本公共服务能力和供给水平。农业产值占GDP比重较高的县域中，基本公共服务薄弱县比例为65.5%，短板指数为0.371，明显高于农业产值占GDP比重较低的县域以及全国平均水平，说明第一产业比重较高的县域基本公共服务能力相对薄弱，其主要基本公共服务短板为绿化水平、数字乡村以及燃气供给。县域工业企业的发展与县域基本公共服务短板存在负向联系，工业发展水平相对较低，规模以上工业企业较少的县域，基本公共服务薄弱县比例为66.8%，短板指数为0.379，主要基本公共服务短板集中于数字乡村、燃气供给以及绿化水平。财政能力水平较低的县域，基本公共服务

薄弱县比例为 70.2%，短板指数为 0.403，主要基本公共服务短板集中于绿化水平、数字乡村以及燃气供给。

8.6　研究结论与政策建议

8.6.1　研究结论

本章采用 AF 方法对基本公共服务薄弱县及其短板弱项进行了识别，讨论了区域间基本公共服务差异情况，主要研究结论如下。

第一，AF 方法可以有效识别基本公共服务薄弱县，实现对基本公共服务短板的准确刻画，可为公共政策的制定与实施提供参考。《"十四五"公共服务规划》对基本公共服务各项指标的一般性标准做出了明确规定，并强调要补齐基本公共服务的各项短板弱项。已有的研究方法更注重分析基本公共服务非均等状况在区域间、城乡间的空间分布与差异程度，对某一区域或者领域的客观短板识别明显存在不足。AF 方法可以识别出全国范围内基本公共服务薄弱区域与领域的具体短板所在，对出台制定补齐基本公共服务短板弱项的公共政策具有较强的指导作用。

第二，区域间基本公共服务差距依然较大，西部及东北部地区的县域公共服务短板问题亟待改善。基本公共服务短板指数测量结果与已有研究结论具有一致性，认为东部地区基本公共服务供给水平显著好于其他地区，中部地区次之，西部与东北地区相对较差。特别是在东北地区经济增长乏力与人口净流出等综合背景下，东北地区基本公共服务供给问题相对而言更为严重。从省际视角对县域基本公共服务短板的分析来看，西部与东北地区县域基本公共服务短板问题普遍存在，14 个省份中 9 个省份表现为中度短板，5 个省份为高度短板。因此，在推进基本公共服务均等化的进程中，应针对西部及东北地区的短板问题适度给予倾斜性政策支持。

第三，基本公共服务薄弱县问题较为突出，不同类型县域的基本公共服务供给水平存在显著差异。从实证结果来看，全国 650 个县为基本公共服务薄弱县，占全国县级行政区划单位的 22.8%。这表明从县域视角对基本公共服务供给水平予以分析具有较强的现实意义。在不同类型县域分类的讨论中，畜牧区县域基本公共服务薄弱发生率较高，为 84.8%，表明应尽快针对畜牧区的经济社会发展需求补齐基本公共服务短板；陆地边境县域基本公共服务薄弱发生率为 80.7%，其因特殊地理位置的客观限制，在基本公共服务供给方面相对较差；乡村振兴重点帮扶县域基本公共服务薄弱发生率为 84.2%，当前大量财政转移资金用于支持欠发达地区的产业发展[1]，应同步关注基本公共服务的配套提升，以增强欠发达地区的内生发展能力。

8.6.2 政策建议

第一，开展全国县域基本公共服务监测评估。加强区域间及县域间基本公共服务供给水平的动态监测，完善基本公共服务"监测—执行—

---

[1] 当前，乡村振兴重点帮扶县转移资金包括巩固拓展脱贫攻坚成果同乡村振兴有效衔接资金与东西部协作资金，且均对用于产业发展的资金占比做出了明确要求，如贵州要求用于产业发展的资金占比应高于 70%。

评价"行政管理制度体系。建议国家统计局完善《县域社会经济基本情况统计报表制度》，在县（市）社会经济基本情况调查表中补充完善县域基本公共服务指标，满足新阶段全国县域基本公共服务动态监测评估的需求。在县域基本公共服务项目的执行与实施中，进一步明确各级政府的责任主体与工作范围，并以县域基本公共服务均等化作为目标导向，合理匹配财权与事权，并加强项目执行管理。省级政府应平衡本省份内市际的基本公共服务供给差距，市级政府则需平衡本市内县域间的各项差距，而县级政府应统筹协调县域内基本公共服务的城乡差距。在优先序的问题上，以补齐基本公共服务短板为导向，明确补齐短板的责任主体与资金来源，尽力避免财权上移而事权下移的问题发生。建立完善基本公共服务绩效考核与质量评价机制，逐步倡导各级政府向以基本公共服务为重点的服务型政府转变。一方面，可适度在政府政绩考核体系中引入基本公共服务相关考核指标，改善地方政府财政支出偏好；另一方面，在推进基本公共服务均等化过程中应始终注重公众需求与主观福利感知，完善公众对各项基本公共服务的质量评价体系，这也是对政府提供基本公共服务所形成的激励约束机制的有益补充。

第二，实施基本公共服务薄弱县提升工程。从全国范围来看，应优化调整现有的中央财政支出体系，发挥财力均衡性转移支付的作用，将更多财政资金向基本公共服务薄弱县倾斜，尤其要缩小畜牧区县、陆地边境县、民族县等基本公共服务薄弱县与全国县域基本公共服务的差距，切实保障全体公民享受各项基本公共服务的基本权利。进一步加强省级财政的统筹协调能力，持续发挥财政体制对推动基本公共服务均等化的引导与促进作用，加强省份内基本公共薄弱县财力，提升薄弱县基本公共服务水平。

第三，实施东北地区县域基本公共服务振兴工程。建议由国家发展改革委牵头，财政部、教育部、卫健委、工业和信息化部、农业农村部、住建部、生态环境部等相关部委协同，提出并实施东北地区县域基本公共服务振兴工程，补齐东北地区县域数字乡村、燃气供给、绿化水平、排水管网、交通路网和医疗服务等短板。按照以县城为重要载体的发展路径，以县域为基本单元的工作思路，在县级层面统筹安排城乡基本公共服务供给，引导公共资源在城镇与乡村之间均衡配置。通过县域基本公共服务水平的普遍提升，为振兴东北经济社会发展营造良好的环境，吸引人才回流。

第四，加强基本公共服务均等化需求与供给匹配。以居民需求为导向提升基本公共服务的普遍获得感。推进基本公共服务均等化，充分考虑居民，特别是农村居民在共同富裕进程中的基本公共服务需求，优化民众意愿反馈与收集渠道，有针对性地补齐基本公共服务短板。此外，基层政府应积极调整职能与角色定位，特别是县乡政府要由以"管理"农民为主向以"服务"农民为主转变，促进农村基本公共服务供给与需求的有效匹配，提升农村基本公共服务的供给能力与效率。促进形成政府、市场与社会的多元供给局面，提高地方政府基本公共服务供给能力。特别要探索市场与社会参与公共服务提供的体制机制，政府应通过购买服务的方式引导企业与社会组织的有效参与，创新合作模式，注重风险防范。在实现县域内城乡基本公共均等化的基础上，通过财政体制改革、需求导向优化、数字技术赋能等路径逐步缓解县域间及区域间的各项基本公共服务差距，最终实现全国范围内的基本公共服务均等化政策目标。

第五，以数字技术赋能提升基本公共服务效率。依托基本公共服务数字化发展，统筹推动数字化基本公共服务流程再造，提升供需信息匹配效率，延伸服务能力，促进普遍获得。数字技术可以实现公众对于基本公共服务需求的精准收集与汇总，也可以助力各级政府统筹协调不同供给主体以提升供给能力，并通过提高供需信息匹配准确度、降低服务成本等路径促进基本公共服务均等化。政府作为基本公共服务的主要供给者，可以通过打造基本公共服务数据共享应用平台打破某项基本公共服务需要多个主体协同推进的信息壁垒，通过"城乡大脑"共建使数字养老、数字教育、数字就业、数字乡村治理等基本公共服务直达农村。智能手机的普遍使用为基本公共服务数字化发展奠定了基础，数据收集、整理、存储与分析等相关技术发展有利于公众需求的精准汇总，进而实现柔性化、差异化、个性化的基本公共服务供给，并提升基本公共服务的效率和质量。此外，应注重完善数据产权、隐私保护等信息安全保障机制。

参考文献

安体富、任强，2008，《中国公共服务均等化水平指标体系的构建——基于地区差别视角的量化分析》，《财贸经济》第 6 期。

蔡绍洪、谷城、张再杰，2022，《中国省域数字经济的时空特征及影响因素研究》，《华东经济管理》第 7 期。

曹鸿杰、卢洪友、祁毓，2020，《分权对国家重点生态功能区转移支付政策效果的影响研究》，《财经论丛》第 5 期。

曹静晖，2011，《基本公共服务均等化的制度障碍及实现路径》，《华中科技大学学报》（社会科学版）第 1 期。

陈爱丽、王小林，2021，《中国城乡居民多维就业脆弱性测度与分析》，《劳动经济研究》第 6 期。

陈海威，2007，《中国基本公共服务体系研究》，《科学社会主义》第 3 期。

陈振明、李德国，2011，《基本公共服务的均等化与有效供给——基于福建省的思考》，《中国行政管理》第 1 期。

迟福林，2006，《公共服务均等化：构建新型中央地方关系》，《廉政瞭望》第 12 期。

迟福林、方栓喜、匡贤明、王瑞芬、常英伟，2008，《加快推进基本公共服务均等化（12 条建议）》，《经济研究参考》第 3 期。

丁焕峰、曾宝富，2010，《基本公共服务均等化研究综述》，《华南理工大学学报》（社会科学版）第 5 期。

丁元竹，2008，《促进我国基本公共服务均等化的基本对策》，《中国经贸导刊》第 5 期。

董艳玲、李华，2022，《中国基本公共服务的均等化测度、来源分解与形成机理》，《数量经济技术经济研究》第 3 期。

范柏乃、傅衍、卞晓龙，2015，《基本公共服务均等化测度及空间格局分析——以浙江省为例》，《华东经济管理》第 1 期。

范逢春，2016，《建国以来基本公共服务均等化政策的回顾与反思：基于文本分析的视角》，《上海行政学院学报》第 1 期。

方方、李裕瑞，2022，《西部地区乡村振兴难度评价及重点帮扶县识别》，《经济地理》第 4 期。

郭明晶、卜炎、陈从喜、齐睿，2018，《中国天然气安全评价及影响因素分析》，《资源科学》第 12 期。

韩增林、李彬、张坤领，2015，《中国城乡基本公共服务均等化及其空间格局分析》，《地理研究》第 11 期。

何文炯，2022，《共同富裕视角下的基本公共服务制度优化》，《中国人口科学》第 1 期。

姜晓萍、康健，2020，《实现程度：基本公共服务均等化评价的新视角与指标构建》，《中国行政管理》第 10 期。

姜晓萍、吴菁，2012，《国内外基本公共服务均等化研究述评》，《上海行政学院学报》第 5 期。

李华、董艳玲，2020，《基本公共服务均等化是否缩小了经济增长质量的地区差距？》，《数量经济技术经济研究》第 7 期。

李杰刚、李志勇、朱云飞、赵志伟，2013，《县域间基本公共卫生服务均等化：制约因素及公共政策——基于河北省的实证分析》，《财政研究》第 11 期。

李实、杨一心，2022，《面向共同富裕的基本公共服务均等化：行动逻辑与路径选择》，《中国工业经济》第 2 期。

李拓、李斌、余曼，2016，《财政分权、户籍管制与基本公共服务供给——基于公共服务分类视角的动态空间计量检验》，《统计研究》第 8 期。

李小奕、谢舜，2019，《社会组织、地方财政能力与公共服务供给质量》，《财经问题研究》第 4 期。

廖文剑，2008，《基本公共服务均等化研究文献综述》，《辽宁行政学院学报》第 9 期。

刘成奎、王朝才，2011，《城乡基本公共服务均等化指标体系研究》，《财政研究》第 8 期。

刘德吉，2009，《国内外公共服务均等化问题研究综述》，《上海行政学院学报》第 6 期。

罗庆、王冰冰、樊新生、李小建，2020，《山区县人口分布的时空特征及主要影响因素分析——以河南省嵩县为例》，《地理科学进展》第 7 期。

吕光明、陈欣悦，2022，《县域基本公共服务均等化的测度与结构解析》，《财政研究》第 4 期。

吕炜、王伟同，2008，《我国基本公共服务提供均等化问题研究——基于公共需求与政府能力视角的分析》，《财政研究》第 5 期。

马慧强、韩增林、江海旭，2011，《我国基本公共服务空间差异格局与质量特征分析》，《经济地理》第 2 期。

缪小林、张蓉，2022，《从分配迈向治理——均衡性转移支付与基本公共服务均等化感知》,《管理世界》第 2 期。

乔俊峰、郭明悦,2021,《基本公共服务能有效提升脱贫质量吗?——基于多维贫困和多维贫困脆弱性的视角》,《财政研究》第 12 期。

任强,2009,《中国省际公共服务水平差异的变化:运用基尼系数的测度方法》,《中央财经大学学报》第 11 期。

申兵,2021,《聚焦重点区域重点领域重点人群 巩固拓展革命老区脱贫攻坚成果——〈"十四五"支持革命老区巩固拓展脱贫攻坚成果衔接推进乡村振兴实施方案〉专家解读之一》,《中国经贸导刊》第 24 期。

苏明、刘军民、贾晓俊,2011,《中国基本公共服务均等化与减贫的理论和政策研究》,《财政研究》第 8 期。

孙玥、黄涛、王艳慧、玉龙飞雪,2022,《乡村振兴重点帮扶县农村基本公共服务的多维减贫效应》,《经济地理》第 6 期。

田野、罗静、孙建伟、崔家兴、董莹、陈国磊,2018,《区域可达性改善与交通联系网络结构演化——以湖北省为例》,《经济地理》第 3 期。

王凯霞,2022,《县域城镇化促进城乡公共服务融合发展的路径研究》,《经济问题》第 4 期。

王小林,2008,《结构转型中的农村公共服务与公共财政政策》,中国发展出版社。

王小林、S. Alkire,2009,《中国多维贫困测量:估计和政策含义》,《中国农村经济》第 12 期。

王志雄,2011,《我国基本公共服务均等化研究》,博士学位论文,财政部财政科学研究所。

王智慧、潘雅婷,2016,《边境民族地区公共服务有效供给模式及对策研究》,《云南民族大学学报》(哲学社会科学版)第 4 期。

魏福成、胡洪曙,2015,《我国基本公共服务均等化:评价指标与实证研究》,《中南财经政法大学学报》第 5 期。

魏敏、李书昊,2018,《新时代中国经济高质量发展水平的测度研究》,《数量经济技术经济研究》第 11 期。

武力超、林子辰、关悦，2014，《我国地区公共服务均等化的测度及影响因素研究》，《数量经济技术经济研究》第 8 期。

辛冲冲、陈志勇，2019，《中国基本公共服务供给水平分布动态、地区差异及收敛性》，《数量经济技术经济研究》第 8 期。

熊小林、李拓，2018，《基本公共服务、财政分权与县域经济发展》，《统计研究》第 2 期。

杨华，2019，《论以县域为基本单元的乡村振兴》，《重庆社会科学》第 6 期。

尹栾玉，2016，《基本公共服务：理论、现状与对策分析》，《政治学研究》第 5 期。

尹鹏、王富喜、段佩利，2021，《中国基本公共服务效率与城镇化质量的时空耦合关系研究》，《地理科学》第 4 期。

尹向飞，2021，《中国基本公共服务不均等测算与分解》，《数量经济技术经济研究》第 1 期。

于树一，2007，《公共服务均等化的理论基础探析》，《财政研究》第 7 期。

张嘉紫煜、张仁杰、冯曦明，2022，《财政纵向失衡何以降低公共服务质量？——理论分析与机制检验》，《财政科学》第 5 期。

张丽君、罗玲、吴本健，2019，《民族地区深度贫困治理：内涵、特征与策略》，《北方民族大学学报》（哲学社会科学版）第 1 期。

张秀梅、奚哲伟、王小林，2022，《基于 CHFS 数据的中国城乡家庭普惠金融短板分析》，《上海金融》第 4 期。

赵云旗、申学锋、史卫、李成威，2010，《促进城乡基本公共服务均等化的财政政策研究》，《经济研究参考》第 16 期。

折晓叶，2014，《县域政府治理模式的新变化》，《中国社会科学》第 1 期。

朱高立、肖金成、邹伟，2022，《产业发展、公共服务供给与农业转移人口市民化》，《统计与决策》第 14 期。

Alkire, S., Foster, J. 2011. "Counting and multidimensional poverty Measurement." *Journal of Public Economics*, 95(7): 476-487.

Alkire, S., Roche, J. M., Ballon, P., Foster, J., Santos, M. E., Seth., S., 2015.

Multidimensional Poverty Measurement and Analysis. Oxford University Press.

Amartya, K. S. 1997. *On Economic Inequality.* Oxford University Press.

Frank, L. 2011. *Rawls's A Theory of Justice.* Bloomsbury Academic.

World Bank. 2020. "Poverty and shared prosperity 2020: Reversals of fortune."
The World Bank.

第9章 农村产业融合发展机制

9.1 引言

自 2015 年中央一号文件提出"推进农村一二三产业融合发展"以来，中央及相关部门出台了一系列支持政策。随之，各地创新思路、积极探索，产业融合实践快速发展。截至 2018 年底，各类新型经营主体 350 万家，农业产业化龙头企业 8.7 万家，返乡下乡双创人员累计达到 780 万人，其中 82% 创办了融合类项目。[1] 然而，目前的农村产业融合实践却面临产业融合水平不高（万宝瑞，2019）、因产业基础过于薄弱而不知如何融合（周立等，2020）、多要素利益分配和联结机制缺失（陈学云、程长明，2018），以及数据链、平台化、智能化建设不足等问题，产业融合难以实现价值增值。张来武（2018）认为，从经济学角度来看，产业融合的关键是拿走一二三产业的利润后，还有利润剩下，这才说明融合产生了新的价

---

[1] 资料来源：《农村产业融合引领乡村产业高质量发展》，中华人民共和国中央人民政府网，http: / / www. gov. cn /xinwen /2019-07 /03 / content_5405560. htm。

值增值。

农村产业融合的政策目标是提高农民收入，扩大当地就业，发展产业链条完整、功能多样、业态丰富、利益联结紧密、产城融合更加协调的农村产业融合新格局。问题是产业融合的目的达到了没有？达到了什么样的程度？其背后的融合发展机制是什么？对这些问题的回答，不仅是判断产业融合实践水平的关键，也是为培养农村产业融合发展和乡村振兴市场力量提供参考的重要依据。

已有研究对于上述问题的关注不够。目前关于农村一二三产业融合的研究主要分为两大类，一类是从六次产业视角展开的研究，如张来武（2018）从六次产业理论视角深入研究农村一二三产业融合发展的理论逻辑，姜长云（2015）、程承坪和谢雪珂（2016）、陈曦等（2018）从今村奈良臣（1996）的第六产业视角研究产业融合问题。另一类是基于农村一二三产业融合案例探讨农村产业融合的路径（周立等，2020；姜长云，2016）、影响因素（杨久栋等，2019）、发展模式（王乐君、寇广增，2017），以及融合过程中的农民增收问题（李晓龙、冉光和，2019；郭军等，2019；张静、朱玉春，2019；周立等，2020）。但由于相关方面的研究尚处于初始阶段，结论缺乏数据支撑，研究多以个案为主，缺乏定性与定量相结合的实证研究，本研究试图弥补这方面的不足。

基于上述现实背景和理论背景，本章以2018年中国农村科技特派员秦巴山片区新型经营主体调查问卷（以下简称"科特派调查"）数据为基础，从新型经营主体视角研究农村产业融合的组织模式、驱动力、利益联结机制、融合效果和价值增值问题，深入剖析农村产业融合发展的机制，以及影响新型经营主体产业融合发展的因素，以为农村一二三产业融合发展实践提供参考依据。

9.2　文献综述

9.2.1　产业融合的定义及内涵

"融合"（Convergence）一词始于 Rosenberg（1963）的《机床产业的技术变革（1840~1910）》一文。这篇文章指出，技术融合（Technology Convergence）存在于整个工业经济的机械和金属使用部门。一是将金属切割成精确形状的过程，如车削、镗孔、钻孔、铣削、刨削、磨削、抛光等，其机械操作具有技术融合性；二是执行此类操作的机器具有类似的技术融合特征，处理诸如动力传输、控制装置、喂料装置、减少摩擦等各种问题。从最终产品的性质和用途的角度来看，显然不相关的行业在技术上关系变得非常密切，例如枪支、缝纫机和自行车。20 世纪 70 年代开始的信息通信技术革新（光缆、无线通信、卫星等的利用及普及）和信息处理技术革新，推进了通信、邮政、广播、报刊等传媒业的相互合作。20 世纪 80 年代以来，数字通信技术的革新和个人电脑的普及带来互联网的普遍应用，又推进了出版、电影、音乐、广告、教育等行业不断融合的浪潮（植草益，2001）。

融合的定义由技术融合逐渐演变为由技术、市场、价值主题等驱动使产业边际模糊而产生的产业融合（Choi and Valikangas，2001；BrÖring and Leker，2007）。国家发展改革委宏观院和农经司课题组（2016）认为产业融合缘于技术进步和制度创新，它们导致产业边界模糊化和产业界限重构。张来武（2018）认为产业融合是不同产业或同一产业内不同行业之间的业务、组织、管理发生优化整合，改变了原有产业的产品和市场需求的特征，导致产业中企业之间竞争合作关系发生变化，从而逐步形成新产业属性或新型产业形态。

部分学者把产业融合看作一种动态的过程。Hacklin 等（2009）将产业融合分为 4 个阶段：知识融合、技术融合、应用融合和产业融合。Sick 等（2019）提出了产业融合的早期、中期和后期 3 个阶段，进一步提高了高技术环境下产业融合的概念清晰度。

9.2.2　农村一二三产业融合

20 世纪 90 年代中期，日本学者今村奈良臣提出了第六产业概念框架，着重强调了农村一二三产业融合发展理念的重要性。日本在 1990 年开创了农产品直销站，今村奈良臣在大山丁对农产品直销站进行考察后，提出了第六产业的构思——以农户为主体使第一产业与第二产业、第三产业进行融合（松原、丰彦，2019）。今村奈良臣（1996）认为第一产业、第二产业和第三产业相加为第六产业。农业传统上只负责农业生产过程，而第二产业如农产品加工或化肥生产则由食品制造商和化肥制造商负责，第三产业如批发、零售和信息服务由相关的信息和服务公司负责。农村只有第一产业，而第二、三产业在城市。今村奈良臣的第六产业的核心思想是将农业向第二、三产业延伸，通过产业融合尽可能地将第二产业和第三产业中与农业相关的生产或服务价值带回农业领域并留在农村，实质上是在农业上创造第六产业。

进入 21 世纪之后，为提高农民收入、改善日本城乡发展不平衡等问题，日本政府逐步采纳今村奈良臣的融合发展理念。2008 年 12 月，日本民主党在其内阁会议中提出"农山渔村第六产业发展目标",并将其作为农林水产大纲;2009 年 11 月,日本农林水产省制定了《六次产业化白皮书》(姜云长,2015)。日本政府推进的"第六产业"实质上是农村一二三产业融合发展,主要有 3 种类型:产地加工型(在本地产品基础上发展农副产品加工业)、产地直销型(本地产品生产者自行建立直销店发展本地农产品品牌)和旅游消费型(通过发展乡村旅游带动当地产业发展)(姜云长,2015)。

张来武(2018)依据劳动对象和产业任务的不同,将国民经济划分为六次产业,并提出了六次产业理论。其中,第四产业是基于互联网平台,获取并利用信息和知识资源的产业;第五产业是获取并利用人力资源和文化(包括科学文化)资源的产业;第六产业是跨行业融合实现系统经营形成的新的综合产业,它是以第四产业的信息技术为基础,通过第五产业的创意创新开发,进行跨行业特别是一二三产业融合,从而形成新的产业业态。

今村奈良臣提到的"第六产业"是对三次产业理论的创新。其核心是整合农业产业链,打破传统农业仅以生产为核心的局面,将农产品生产延伸到流通、销售、信息服务、休闲农业等各环节,实现一二三产业共同发展。但其没有第四产业,也没有第五产业,尚未形成系统的六次产业理论。张来武(2018)的六次产业划分是一个理论体系,是在发展一二三产业的基础上,经互联网及创意产业促进融合,实现系统经营,形成第六产业。产业融合的关键是通过系统经营实现价值增值,并催生共享和合作(张来武,2018)。

还有一些研究基于产业融合个别实践案例,从产业融合模式、融合路径、融合增收等视角,研究产业融合发展问题。钟真等

（2017）基于 4 个合作社案例的研究表明，随着产业链以生产环节为起点不断向两端延伸，合作社的价值链累计总价值也在增加。郭军等（2019）基于河南省 3 个融合案例，认为农村产业融合通过产业延伸、产业整合、产业交叉、技术渗透 4 种模式影响农民的财产性收入、工资性收入、转移性收入和家庭经营性收入，进而增加农民收入。周立等（2020）在 4 个融合案例的基础上，分析出农村产业融合价值增值的 3 个机制：积累优质资源、提高关键能力和改进组织管理。

9.2.3　产业融合的影响因素

技术创新、市场需求、政策等是产业融合的重要驱动因素。技术创新对产业融合的关键驱动作用得到相关研究的一致认可（Borés et al.，2003；Geum et al.，2016；赵霞等，2017；张来武，2018）。Weaver（2007）认为市场需求、产业结构、政策制度、企业模式创新等是产业融合的重要驱动因素。Curran 等（2011）认为，科学、技术和市场是融合的重要驱动因素，且科学 – 技术 – 市场"三螺旋"创新驱动产业融合。Geum等（2016）从技术进步、政策支持、新型企业的出现等几个方面分析产业融合发生的过程。BrÖring（2010）认为技术和市场能力差距越大，就越需要一种开放的创新战略来弥补这些差距。另外，市场需求也是产业融合的重要驱动因素（BrÖring and Leker，2007）。张来武（2018）认为企业家冒险精神是驱动产业融合的又一重要因素。企业家是创新驱动、产业融合的主体，他们要在不完全信息条件下进行创业决策，并进行风险控制、成本效益计算、商业技巧实施。这其中，企业家的冒险精神是保证企业家通过风险管理使企业效益大于风险成本进而实现良性循环的关键。

数字技术的突破和应用推动产业融合快速发展。第一次产业融合发生在 20 世纪 80 年代，麻省理工学院的媒体实验室主任 Nicolas Negroponte 绘制了产业融合图，计算、通信和出版广播行业在 20 世纪 80 年代已经开始融合，但融合程度较低。到 2000 年，由于对数字技术的共同依赖，这三个行业之间融合加深。目前正在经历"新产业融合"（New Industrial Convergence），即对数字系统的共同依赖，特别是互联网，将在未来许多年继续推动产业融合。[1] Arrighi 等（2003）认为"数字革命"效应发生后，产业融合过程随之发生。通过这个产业融合过程，信息和通信技术产业的边界变得越来越模糊和不确定。

9.3　基于六次产业理论的产业融合概念框架

9.3.1　产业融合发展机制

本节基于张来武（2018）的六次产业理论和今村奈良臣（1996）的第六产业概念框架，重点从融合模式、融合驱动力、融合效果、价值提升 4 个方面构建产业融合发展机制概念框架（见图 9-1）。

---

[1]　"The New Industrial Convergence." https: / /explainingthefuture. com/nic. html.

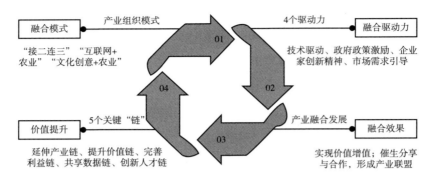

图9-1 产业融合发展机制概念框架

首先，产业融合是跨界、跨产业的融合，产业的划分与产业功能的区分是判断产业融合的前提基础，而产业融合将会引起产业边界模糊化和产业界限的重构。本节主要从"接二连三""互联网＋农业""文化创意＋农业"3种模式对产业融合进行分类，并在此基础上，分析不同产业模式下的融合驱动因素和价值增值情况。"接二连三"模式是基于今村奈良臣（1996）的第六产业框架。"互联网＋农业"模式是把数据作为关键生产要素，把平台作为产业组织模式的第四产业融合模式。"文化创意＋农业"模式是把知识和创意作为关键生产要素，依托于第四产业平台进行农村产业融合的第五产业融合模式。

其次，产业融合是科学、技术和制度创新的产物，创新是推动产业融合的关键驱动力之一（Weaver，2007；BrÖring and Leker，2007；Curran and Leker，2011；张来武，2018）。本章从技术驱动、政府政策激励、企业家创新精神、市场需求引导4个方面探讨产业融合驱动因素。

最后，产业融合效果、产业融合价值提升等是深入了解产业融合问题的关键因素。价值提升不仅是中央政策文件提出的主要政策目标，也是产业融合的最终目标。价值提升的关键在于，由延伸产业链、提升价值链和完善利益链的"三链驱动"向与共享数据链和创新人才链相结合的"五链融通"转型。其中，提升价值链是实现产业融合的重要目标之一，延伸产业链、共享数据链和创新人才链都是为了更好地实现价值创造，而完善利益链是基于收入分配的考虑，实现产业融合的社会价值，追求利益分配的公平性。

9.3.2　产业融合变量的定义

张来武（2018）的六次产业理论的核心是不同产业跨界融合、系统决策、二次经营，最终实现价值增值。今村奈良臣提到的第六产业概念框架的核心是延伸农业产业链，将农产品生产延伸到流通、销售、信息服务、休闲农业等各个环节，实现农村产业融合发展，并最终实现价值增值，这与中国提倡的让农业"接二连三"的内涵一致。基于这两种有代表性的产业融合理论，本章将产业融合分为"接二连三""互联网 + 农业""文化创意 + 农业"3 种模式，具体定义及特征见表 9–1。

表9-1　产业融合模式及变量特征

产业融合理论基础	产业融合模式	变量特征
第六产业概念框架 （今村奈良臣，1996）	"接二连三"	种养一体化或者产供销一体化
六次产业理论（张来武，2018）	"互联网 + 农业"	主要包括依托互联网、电商平台等新技术渗透的业态
	"文化创意 + 农业"	主要包括赋予农业文化、品牌等创意特征的业态

注：变量特征是指科特派调查问卷中所涉及的新型经营主体的业态特征，是产业融合模式的代理变量。

9.4 基于微观数据的产业融合机制分析

9.4.1 数据来源及说明

2015 年，由科技部主办，中国青年政治学院新农村发展研究院和西北农林科技大学新农村发展研究院共同承办的秦巴山片区科技特派员农村科技创业骨干培训班在中国青年政治学院开班，截至 2018 年已连续进行了四期。农村科技特派员包括以企业、合作社法人为主体的特派员，以及自然人特派员。为深入了解农村产业融合发展基本情况，复旦大学六次产业研究院以调查问卷的形式对培训班的学员开展了"中国农村科技特派员秦巴山片区调查"活动。调查问卷主要包括新型农业经营主体基本信息、品牌建设和竞争力、市场渠道、产业融合、风险及防范、投融资、帮扶情况、土地使用情况、创业情况等方面，调查形成有效样本 87 份，其中，82 份来自第四期的培训班学员、5 份来自往期学员。被调查学员来自秦巴山片区的"五省一市"（即甘肃省、河南省、湖北省、陕西省、四川省和重庆市）的 76 个贫困县，其样本占比分别是 10.34%、10.35%、3.45%、31.03%、41.38% 和 3.45%。

9.4.2 融合机制分析

1. 产业模式分析

（1）产业融合模式。不同产业融合模式的描述统计分析表明，从"接二连三"的产业融合，到"互联网＋农业"，再到"文化创意＋农业",发生的概率是下降的。在被调查的有效样本中,"接二连三""互联网＋农业"和"文化创意＋农业"3 种产业融合模式占比分别为61.25%、27.50% 和 20.00%,没有发生任何融合的占 10.34%。可见,大多新型经营主体的产业融合处于种养加一体化或者产供销一体化初级融合阶段,"互联网＋农业"和"文化创意＋农业"类型相对较少。

(2)产业融合模式的比较分析。

① "接二连三"与"互联网＋农业"的比较。在被调查的有效样本中,有 23.75% 的新型经营主体同时进行"接二连三"和"互联网＋农业"的经营;有 37.50% 的新型经营主体进行了"接二连三"的经营,但没有进行"互联网＋农业"的经营;有 3.75% 的新型经营主体没有进行"接二连三"的经营,但进行了"互联网＋农业"的经营;有 35.00% 的新型经营主体既没有进行"接二连三"的经营,也没有进行"互联网＋农业"的经营(见表 9-2)。可见,"接二连三"与"互联网＋农业"的重合率较低,二者有较大的差异。这在一定程度上说明本章对"接二连三"和"互联网＋农业"进行区分是非常有必要的。

表9-2 "接二连三"与"互联网+农业"的比较

单位:%

"接二连三"	"互联网＋农业"	
	否	是
否	35.00	3.75
是	37.50	23.75

② "接二连三"与"文化创意＋农业"的比较。在被调查的有效样本中,有 15.00% 的新型经营主体同时进行了"接二连三"和"文化创

意 + 农业"的经营；有 46.25% 的新型经营主体进行了"接二连三"的经营，但没有进行"文化创意 + 农业"的经营；有 5.00% 的新型经营主体没有进行"接二连三"的经营，但进行了"文化创意 + 农业"的经营；有 33.75% 的新型经营主体既没有进行"接二连三"的经营，也没有进行"文化创意 + 农业"的经营（见表9-3）。"接二连三"与"文化创意 + 农业"的重合率只有 15.00%，比"接二连三"与"互联网 + 农业"的重合率低 8.75 个百分点。

表9-3 "接二连三"与"文化创意+农业"的比较

单位：%

"接二连三"	"文化创意 + 农业"	
	否	是
否	33.75	5.00
是	46.25	15.00

2. 融合驱动力分析

表 9-4 表明，与"互联网 + 农业""文化创意 + 农业"相比，无论是技术、政府政策支持，还是品牌创新，"接二连三"中新型经营主体对应的融合驱动力样本占比都较低。与其他驱动力相比，创业政策的样本占比较大。"接二连三"的新型经营主体中，享受到政府创业政策支持的比重是 73.33%，"互联网 + 农业"和"文化创意 + 农业"中，这一比例分别是 85.00% 和 86.67%。然而，主要融资来源受到政府创业扶持的新型经营主体的比重相对较低。新型经营主体的品牌创新驱动力相对比较欠缺，"接二连三"中，有省级知名品牌或者国家级知名品牌的新型经营主体的比例是

31.71%，"互联网 + 农业""文化创意 + 农业"中，这一比例分别是 35.29% 和 38.46%。

表9-4　不同产业融合模式的融合驱动力分析

单位：%

融合驱动力	模式		
	"接二连三"	"互联网 + 农业"	"文化创意 + 农业"
1. 技术			
有专利技术	55.00	64.71	69.23
生产过程标准化程度比较高或非常高	64.44	70.00	84.61
2. 政府政策支持			
主要融资来源受到政府创业扶持	34.69	45.45	56.55
享受创业政策支持	73.33	85.00	86.67
3. 品牌创新			
省级知名品牌或国家级知名品牌	31.71	35.29	38.46
产品模仿或替代程度较难或非常难	45.65	45.00	46.15

3. 融合效果分析

表 9-5 表明，2017 年，"接二连三""互联网 + 农业""文化创意 + 农业"的企业/合作社正式员工[1]人均产值分别是 47.34 万元、37.50 万元、51.78 万元，人均利润分别是 11.07 万元、11.16 万元、13.08 万元。其中，"互联网 + 农业""文化创意 + 农业"的企业/合作社正式员工的人均利润相对较高。在带动建档立卡贫困户、带动当地农户就业方面，"互联网 + 农业"和"文化创意 + 农业"的带动能力较强。在向当地农村提供基础设施或公共服务方面，3 种类型的差异不明显，"接二连三"的企业

---

[1]　签订一年以上劳务合同的员工。

帮扶能力相对较强，这可能是因为"互联网＋农业"和"文化创意＋农业"的企业／合作社成立时间较晚，而基础设施的建设一般是一个长期的过程。就合作情况而言，"文化创意＋农业"的新型经营主体都是多个主体联盟的生产组织模式，"接二连三"和"互联网＋农业"的新型经营主体也大多是多个主体联盟的生产组织模式。另外，"互联网＋农业"和"文化创意＋农业"的新型经营主体合作伙伴个数的均值高于"接二连三"的新型经营主体。

表9-5　不同产业融合模式的融合效果比较

融合效果	模式		
	"接二连三"	"互联网＋农业"	"文化创意＋农业"
1. 经济价值（企业／合作社）			
2017 年企业／合作社正式员工的人均产值（万元）	47.34	37.50	51.78
2017 年企业／合作社正式员工的人均利润（万元）	11.07	11.16	13.08
2. 社会价值（新型经营主体）			
带动建档立卡贫困户的户数均值（户）	84.53	146.06	262.75
带动当地农户就业的户数均值（户）	89.29	98.4	135.00
向当地农村提供基础设施或公共服务的项数均值	2.06	1.93	2.00
3. 合作情况（新型经营主体）			
多个主体联盟的生产组织模式（％）	90	86	100
合作伙伴个数的均值	2.55	2.86	3.00

注："向当地农村提供基础设施或公共服务的项数"主要指以下 9 项中的个数：道路、水利建设、电力能源建设、教育、医疗卫生、文化、体育、养老服务、村集体经济扶持。"多个主体联盟的生产组织模式"指其生产组织模式是否"合作社＋基地＋农户""公司＋基地＋农户""公司＋合作社＋农户""公司＋合作社＋基地＋农户"中的任何一种，是赋值为 1，否则为 0。"合作伙伴个数"主要是以下 8 项中的个数：农产品种植者／养殖者、物流公司、电商平台、加工服务企业、品牌设计企业、合作社、技术培训机构或部门、其他。

4. 价值提升

延长产业链、提升价值链、完善利益链（"三链重构"）是国家产业融合政策制定的主要目标。复旦大学六次产业研究院调研组在对山东省农村产业融合发展实践进行调研的基础上提出，数据是信息社会现代农业的关键生产要素之一，"数据链"是"三链重构"不可或缺的一"链"，"人才链"是产业融合发展的基本保障。在产供销全产业链条的八个环节（生产、加工、包装、仓储、冷链、物流、销售、其他）中，"接二连三"的新型经营主体参与这些链条环节个数的均值是 4.08（见表 9-6），略低于"互联网 + 农业"和"文化创意 + 农业"的新型经营主体。在价值链方面，"接二连三"的新型经营主体的正式员工人均利润低于"互联网 + 农业"和"文化创意 + 农业"。就利益链来看，"接二连三"的新型经营主体中，农户参与分红的户数均值要高于"互联网 + 农业"和"文化创意 + 农业"。总体而言，三种类型的新型经营主体通过农户土地入股获得土地的比例均不高，但相比"接二连三"的新型经营主体，"互联网 + 农业"和"文化创意 + 农业"与当地农户的土地连接机制相对较强。无论是从网上销售渠道的个数、网上销售渠道的稳定性，还是从网上销售额占总销售额的比重来看，"互联网 + 农业"和"文化创意 + 农业"的新型经营主体的数据链都要优于"接二连三"的新型经营主体。在"人才链"方面，"接二连三"的新型经营主体在创业过程中面临人才方面的困难和挑战更大，"互联网 + 农业"在网络策划、网络技术方面的人才需求更旺。

表9-6　不同产业融合模式的五个关键"链"的比较

五个关键"链"	模式		
	"接二连三"	"互联网＋农业"	"文化创意＋农业"
1. 产业链			
属于产供销全链条的环节数均值	4.08	4.23	4.25
2. 价值链（主要包括经济价值和社会价值，见表9-5）			
3. 利益链			
农户参与分红的户数均值	73.71	61.22	62.29
获取土地的渠道是土地入股的均值	0.24	0.32	0.43
4. 数据链			
网上销售渠道个数的均值	2.70	3.14	3.21
网上销售渠道稳定的均值	0.46	0.57	0.85
网上销售额占总销售额比重的均值	33.81%	43.28%	44.09%
5. 人才链			
在创业中遇到的最大困难是人才的均值	0.80	0.70	0.60
需引进网络策划、网络技术方面人才的均值	0.66	0.73	0.50

注："属于产供销全链条的环节数"主要指以下8种环节的个数：生产、加工、包装、仓储、冷链、物流、销售和其他。"获取土地的渠道是土地入股"，是则赋值为1，否则为0。"网上销售渠道个数"主要指以下8种网上销售渠道的个数：微信、农村淘宝、天猫、京东扶贫馆、京东特产馆、收集App/小程序、地方电商平台和其他电商平台。"网上销售渠道稳定"是则赋值为1，否则为0。"在创业中遇到的最大困难是人才"，是则赋值为1，否则为0。"需要引进网络策划、网络技术方面人才"，是则赋值为1，否则为0。

9.4.3　产业融合存在的问题

科特派调查数据显示，就产业融合发展中存在的困难和问题，在87个被调查的样本中，60个新型经营主体认为缺乏支持政策、58个新型经营主体认为缺乏资金、15个新型经营主体认为成本上升、9个新型经营主体认为不理解怎样融合。就资金支持方面，科特派调查数据显示，69.09% 的新型经营主体获得了财政贴息、免担保、免抵押、创业贷款、扶贫贷款、产业扶贫贷款和其他贷款中的一种或多种政策，而 30.91% 的新型经营主体没有获得上述任何一种优惠政策。可见，加大对农村新型经营主体的政策支持与资金支持依然是产业融合发展的重点。

9.5 基于典型案例的产业融合机制分析

基于前文的统计比较分析，本节分别选择"接二连三"典型案例 A，"互联网 + 农业"典型案例 B 和"文化创意 + 农业"典型案例 C，深入分析不同案例在产业融合模式、融合驱动力、融合效果、价值提升方面的典型做法，在此基础上进一步深入探讨产业融合机制。

9.5.1 案例 A："接二连三"典型案例

1. 案例简介

案例 A，位于甘肃省成县，主要通过"公司 + 合作社 + 基地 + 农户"的形式发展中药材上下游"接二连三"产业融合。其中，合作社成立于 2012 年，注册资金 580 万元，主要负责中药材种植；公司成立于 2015 年，注册资金 500 万元，主要从事中药材初级加工、农产品深加工、药食同源系列产品开发及农业科技服务。案例 A 通过"公司 + 合作社 + 基地 + 农户"的方式，从前期的中药材种植发展到后来的中药材初级加工，但尚处于初加工阶段，正在向健康领域的药食同源系列产品深加工阶段发展，在产业上实现了初步的"接二连三"。

2. 融合机制

案例 A 进行产业融合的典型做法体现在"合作化、标准化、持续化"的发展理念之中。其中，合作化主要指公司、合作社和农户之间的合作与分工，公司负责产品深加工研发和市场渠道开拓，合作社负责技术指导、种植管理及农户药材回收，农户要根据技术指导进行种植、规避风险。标准化主要是合作社组织专业技术人员研究制定区域种植、药材种植管理标准，指导农户种植实践。持续化源于药材种植周期长，面临的市场风险复杂，要做到持续种植、每年种植、每年采挖，才能合理降低市场风险。并且，在"公司＋合作社＋基地＋农户"的基础上，A 案例对建档立卡贫困户进行精准扶贫，如免费提供中药材种植技能培训、提供中药材种子、指导困难农户发展产业等，进一步稳固了不同参与主体之间的利益联结机制。

案例 A 取得了初步的融合成效。2015 年、2016 年、2017 年，案例 A 的人均产值分别是 20.00 万元、36.92 万元、46.38 万元；人均净利润分别是 3.52 万元、4.59 万元、5.00 万元。2016 年、2017 年，案例 A 的人均净利润增长幅度分别是 30.40%、8.93%。另外，案例 A 通过"公司＋合作社＋基地＋农户"的发展模式，发展种植面积 30000多亩，带动当地农户 5500 多户，其中贫困户 573 户，并对村集体经济进行扶持。

案例 A 在人才链、利益链、价值链方面的比较优势明显。产业链处于初级融合阶段。但数据链欠缺，网络销售额占总体销售额的比重仅为10%，网络销售不处于稳定状态。

9.5.2 案例 B："互联网 + 农业"典型案例

1. 案例简介

案例 B，位于陕西省平利县，公司成立于 2016 年，将生漆原材料与漆艺文化相结合，发展生漆深加工产业。案例 B 通过漆树、桐树、绞股蓝套种的方式，迅速扩大漆树种植面积，建成生漆综合产业园，开创了生漆产业发展新链条。截至 2017 年，生漆年产量 100 余吨，还创立了"龙头国漆""漆农小李"双品牌。案例 B 从漆树、桐树、绞股蓝套种，发展到将生漆原材料与漆艺文化相结合进行生漆深加工，通过多种平台途径发展"互联网 + 农业"，在产业上实现了初步的"接二连三"和"互联网 + 农业"融合。

2. 融合机制

数字平台驱动是案例 B 进行产业融合的一大特色。案例 B 引入微信、淘宝及其他电商平台等网上销售渠道后，整体销售收入同比增长约 60%。2017 年，案例 B 所有网上销售达到 300 万元以上，占总销售额的 70%，且网上销售渠道稳定。案例 B 通过线下、线上相结合的"双线"模式开拓市场渠道。其中，线下主要是针对当地原来的"老客户"，线上主要是针对全国漆器、古琴、古建筑修仿和文物修复等行业和领域的群体。针对线上客户，案例 B 主要通过微信、淘宝及其他电商平台，宣传传统生漆天然环保的特性和独特的美学价值，并通过深加工工艺的研发改进、漆文化传播等途径提高其品牌影响力。在数字平台的驱动下，案例 B 将生漆原材料与漆艺文化相结合，以工匠精神为载体，通过"互联网 +"的方式打破原材料输出的单一赢利模式，打开了漆艺文化产业市场，实现了栽种漆树、采割生漆、深加工、与漆艺文化相结合的融合模式。

案例 B 经济价值增值幅度较大。2016 年、2017 年，案例 B 的人均产值分别为 25.00 万元、50.00 万元，增长 100.00%；人均净利润分别是 7.50 万元、25.00 万元，增长 233.33%。另外，案例 B 通过"公司＋合作社＋农户"的发展模式带动农户 30 户共 118 人。

案例 B 价值增值潜力凸显，其人才链、数据链、利益链发展相对较好。但案例 B 对相关服务业的产业链条挖掘相对欠缺，产业链仍需进一步提升。

9.5.3 案例 C："文化创意＋农业"典型案例

1. 案例简介

案例 C，位于河南省汝阳县，公司成立于 2013 年，注册资金 1007 万元，以优良种羊繁育推广、优质杜仲羊肉生产销售、农业品牌打造、羊文化展示为主体，是一家集种植、养殖、饲料加工、科研教育、休闲观光于一体的现代化农牧企业。企业每年可生产销售优质精品杜仲羊 5000 余只，年销售收入 1100 万元，利润 200 万元左右。

2. 融合机制

案例 C 通过三产融合与文化创意相结合的方式提升产业附加值。首先，案例 C 基于种植、养殖第一产业，结合人们对健康产品的需求，发展标准化、可追溯的健康羊肉加工业，并基于消费者对羊文化的情感、精神需求，发展羊工艺品加工业。其次，案例 C 以亲子教育为出发点，以家庭为主要需求群体，以"自然、农业、羊"为主题，发展休闲观光体验服务业。

标准化技术驱动是案例 C 发展产业融合的重要因素。案例 C 先后申请杜仲叶饲料等专利 33 项。品质保证和安全保证两大保障体系塑造羊肉品牌。饲喂杜仲有机无抗饲料、养殖 7~8 个月青年公羊、屠宰体重 45 公斤左右保证了羊肉品质标准。在安全保证方面，制定养殖、防疫、屠宰、加工、运输五重标准，严格按标准组织生产，与西北农林科技大学、杨凌农业云服务公司合作建立质量追溯体系，实现从生产到餐桌的食品安全追溯。

基于市场需求进行产品创新是案例 C 实现产业融合发展、价值增值的又一重要因素。首先，基于市场对健康食品的需求，与高校签订了产学研合作协议，共同研发杜仲有机无抗饲料，以改善羊肉品质。降低料肉比，肌肉蛋白质提高 9.7%，肌间脂肪增加 4.5%，羊肉嫩度提高 13%。其次，基于人们对羊文化的情感和精神需求，挖掘羊历史文化，并与现代艺术相融合，创新开发出各种羊工艺品。最后，基于家庭亲子教育需求，提供观光游览、亲子科普教育、产品展览、餐饮美食、休闲体验、商品购买、度假住宿等服务，拉长产业链条。

案例 C 实现了较好的融合效果。2017 年，其人均年销售收入 44 万元，人均年净利润 8 万元左右。案例 C 通过直接带动、"公司 + 合作社 + 贫困户扶贫"、托管代养、粮食及农作物秸秆收购和技术培训等方式对当地农户进行帮扶，共计带动贫困户 565 户，贫困人口 1500 人，实现人均年收入 3000 元以上。

案例 C 的产业链、价值链、人才链、利益链发展相对较好。其独特之处在于应用数据链实现全程可追溯。案例 C 的每份产品都有追溯二维码，消费者通过扫描二维码可查看产品溯源档案，了解杜仲羊出生、防疫、屠宰、运输等一系列环节，实现从生产到餐桌的食品安全可追溯。然而，案例 C 网上销售额占总销售额的比重为 30%，且网上销售渠道不稳定，其数据链的价值有待进一步提升。

上述三个产业融合案例的共同特征是实现了种养加一体化或者产供销一体化，且通过"企业/合作社＋基地＋农户"的发展模式，与当地农户建立利益联结机制，带动当地农户脱贫增收。但在融合模式、融合驱动力、融合效果、价值提升方面都各有不同。其中，案例 A 是典型的产供销一体化"接二连三"融合模式，在中药材种植、中药材初加工方面，标准化生产和加工做得相对较好，但在产品深加工及相应服务业的发展方面相对欠缺。案例 B 成立时间相对较晚，但在"互联网＋农业"平台的驱动下获得了较好的价值增值。案例 C 基于"文化创意＋农业"的思路实现融合发展，延长了产业链，实现了一定的价值增值。

9.6　结论与启示

本章从融合模式、融合驱动力、融合效果、价值提升 4 个方面构建产业融合发展机制概念框架，在这一概念框架基础上，使用 2018 年科特派调查数据，运用统计分析和典型案例分析，深入剖析中国农村一二三产业融合发展机制，主要结论和启示如下。

第一，整体而言，农村产业融合发展处于"接二连三"的融合阶段，尚未真正达到"互联网＋农业"和"文化创意＋农业"的深度融合。且"接二连三"融合模式基于传统的土地、劳动力和资本三大生产要素，延伸农业产业链，实现价值增值。数据要素和创意要素，给农业产业链赋予新的要素动力。虽然"互联网＋农业""文化创意＋农业"融合模式所占比重较低，但前景较好。

第二，产业融合模式需要由"接二连三"的融合模式向更加紧密的"互联网＋农业""文化创意＋农业"的模式转型。科特派调查数据及案例分析表明，相比"接二连三"的经营主体，"互联网＋农业""文化创意＋农业"的经营主体的正式员工人均利润较高，具有较高的价值创造能力。在带动建档立卡贫困户、带动当地农户就业方面，"互联网＋农业""文化创意＋农业"的经营主体能力更强。且引入网上销售渠道后，新型经营主体收入都有一定的增幅，而"互联网＋农业""文化创意＋农业"的网络销售渠道更加稳定。与土地、劳动力和资本生产要素不同，数据具有"非独占性"、"非排他性"和"零边际成本"特征，数据的强流动性也意味着可以在全国更大的平台上，甚至在世界范围内高效、快速配置数据资源，进而促进产业融合价值增值。

第三，新型经营主体应由"一二三"供给驱动模式向"五四三二一"需求驱动模式转型。如果我们把"互联网＋农业"视为基于第四产业平台的融合模式，把"文化创意＋农业"视为基于第五产业知识和文化创新驱动的融合模式，中国农村产业融合需要迈向在第五产业知识和文化创新驱动、第四产业平台支持下，传统的第三、第二和第一产业相融合，从而形成个性化、定制化的"五四三二一"需求驱动模式。品牌创新驱动是提升新型经营主体产业融合效果的重要驱动因素之一。随着人民物质文化生活水平的提升和互联网用户的普及，人们的需求正在由基本的物质需要向定制化、差异化、体验化的精神层次的需要转变。科特派调查数据及典型案例分析表明，"互联网＋农业"和"文化创意＋农业"的新型经营主体，在市场需求创新方面做得相对较好，这在一定程度上为新型产业融合模式的发展提供了证据。

第四，生产组织模式由单个主体向农业产业化联合体转变。科特派调查数据及典型案例分析表明，新型经营主体的生产组织模式大多是以龙头企业、专业合作社和家庭农场等新型农业经营主体分工协作为前提，以规模经营为依托，以利益联结为纽带形成一体化农业经营组织联盟。通过产业组织联盟平台，产业联合体可在产业链中分工协作，优化利益联结机制，提升价值链，进而促进产业深度融合发展。今后须加强"互联网＋农业"的深化发展，推动农村产业融合的"双边效应"，体现数据要素二次经营的价值创造能力。

第五，应加大农村产业融合的政策支持力度，加强相应的政策学习和技能培训。大多新型经营主体认为缺乏支持政策与资金支持是其产业融合发展存在的主要困难和问题。事实上，自2015年国务院办公厅印发《关于推进农村一二三产业融合发展的指导意见》以来，各级农业农村部门把农村一二三产业融合发展作为农村经济转型升级的重要抓手和有效途径，积极推动政策落实和示范带动，取得了积极成效。以山东省为例，山东省政府先后印发《关于贯彻国办发〔2015〕93号文件推进农村一二三产业融合发展的实施意见》《关于加快发展农业"新六产"的意见》《山东省农业"新六产"发展规划》，制定农村产业融合发展监测指标体系，着力打造六类模式，即农业内部融合模式、产业链延伸模式、功能拓展模式、新技术渗透模式、多业态复合模式、产城融合模式。其中，以潍坊农村产业融合发展为代表的"潍坊模式"已走在全国前列。因此，相关部门应加大政策支持和资金支持力度，加强产业融合方面的政策学习和技能培训，为农村产业融合发展延伸产业链、提升价值链、完善利益链、共享数据链、创新人才链提供政策、资金和平台支持。

参考文献

陈曦、欧晓明、韩江波，2018，《"第六产业"运作生态：逻辑机理与治理新思维———日本案例与中国启示》，《经济体制改革》第 3 期。

陈学云、程长明，2018，《乡村振兴战略的三产融合路径：逻辑必然与实证判定》，《农业经济问题》第 11 期。

程承坪、谢雪珂，2016，《日本和韩国发展第六产业的主要做法及启示》，《经济纵横》第 8 期。

郭军、张效榕、孔祥智，2019，《农村一二三产业融合与农民增收——基于河南省农村一二三产业融合案例》，《农业经济问题》第 3 期。

国家发展改革委宏观院和农经司课题组，2016，《推进我国农村一二三产业融合发展问题研究》，《经济研究参考》第 4 期。

姜长云，2015，《日本的"六次产业化"与我国推进农村一二三产业融合发展》，《农业经济与管理》第 3 期。

姜长云，2016，《推进农村一二三产业融合发展的路径和着力点》，《中州学刊》第 5 期。

李晓龙、冉光和，2019，《农村产业融合发展如何影响城乡收入差距——基于农村经济增长与城镇化的双重视角》，《农业技术经济》第 8 期。

松原、豊彦:《日本农业的六次产业化》，第三届六次产业国际会议，复旦大学，2019 年 10 月 17 日。

万宝瑞，2019，《我国农业三产融合沿革及其现实意义》，《农业经济问题》第 8 期。

王乐君、寇广增，2017，《促进农村一二三产业融合发展的若干思考》，《农业经济问题》第 6 期。

杨久栋、马彪、彭超，2019，《新型农业经营主体从事融合型产业的影响因素分析——基于全国农村固定观察点的调查数据》，《农业技术经济》第 9 期。

张静、朱玉春，2019，《产业融合、社会资本和科技创业减贫》，《农业技术经济》第 11 期。

张来武，2018，《六次产业理论与创新驱动发展》，人民出版社。

赵霞、韩一军、姜楠，2017，《农村三产融合：内涵界定、现实意义及驱动因素分析》，《农业经济问题》第 4 期。

植草益，2001，《信息通讯业的产业融合》，《中国工业经济》第 2 期。

钟真、张琛、张阳悦，2017，《纵向协作程度对合作社收益及分配机制影响——基于 4 个案例的实证分析》，《中国农村经济》第 6 期。

周立、李彦岩、罗建章，2020，《合纵连横：乡村产业振兴的价值增值路径——基于一二三产业融合的多案例分析》，《新疆师范大学学报》（哲学社会科学版）第 1 期。

今村奈良臣，1996，「第六次産業の創造を 21 世紀農業を花形産業にしよう」，『月刊地域つくり』，http://archive.md/WCxM#selection—99.0~99.5。

Arrighi, G., Silver B. J., and Brewer, B. D. 2003. "Industrial convergence, globalization, and the persistence of the north-south divide." *Studies in Comparative International Development*, 38 (1): 3-31.

Borés, C., Saurina, C., Torres, R. 2003. "Technological convergence: A strategic perspective." *Technovation*, 23 : 1-13.

BrÖring, S. 2010. "Developing innovation strategies for convergence is -'open innovation' imperative?" *International Journal of Technology Management*, 49: 272-294.

BrÖring, S. and Leker, J. 2007. "Industry convergence and its implications for the front end of innovation: A problem of absorptive capacity." *Creativity and Innovation Management*, 16: 165-175.

Choi, D. and Valikangas, L. 2001. "Patterns of strategy innovation." *European Management Journal*, 19 (4) : 424-429.

Curran, C. S., Leker, J. 2011. "Patent indicators for monitoring convergence — Examples from NFF and ICT." *Technological Forecasting and Social Change*, 78

(2): 256-273.

Geum, Y., Kim, M., Lee, S. 2016. "How industrial convergence happens: A taxonomical approach based on empirical evidences." *Technological Forecasting and Social Change*, 107: 112-120.

Hacklin, F., Marxt, C., Fahrni, F. 2009. "Coevolutionary cycles of convergence: An extrapolation from the ICT industry." *Technological Forecasting and Social Change*, 76 (6): 723-736.

Rosenberg, N. 1963. "Technological change in the machine tool industry, 1840—1910." *The Journal of Economic History*, 23: 414-553.

Sick, N., Preschitschek, N., Leker, J., BrÖring, S. 2019. "A new framework to assess industry convergence in high technology environments." *Technovation*, 84-85: 48-58.

Weaver, B. 2007. "Research proposal : Industry convergence—Driving forces, factors and consequences." Paper presented at 19th Business Administration Conference (NFF), Bergen, Norway.

第10章 扶贫车间

10.1 引言

就业减少贫困的影响渠道包括三个途径。第一是就业创造，即通过创造适合贫困人口技能的就业机会，在劳动力市场需求方面发挥作用；第二是增强就业能力，即通过教育和职业培训计划等方式提高贫困人口的就业能力，从而在劳动力市场的供给方面发挥作用；第三是使劳动力市场更有效率。劳动力市场，特别是在发展中国家，由于缺乏信息和劳动力的流动而产生了很大的就业摩擦，就业匹配和安置服务等计划可以提高劳动力市场的效率，从而增加就业。

在中国过去的扶贫工作中，上述三方面的政策都使用过。创造就业政策对中国大规模消除绝对贫困发挥了至关重要的作用。改革开放前农村存在的隐蔽性失业问题在土地家庭承包经营制普及后转为显性。农民为了创造就业和增加收入，一方面，调整农业结构，扩大那些足以提高劳动密集程度和产品附加值的生产分支；另一方面，积极发展非农产业，开辟新的就业领域。通过发展外向型和劳动密集型经济，最大限度地利用劳动力市场的就业创造功能，既促进了经济的增长，也通过持续增加就业机会减少了农村贫困人口。

1978~2012 年中国非农就业人数增加了 24643 万人，增长了 11.3 倍，同期全国农村劳动力非农就业人数占比从 7% 上升到 50%（吴国宝，2018）。我国提高贫困人口就业能力的政策也是十分丰富的，如为贫困人员提供技能培训、岗位推荐、职业指导、职业介绍、社保补贴、就业创业政策咨询、维权保障服务等，特别是针对初中毕业的贫困人口的就业帮扶（张丽宾，2019）。有专门针对初中毕业或高中毕业后未就业的贫困人口实施职业技能培训的"雨露计划"。就培训模式而言，有的是"先培训后就业"，有的是"边培训边就业"。就提升劳动力市场效率方面，主要是从完善就业服务方面发力。既有贫困地区的劳动力就业需求信息服务，也有劳务输入地的扶贫就业中介服务；既包括提供就业前的职业介绍、培训、指导等服务，还包括就业后工资支付、社保缴费、劳动条件保障、职业健康教育和保护等权益维护服务。2017 年，人力资源社会保障部办公厅印发《关于做好农村贫困劳动力就业信息平台有关工作的通知》，指出该平台的工作目标是，依托互联网，通过平台建设全国农村贫困劳动力就业信息实名制动态数据库，形成跨部门、跨地区联动维护机制，使各级人力资源社会保障部门明确本地区就业扶贫工作对象，并动态管理农村贫困劳动力就业失业信息，记载提供相关就业服务和享受政策情况，全面体现本地区就业扶贫工作进展和成效。农村贫困劳动力就业信息平台的政策支持有效提高了劳动力市场效率。

自《中共中央 国务院关于打赢脱贫攻坚战的决定》实施以来，围绕到 2020 年现行贫困标准下贫困人口实现"两不愁三保障"这一脱贫目标，在发展生产脱贫一批、易地搬迁脱贫一批、生态补偿脱贫一批、发展教育脱贫一批、社会保障兜底一批"五个一批"精准扶贫与精准脱贫精神指导下，各地积极探索就业扶贫新模式。其中，扶贫车间就是来自基层的一种针对就业扶贫的积极探索。2018 年 6 月 15 日发布的《中共中央 国务院关于打赢脱贫攻坚战三年行动的指导意见》明确提出："实施就业扶贫行动计划，推动就业意愿、就业技能与就业岗位精准对接，提高劳务组织化程度和就业脱贫覆盖面。鼓励贫困地区发展生态友好型劳动密集型产业，通过岗位补贴、场租补贴、贷款支持等方式，扶持企业在贫困乡村发展一批扶贫车间，吸纳贫困家庭劳动力就近就业。"2019 年中央 1 号文件《关于坚持农业农村优先发展做好"三农"工作的若干意见》明确提出："发展壮大县域经济，引导产业有序梯度转移，支持适宜产业向小城镇集聚发展，扶持发展吸纳就业能力强的乡村企业，支持企业在乡村兴办生产车间、就业基地，增加农民就地就近就业岗位。"这为脱贫攻坚任务完成后，扶贫车间向支持乡村振兴的生产车间转型升级指明了方向。

据不完全统计，目前全国扶贫车间有 3 万多个，从业人员达到 200 多万人（肖艳、叶昊鸣，2019）。扶贫车间实现贫困人口家门口就业，对促进贫困人口增收脱贫发挥了积极作用。已有文献主要集中于扶贫车间的相关新闻报道，理论和实证研究严重滞后于脱贫攻坚期间扶贫车间的迅猛发展。本章通过对有关扶贫车间的政策、标准、规范进行梳理以及对扶贫车间进行案例调研，试图弥补这方面的研究空缺。

10.2 扶贫车间的产生、发展和职能

10.2.1 扶贫车间的产生和发展

1. 萌芽阶段：浙江省丽水市来料加工扶贫模式

扶贫车间在脱贫攻坚之前就已存在。根据笔者 2014 年对浙江省丽水市来料加工扶贫模式的调研，丽水市在贫困村通过开展集中加工与分散加工相结合的来料加工扶贫模式，把进城进镇农民和留村农民紧密地组织到劳动密集型产业链中，建立了多元化来料加工扶贫模式。在丽水市，妇联推动和协调来料加工，经纪人负责订单、培训和组织生产，共青团负责推动农村电子商务。该模式充分利用了温州、义乌小商品市场和劳动密集型加工业的优势，社会组织的力量和电子商务的新型活力。来料加工业成为带动丽水市低收入农户家门口就业、持续普遍较快增收的大产业。

2. 形成阶段：山东省菏泽市扶贫车间

在浙江省丽水市开展来料加工扶贫的阶段，山东省菏泽市也有部分农村在庭院中建起了"小窝棚"，从事企业的来料加工。自 2015 年开展脱贫攻坚以来，"小窝棚"启发了当地建设"扶贫车间"的思路。到 2019 年 4 月，山东省菏泽市已经建成并运营 3555 个扶贫车间，累计安置和带动 30.5 万名群众在家门口就业，其中 9.7 万名群众实现稳定脱贫。[1] 为了规范扶贫车间的运营，山东省在总结和提炼菏泽等地扶贫车

---

[1] 数据为笔者 2019 年 4 月 24 日~25 日在山东省菏泽市鄄城县调研获得。

间工作的基础上，结合实际制定了山东省地方标准《精准扶贫 扶贫车间》。该标准正式提出了扶贫车间的定义，即"在脱贫攻坚期内，以壮大贫困村集体经济、实现贫困人口就地就近就业增收和资产收益为目的，以农产品初加工、手工业、来料加工经营等劳动密集型产业项目为主要内容，建设在乡村的生产经营活动场所"。

3. 发展阶段：全国中西部 22 个省份推广扶贫车间

2017~2019 年，扶贫车间在中西部 22 个省份得到迅速推广，并形成了标准化的定义。国家标准《扶贫车间项目运营管理规范》指出，扶贫车间是指"建设在乡、村，以不同类型的建筑物为生产经营活动场所，以壮大贫困村集体经济、解决贫困人口就地就近就业为目的，以从事农产品初加工、手工业、来料加工经营等劳动密集型产业为主要内容，实现贫困人口增收脱贫的就近就业扶贫模式"。

10.2.2　扶贫车间的职能定位

1. 就近就地就业，稳定增收脱贫

根据山东省菏泽、临沂等市关于扶贫车间的相关政策文件，扶贫车间是在脱贫攻坚期间当地扶贫干部探索出来的一种"送岗上门、就近就业"的扶贫模式。菏泽市有关文件明确指出，充分发挥扶贫车间在就业扶贫中的核心作用，加快扶贫车间的建设进度，切实提高扶贫车间的利用率，实现贫困群众就业增收、稳定脱贫，确保圆满完成脱贫攻坚任务。也就是说，在 2020 年底之前，扶贫车间的职能定位主要是带动贫困人口就近就业、稳定增收、稳定脱贫。

2. 壮大贫困村集体经济

在脱贫攻坚期间，全国建档立卡贫困村从 12.8 万个减少到 2.6 万个，有 10 万个贫困村已经脱贫。[1]这 12.8 万个贫困村在脱贫攻坚之前，大多是集体经济"空壳村"。在脱贫攻坚开始之后，扶贫车间所形成的资产成为村集体资产，扶贫车间的租金是贫困村集体经济的重要收入来源。扶贫车间在村里形成了劳动密集型产业加工平台，其重要职能之一就是壮大了贫困村的集体经济，消除了集体经济"空壳村"。

3. 发展乡村致富车间

脱贫是要在 2020 年底前必须完成的消除农村绝对贫困的攻坚，是短期目标任务。然而，扶贫车间的建设，不仅是为了脱贫攻坚这一短期目标任务，脱贫攻坚任务基本完成后，扶贫车间要实现转型发展，成为群众就地就近就业增收的"发展致富车间"或"生产车间"。山东省提出，把扶贫车间建设与贫困村提升工程、美丽乡村建设、易地扶贫搬迁、东西扶贫协作、"百企帮百村"等工作结合起来，力争实现贫困群众、村集体、企业等多方共赢，发挥最大效益。

4. 扶贫同"志""智"双扶相结合的平台

党的十九大报告指出："坚持大扶贫格局，注重扶贫同扶志、扶智相结合。"建设扶贫车间的目的之一就是鼓励贫困群众通过自身劳动获得收入而脱贫，扶的是贫困群众的志气；让贫困群众拥有一技之长，具备实现长期稳定脱贫的能力，扶的是贫困群众脱贫的智识。

---

[1] 《国务院扶贫办：过去六年间中国有 10 万个贫困村脱贫》，中国新闻网，https://baijiahao.baidu.com/s?id=1625966714168282364&wfr=spider&for=pc。2019 年 2 月 20 日。

10.3　扶贫车间的行为主体和角色

扶贫车间属于通过发展非农就业实现消除贫困和降低收入不平等的就业扶贫措施。然而，贫困人口面临非农就业的进入障碍。因此，公共投资和政策必须有利于增加贫困人口获得资产的机会，使他们能够克服非农就业进入障碍（Reardon et al.，2000）。研究表明，非农就业进入障碍包括教育和技能、社会资本、种族和种姓、性别、金融资本、物理基础设施和信息等（Davis，2003）。因此，本节通过对菏泽市扶贫车间的相关行为主体及其角色分析，研究影响其就业扶贫的3个渠道的作用机制，即就业创造、增强就业能力和提升劳动力市场效率，观察其如何解决贫困人口非农就业进入障碍。扶贫车间涉及的相关行为主体包括地方政府及相关部门、劳动密集型企业、扶贫车间、帮扶对象、经纪人和平台等。

山东省菏泽市扶贫车间从2017年的3大产业42个门类发展到2019年的8大产业81个门类。菏泽市现有700个从事发制品初加工以及马扎、鲁锦、布鞋、绒毛玩具、演出服饰等手工业加工的扶贫车间。笔者调研的6个车间，既有美国服装G品牌的代工车间，也有销往欧美和非洲国家的高中低档发制品车间，还有工艺特别简单的电子元器件车间。根据实地调研，结合《扶贫车间项目运营管理规范》和《精准扶贫 扶贫车间》来看，扶贫车间的行为主体及其角色可以概括如下。

10.3.1　地方政府及相关部门的角色

地方政府及相关部门是政府主导下的脱贫攻坚就业扶贫行动中的重

要行为体，在扶贫车间规划、建设、运营、投资、贷款、监管等多个方面都发挥着重要作用。第一，地方政府负责扶贫车间的规划，统筹考虑建设用地、用电、厂址选择和建设。第二，地方政府及相关部门在动员运营商入驻上也发挥了十分重要的引导作用，制定优惠政策，吸引企业、返乡创业人员参与投资建设或运营扶贫车间。如山东省菏泽市鄄城县在浙江、广东、青岛等重点区域招商，邀请省内外多家企业到鄄城参观考察等，有 54 家外地企业租赁扶贫就业车间。[1]第三，地方政府多渠道筹措扶贫车间建设资金，统筹利用财政资金、专项扶贫资金，整合利用涉农资金、社会资本等投资建设扶贫车间。第四，地方政府及相关部门制定优惠政策提供"创业扶贫担保贷款"。[2]例如，鄄城县人力资源和社会保障局的创业（扶贫）担保贷款政策为，对符合申请创业担保贷款条件的企业，若其吸纳的贫困人口数达到单位现有职工的 30% 以上（超过100 人的达到 15% 以上），并按规定与招用人员签订一年期以上劳动合同，无拖欠职工工资、欠缴社会保险费等严重违法违规违信用记录，则其单位或主要负责人可申请最高不超过 300 万元、期限不超过 2 年的创业扶贫担保贷款，其需提供必要的抵押及反担保措施，同时，按政策规定享受贴息。此外，地方政府也负责扶贫车间安全、环境、劳动保障等方面的监管工作。因此，地方政府及相关部门作为扶贫车间的重要行为主体，通过专门针对贫困人口投资建设扶贫车间，创造就业机会，克服贫困人口非农就业障碍。

---

[1]　参见《山东省菏泽市鄄城县扶贫车间典型案例》，载于《扶贫车间项目运营管理规范》，2018，第 5~7 页。

[2]　参见中国人民银行济南分行、山东省财政厅、山东省人力资源社会保障厅、山东省扶贫开发领导小组办公室:《关于印发山东省创业扶贫担保贷款资金管理办法的通知》，2016。

10.3.2　劳动密集型企业的角色

它们一般是扶贫车间的上级单位，发挥龙头企业辐射延伸作用。其中，大部分为劳动密集型加工企业，也有一部分为电商平台企业。这些企业主体有海内外订单，具有相关生产资质，是法人单位。一个企业可以租赁多个扶贫车间，也可以只租一个扶贫车间。例如，某扶贫车间代工 G 品牌服装。事实上，这家企业具有 G 品牌服装的海外订单，把加工环节延伸到了扶贫车间。因品牌方对质量的要求较高，因此在这家扶贫车间就业的主要为该村及周边村庄年轻且有一定技术水平的女工。劳动密集型企业通过扶贫车间这一物理载体，把居村居家就业与城市工业部门连接起来，发挥商业价值创造的功能。

10.3.3　扶贫车间的角色

扶贫车间是劳动密集型企业延伸到贫困村和非贫困村的加工车间，为贫困人口和中低收入人口提供家门口的就业机会。笔者调研发现，扶贫车间因其加工的产品对工人技术水平的要求不同，吸纳的劳动力就业人群也不同。以鄄城县某村的一个发制品扶贫车间为例，生产的产品为销往非洲国家的彩色发制品，因其工艺简单，吸纳了一些 50 多岁甚至60 岁以上的贫困妇女就业。相比 G 品牌服装扶贫车间，发制品车间吸纳的是最贫困的妇女和年龄较大、不能外出务工的妇女，而 G 品牌服装扶贫车间吸纳的主要是村里中低收入、年龄较轻、虽有一定技能但需要照顾老人或孩子的妇女。

10.3.4　帮扶对象的角色

以山东省菏泽市 K 村为例，全村 420 户 1592 人，耕地 1946 亩，其中，贫困户 76 户 165 人。[1] K 村的人口按照劳动能力来划分，可以分为五类：第一类是过去常年在外务工，积累了一定的经营管理、技术经验和资本后，在国家脱贫攻坚、乡村振兴、"双创"政策的吸引下，返乡建立合作社承包 1000 亩耕地经营农业的 20 多户代表，属于返乡创业的新型经营主体类别，是村里的高收入群体；第二类是正在外出务工的劳动力，具有一定技能和社会网络，这部分群体把自己的承包地出租，外出务工以工资性收入为主，属于村里的中上收入群体；第三类群体把承包地流转给新型经营主体或村集体，在村里给新型经营主体或村集体打工，收入来源以务农打工和土地流转收入为主，他们大多属于村里的中等收入群体；第四类是相对贫困者，但大多不属于贫困户，主要是家中有老人、孩子需要照料，劳动力不强，文化程度不高的群体，也是在扶贫车间中就业的最主要群体；第五类是贫困户，主要是老弱病残这一群体。在这类群体中，部分人口具有零散的就业时间，拥有一定的劳动能力，可以从事简单劳动，也是扶贫车间带动就业脱贫的主体。因此，扶贫车间的帮扶对象主要集中于第四类相对贫困群体和第五类绝对贫困群体。

---

[1]　数据为笔者 2019 年 4 月 24 日~25 日在山东省菏泽市调研获得。

10.3.5　经纪人和平台的角色

经纪人和平台在扶贫车间就业扶贫模式中扮演中间人角色，提供信息、劳务、产品对接等服务，目的是提升劳动力市场效率。例如，贫困村第一书记、帮扶责任人、扶贫联络员，这些是重要的经纪人。此外，电商平台以平台经济的形式，把分散的扶贫车间的产品与平台上的客户进行供给与需求的精准匹配，形成网络订单，发挥了十分重要的作用。可以预期，在脱贫攻坚任务完成之后，电商平台在扶贫车间或者以后称之为"致富车间"的发展过程中将扮演更加重要的中间人角色。

总之，在各行为主体的作用下，扶贫车间就业扶贫模式初步形成了"劳动密集型企业/电商平台公司＋扶贫车间＋经纪人＋村集体＋贫困人口和非贫困人口"的利益联结机制和扶贫机制，一些运营较好的扶贫车间，实现了"群众赢、集体赢、企业赢、产业赢"的多赢目的。

10.4　扶贫车间的驱动力分析

弄清楚哪些因素驱动山东省菏泽市乃至全国在如此短时间内建成并运营这多扶贫车间，这关系到扶贫车间的可持续性。事实上，扶贫车间不仅是一种就业扶贫政策创新，也是一种有利于贫困人口就业的商业模式创新。扶贫车间作为工厂在农村的延伸，实质上发挥了把城市工厂与贫困乡村连接起来的作用，是一种城乡产业融合的载体，其驱动力主要来自以下四方面。

10.4.1　扶贫干部在扶贫方式上的创新驱动

中国有限的耕地以及相对过剩的农村劳动力资源，决定了非农就业是大规模减贫的重要途径。虽然改革开放的进程曲曲折折，农民还是从快速工业化及相关的非农产业活动中受益良多。农民家庭在收入水平提高的同时，收入来源也渐趋丰富。工资性收入占全国农民家庭人均净收入的比重，从 1983~1984 年的 10% 左右，增加到 1990 年的 20.2%（朱玲、何伟，2018）。据《中国统计年鉴（2019）》公布的数据，2018 年底，工资性收入占农民总收入的比重提升到 41%。 2 亿多农村人口"离乡又离土"去工作是社会流动范式下增加非农收入的一种主要方式。从经济增长到就业再到减贫不是自动发展的。劳动力市场的减贫和增长机制必须产生两种作用。一种是经济增长以及经济结构的变化，必须产生对劳动力的需求增长或使工人的生产率提高。另一种是必须根据具体国家的现行劳动力市场和政治条件将其转化为收入的增长（Melamed et al.，2011）。2008 年之后，中国实施创新驱动发展战略，经济结构向资本、技术和知识密集型转型升级。这一经济结构的转型，对低技能农村劳动力的就业并不利。从微观层面来看，一些建档立卡贫困人口因受个人和家庭条件的限制，不适合外出务工。在这种情况下，就需要在贫困地区创造农业之外的就业机会。

在山东省菏泽市以及中西部贫困地区的精准扶贫、精准脱贫工作中，普遍面临的问题是如何为不能外出务工的建档立卡贫困人口创造就业机会。菏泽市扶贫干部在工作中经常遇到贫困人口说："我也想工作，但是我家里有老人和孩子，出不去"，"我年龄大了，不能外出务工"，"你帮我找工作呀，有活儿我就干"。改革开放初期，广大农村兴办乡村企业，"离土不离乡"的非农就业方式以及来自贫困群众的这种就地就业的呼声，激发了当地扶贫干部在家门口建设扶贫车间，促进就近就地就业的想法。这成为扶贫车间发展的动力之一。但是，仅有这种创新扶贫模式的热情还不足以推动扶贫车间的大规模形成。我们还必须从其他行为体方面寻找证据。

10.4.2　劳动密集型产业降低生产要素成本的驱动

随着城市土地价格的升高和劳动力红利的消失，中国经济发展出现了用工成本上升，中小企业融资难、成本高等问题，劳动密集型产业，特别是中小企业普遍面临土地、劳动力、资本三大生产要素价格升高的压力。在这种情况下，劳动密集型企业不得不寻找出路。一部分能力较强的企业向东南亚甚至非洲等生产要素更具比较优势的国家或地区转移，一部分具备产业升级能力的劳动密集型企业进行升级改造，一部分企业向中西部转移，还有一部分不得不关闭退出市场。已有研究也证实，巴基斯坦、越南、印度、印度尼西亚、柬埔寨、孟加拉国分别进入全球纺织品出口和全球服装出口前十位。这表明，劳动密集型等产业链条，从相对高成本的中国向相对低成本的东南亚、南亚等国家和地区转移（潘悦，2017）。一方面，劳动密集型企业迫于经营压力寻找土地、劳动力、资本要素价格相对较低的地方进行产业转移；另一方面，扶贫车间的出现正好满足了企业的需求。可以说，扶贫车间建设在贫困地区，土地价格极其低廉，劳动力用工成本较低，贷款有贴息，延缓了中国部分劳动密集型企业退出国内市场的步伐，为它们提供了新的生存空间。另外，也为县域经济的振兴提供了机遇。以山东省菏泽市鄄城县发制品产业园为例，即使把产业园建在县城内，仍然面临在城区招工困难的问题。而当把发制品的部分工序转移到扶贫车间后，便在全县吸纳了 4 万余人就业。[1] 企业参与运营扶贫车间，既有降低要素成本的需求和履行社会责任的动力，某种意义上也是一种商业模式的创新。

10.4.3　平台经济带来的产业融合驱动力

平台公司是把一个群体中的成员（如订客房的人）与另一群体中的成员（如想出租客房的宾馆或家庭）连接起来的充当中间人机制的商业模式。这种中间人机制达到一定规模就可以产生网络效应，起到优化资源配置、满足客户需求、降低搜索成本的作用。近年来，诸如阿里巴巴、京东、拼多多等平台公司发展十分迅速。企业家利用数字技术创造了以平台为依托的全球性企业，这些企业与一端输入一端产出的传统生产过程截然不同。平台公司通过在客户、生产者与供应商之间创建网络效应以及在多边模型中促进互动来创造价值。与传统企业相比较，数字化平台实现规模化的速度更快、成本更低（World Bank, 2018）。山东省菏泽市在建设扶贫车间的过程中也有效利用了电商平台。截至 2019 年底，全市有 462 个扶贫车间与电商合作，带动贫困群众就业 6725 名，[2] 如一些扶贫车间把本地土特产品放在淘宝店铺进行网上销售。此外，地方政府

---

[1]　数据为笔者 2019 年在山东省菏泽市鄄城县调研获得。

[2]　数据为笔者 2019 年在山东省菏泽市鄄城县调研获得。

也通过"双创"优惠政策吸引和鼓励外出务工和返乡创业的大学生开办网店，充分利用电商扶贫的优惠支持政策，形成了一批与电商结合或平台驱动的扶贫车间。

10.4.4 "大众创业、万众创新"的政策驱动

中国打造"大众创业、万众创新"升级版，完善农民工返乡创业、退役军人自主创业支持政策和服务体系，建立"双创"平台，深化"放管服"改革，加大脱贫攻坚就业扶贫政策、金融扶贫政策等一系列政策的组合，最终形成了以"大众创业、万众创新"为核心的政策驱动。根据笔者调研，截至 2019 年底，菏泽市有 160 万外出务工人员，政府通过出台政策、召开返乡创业大会等，鼓励他们带着信息、技术、资金、项目等承租扶贫车间，7.5 万名返乡创业人员领办创办企业 3.8 万家，承租扶贫车间 567 个，带动近 8000 名贫困群众脱贫。正是在这些政策的吸引下，贫困村才有人才运营扶贫车间。这也是扶贫车间能够快速发展的必备条件之一。"大众创业、万众创新"政策优化了乡村营销环境，为扶贫车间的发展提供了空间。以鄄城县为例，扶贫车间注册小微企业 112 家。2019 年，鄄城县为优化营商环境，实行"企业吹哨、部门报到"工作机制，只要企业有需求，相关部门就可以到企业现场进行办公，解决实际困难。优良的营商环境是扶贫车间创业发展的有力保障条件。

上述四个方面的驱动力打破了贫困劳动力非农就业的进入障碍，这种动力机制是在脱贫攻坚就业扶贫政策的强干预下产生的。扶贫车间是在中央和地方脱贫攻坚政策激励，地方干部扶贫方式创新，企业创新商

业模式、降低要素成本以及贫困人口就业增收需求的共同作用下产生的一种特殊的就业扶贫模式。

10.5　扶贫车间所产生的效果及存在的问题

10.5.1　扶贫车间所产生的效果

1. 拓宽贫困人口就业渠道

当前，人口老龄化已经成为影响中国社会经济发展的重要因素。中国农村人口老龄化具有程度高于城镇、速度快于城镇、地区差异大于城镇、老年人口多于城镇等特征（林宝，2015）。面对这一问题，政府在与租赁扶贫车间的企业签订合同时鼓励企业实行弹性工作制，方便贫困人口、留守人口照顾家庭。从调研情况来看，这一要求已经得到了落实，笔者在对某童装加工车间进行调研时，抽查了 14 名职工的出勤表，他们的月工作时间从 19.5~29 日不等，工资支付方式包括现金、微信转账、银行支付等。笔者在某发制品加工车间调研时发现，就业人员的年龄从 45~70 岁不等。这都表明车间在雇工、考勤、支付等方面都根据员工的实际情况做出了调整。笔者在对扶贫车间员工的访谈中也发现，这种弹性工作制一方面充分利用了留守人员的闲暇时间，真正让劳动力或者半劳动力"有事做"；另一方面也极大地满足了留守妇女、留守老人照顾子女的需求。正是在这种条件下，扶贫车间拓宽了贫困人口的就业渠道，他们的零散时间得到利用，可以称之为贫困村扶贫车间中的"零工经济"现象。

2. 拓宽贫困人口增收渠道

扶贫车间的出现对增加农村低收入人群尤其是贫困人口的工资性收入作用明显。从笔者对沂水县、鄄城县、东明县的调研中可以发现，与改革开放初期相比，目前村里人口结构已经发生了巨大的变化，剩余人口主要是劳动能力较弱或无法外出打工的留守人群。建档立卡贫困户中的残疾人、老年人、患病人口居多，其收入来源以各种财政转移支付收入为主，包括低保、产业扶贫项目分红、医疗教育保险等，工资性收入占比极低。正如前文所言，扶贫车间的出现为相对贫困人口和绝对贫困人口提供了就业机会，从而拓宽了贫困人口增收渠道。在没有扶贫车间之前，这类人群根本无法获得就业机会，也就很难增加劳动收入。扶贫车间提供的工种大多属于简单的手工劳动，工人经过简单的培训即可上岗。从某服装加工车间的工资记录来看，工人每天的工资 20~140 元不等，月均收入 1000~4000 元。尽管扶贫车间提供灵活就业，但也通过奖金鼓励工人满勤。在调研的扶贫车间中，有一部分残疾人体面就业，通过自己的劳动获得收入，摆脱贫困。2018 年，甘肃省天水市建成运营扶贫车间 128 个。其中，服装加工类 63 个、传统工艺类 20 个、农产品生产加工类 40 个、其他 5 个。全市扶贫车间累计吸纳就业 11994 人，其中贫困人口 5023 人（陈晓蓉，2019）。

3. 壮大村集体经济

除增加贫困人口收入外，扶贫车间还为壮大村集体经济做出了贡献。村集体获得两方面收益：一方面，扶贫车间形成的村集体资产是生产性固定资产，填补了贫困村生产性固定资产的空白；另一方面，扶贫车间作为村集体的资产租赁给运营商，增加了租金收入。一些扶贫车间的顶层同时修建光伏发电设备，增加了资产收益的渠道。村集体从扶贫车间获得的租金收益一部分用于资助贫困人口，另一部分用于村集体公益事业支出。根据《扶贫车间项目运营管理规范》，租赁收入的 70% 归集体所有，30% 用于村公益事业。产权不归集体所有的车间，不视为扶贫车间，不能获得相应的帮扶政策。这就保证了脱贫攻坚后，扶贫车间仍将作为村集体资产继续发挥增收作用。

4. 促进区域经济均衡发展

村集体经济的增长与县域经济发展密不可分。过去农村集体经济的增长主要依赖第一产业的发展，尤其是在中西部地区。改革开放以后，广东、福建、江苏、浙江等地依靠来料加工等发展第二产业，通过乡镇企业的发展迅速壮大了村集体经济。2018 年，全国百强县（市）中江苏、浙江、山东三省百强县（市）数目达 65 个（王春燕，2018），大部分集中在东部沿海地区。为平衡区域经济发展，脱贫攻坚以来，山东省开展了省内的东西协作及帮扶。从调研来看，扶贫车间正是利用了这一发展机遇，承接东部劳动密集型生产过剩资源，促进省内相对贫困县域的经济增长。以菏泽市鄄城县为例，该县与青岛市即墨区结对。自省内开展东西协作以来，在扶贫专项政策及其他政策的引导下，青岛市援建了部分扶贫车间给鄄城县并带去了订单和技术，在某些扶贫车间甚至有青岛的技术人员长期驻扎。为配合扶贫车间的产业发展，政府积极发挥引导监督作用，由政府牵头开展"企业吹哨，部门报到"，为到鄄城县投资的青岛企业优化投资环境、提供政府支持。这样一来，鄄城县以散落在各村的扶贫车间为增长点，不但发展了当地的经济，同时，也缓解了青岛市劳动密集型产业的生存压力，有力地规避了劳动密集型企业向海外转移的风险。

10.5.2　扶贫车间存在的问题

从全国扶贫车间的发展现状来看，在脱贫攻坚中，扶贫车间发展迅速，除了已经观察到的上述就业扶贫效果外，还不同程度地存在以下问题。

1. 内生动力不足

内生动力不足是脱贫攻坚中遇到的一类普遍问题。东部地区一些扶贫车间的就业扶贫项目在实施中探索了"四权分置"，即"所有权归村集体、经营权归承包户、收益权归贫困户、监管权归镇政府"，但在中西部地区仍有不少扶贫车间存在所有权、经营权、收益权等权利责任不对等、激励不相容的问题。一些扶贫车间无论是从固定资产投资还是流动资金来源来看，都存在吃财政扶贫资金"大锅饭"的问题。过度的行政动员也会扭曲市场机制，造成扶贫车间不能够长久可持续发展。这个问题若不在制度上进行解决，扶贫车间的"可持续性"就无法保证，贫困户的内生动力也就难以被激发出来。一些地方的扶贫车间建设火热、运营冷清，结果是长期闲置、停摆，不仅难以带动贫困人口脱贫，也造成了财政资金的浪费，甚至变成了一种形式主义（何勇海，2019；吴学安，2019）。

2. 造血能力不足

扶贫车间以劳动密集型加工业为主，大多存在所选项目产业同质、低级重复、区域雷同、求快上马等问题，市场风险大。一方面加工利润空间不大，另一方面受外贸订单波动影响，一些扶贫车间难以维持运营，不得不停止生产，甚至出现有车间无生产的现象。此外，扶贫车间针对本地农特产品进行分拣、加工、包装的较少，缺乏与电商平台联合开拓市场的平台驱动商业模式。没有很好地利用扶贫车间这一物理平台，实现延伸产业链、提升价值链、完善利益链的功能。从产业融合发展以及产业组织模式的视角来看，一些扶贫车间造血能力不足。此外，对扶贫车间对劳动力市场的影响，目前还缺乏基于实证的分析。

3. 分散风险的能力不足

扶贫车间的风险包括项目选择风险、市场风险、技术风险等。在脱贫攻坚期间，贫困地区对一些扶贫车间项目的选择缺乏市场调研，匆忙上马。还有一些受到市场波动影响，草草停产。当一些扶贫车间资产闲置时，上级部门并不掌握扶贫车间运营数据，没有进行统一调度和资源配置。此外，对于扶贫车间的工人，到底需要购买哪些保险也没有明确，出现工伤、火灾等事故时，缺乏应对机制。总之，当扶贫车间成为一种普遍的就业扶贫模式时，相关部门需要分析相关风险产生的原因，提出应对风险的策略和方法，如风险规避、风险降低、风险转移、风险留置等。

4. 扶贫车间的减贫效果仍需科学评估

从增长、就业与减贫之间的逻辑关系来看，在政府的大力支持下，扶贫车间在贫困村迅速发展。在政府"看得见的手"强有力的推行下，一定程度上打破了贫困人口非农就业的进入障碍，但其产生的结构性影响目前仍不得而知。这种结构性影响包括扶贫车间创造就业的效应、扶贫车间对非贫困人口非农就业的挤出效应，以及二者的净效应。只有更加细致的实证研究才能做出科学的判断。

10.6　扶贫车间的可持续发展

综上所述，扶贫车间在脱贫攻坚期内，对贫困人口就业、增收、脱贫以及贫困村集体经济发展，甚至促进贫困县县域经济发展发挥了重要作用。扶贫车间这种就业扶贫模式也是财政扶贫资金使用方式改革的大胆创新和实践。当然，扶贫车间自身的发展也还存在内生动力不足、造血能力不足、分散风险能力不足等问题。本章认为，应进一步深化对扶贫车间的调查研究，做好扶贫车间在脱贫攻坚与乡村振兴有效衔接中的战略部署和政策引导。

10.6.1 加强对扶贫车间的政策引导与服务提升

政策引导的目的一方面是使企业能够引进来、留得下、可持续，另一方面使贫困人口能够进得去、干得住、能增收。以县域为单位，针对扶贫车间做好"放管服"，既对扶贫车间建设选址，配套水、电、路、网、物流等基础设施给予支持，也要对扶贫车间工商、税务、金融、劳动保障、劳动保护、安全生产、环境保护等给予支持。特别是还应加大对入驻企业的监督与管理，避免出现过去乡镇企业的产权混乱、资产不清、管理不力、环境污染等问题。在体制机制上，创造就业人员、企业、村集体和当地政府多赢的局面。此外，明确政府的边界，过度强调政府"看得见的手"的作用，必然破坏市场"看不见的手"的作用。

10.6.2 通过产业融合降低扶贫车间的运营风险

从扶贫车间所选择产业类型来看，劳动密集型产业项目占绝大多数，但这类型产业本身已经走到了改革的关键时刻，因此为避免扶贫车间频繁换手，应当及早开展企业的可持续发展规划。从调研来看，目前扶贫车间所承载的主要是外部企业的加工环节，运行管理相对独立，在生产经营中能够产生快速开工、快速产出的效果，但从长远来看，这些扶贫车间的市场竞争力不强，容易被复制和取代。目前，政府在扶贫车间的风险管理方面主要是应对生产风险，如安装安全探头、与公安平台互动等，但对所选产业的风险认识不够。因此，各级政府应该通过产业融合降低扶贫车间的运营风险。充分利用现有车间，以"互联网＋"、物联网、电商平台为纽带，加强扶贫车间互联互通，把线下扶贫车间变为线上平台，提升扶贫车间的利用效率。把扶贫车间打造成农业一二三产业融合发展的重要节点，使其成为助力农产品上行的重要平台，提升平台的价值。

10.6.3　以扶贫车间为平台推动"产村融合"发展

集体经济"空壳化"，一个重要原因是村集体经济缺乏产业支撑。以扶贫车间为平台，推动"产村融合"发展是乡村产业振兴的关键。一方面，把城市劳动密集型产业，通过扶贫车间向乡村集聚；另一方面，根据各地的资源优势，把农业生产、加工、包装、物流、电商、品牌策划等凝聚在扶贫车间，推动农产品向城市营销。可进一步吸引人才，加大对返乡创业人员的政策扶持，在市场配置资源的条件下，鼓励发展电商扶贫车间，创意策划形式多样、内容丰富的扶贫车间；打造一批为扶贫车间提供品牌策划、平台运营、价值增值、管理提升等的服务性扶贫车间；在劳动密集型加工业进村下行和农产品进城上行中，以扶贫车间为平台推动"产村融合"发展。

参考文献

陈晓蓉，2019，《甘肃省发展扶贫车间的实践和探索——天水等地区服装加工扶贫车间》，《甘肃科技》第 17 期。

何勇海，2019，《"扶贫车间"不该沦为"扶贫盆景"》，《工人日报》6 月 5 日。

李清新，2018，《家门口建起扶贫车间》，《农民日报》5 月 10 日。

林宝，2015，《中国农村人口老龄化的趋势、影响与应对》，《西部论坛》第 2 期。

潘悦，2017，《在全球化变局中构建中国对外贸易新优势》，《国际贸易》第 10 期。

山东省质量技术监督局，2018，《精准扶贫 扶贫车间》。

王春燕，2018，《中国县域经济发展报告（2018）发布》，《社科院专刊》12 月 14 日。

吴国宝，2018，《改革开放 40 年中国农村扶贫开发的成就及经验》，《南京农业大学学报》（社会科学版）第 18 期。

吴学安，2019，《扶贫车间成为摆设是形式主义在作祟》，《中国社会报》9 月 2 日。

肖艳、叶昊鸣，2019，《全国首张扶贫车间工伤保险参保证明发放》，新华网，4 月 17 日。

张丽宾，2019，《我国就业扶贫政策实施情况及完善建议》，《中国劳动保障报》10 月 23 日。

朱玲、何伟，2018，《工业化城市化进程中的乡村减贫 40 年》，《劳动经济研究》第 6 期。

Davis, J. R. 2003. "The rural non-farm economy, livelihoods and their diversification: Issues and options." NRI Report. Natural Resources Institute.

Karnani, A. 2011. "Reducing Poverty through Employment." *Innovations*, 6:

73-97.

Melamed, C., Hartwig, R. , Grant, U. 2011. "Jobs, growth and poverty: What do we know, What don't we know, What should we know?" *Backgroud Note.* Overseas Development Institute.

Reardon, T., Taylor, J. E., Stamoulis, K., Lanjouw, P. , Balisacan, A. 2000. "Effects of non-farm employment on rural income inequality in developing countries: An investment perspective." *Journal of Agricultural Economics*, 51: 266-288.

Wang X., Zhang X., Feng H. , Wu Y. 2019. Platform Economy: South-South Cooperation in Digital Technology and Intelligent Science and Technology, South-South Cooperation in a Digital World: 2018 Annual Report in South-South Cooperation. Finance Center for South-South Cooperation, United Nations Office for South-South Cooperation.

World Bank. 2018. "The Changing Nature of Work."

第11章　东西部协作与共同富裕

11.1　引言

　　展望 2035 年，党的十九届五中全会提出"人民生活更加美好，人的全面发展、全体人民共同富裕取得更为明显的实质性进展"的目标要求。党的二十大报告进一步明确，到 2035 年，"人民生活更加幸福美好，居民人均可支配收入再上新台阶，中等收入群体比重明显提高，基本公共服务实现均等化，农村基本具备现代生活条件，社会保持长期稳定，人的全面发展、全体人民共同富裕取得更为明显的实质性进展"。共同富裕成为中国当前理论和政策研究的热点问题。回顾中国消除绝对贫困的历史，自 1978 年党中央提出对口支援[1]和 1996 年提出东西部扶贫协作[2]

---

[1]　对口支援是 1978 年党中央为解决边境和少数民族地区的贫困问题而提出的一项省际支援措施，最早要求北京支援内蒙古，河北支援贵州，江苏支援广西、新疆，山东支援青海，天津支援甘肃，上海支援云南、宁夏，全国支援西藏。

[2]　随着对口支援的稳步推进，党中央决定将支援范围拓展到全国范围内的西部贫困地区，1996 年《关于组织经济较发达地区与经济欠发达地区开展扶贫协作的报告》中，确定了北京与内蒙古、天津与甘肃，上海与云南，广东与广西，江苏与陕西，浙江与四川，山东与新疆，辽宁与青海，福建与宁夏，大连、青岛、深圳、宁波市与贵州省间的扶贫协作关系。东西部扶贫协作实际是在对口支援制度的基础上对现有结对关系的一种调整与补充。

以来，对口支援和东西部协作制度已经成为促进共同富裕的重要制度安排。

关于对口支援和东西部扶贫协作的研究主要有三种观点。第一种观点认为，对口支援是一种横向财政转移支付形式，是在中央政府领导下的政府主导、社会参与的政府与地区间的合作模式（丛威青，2017）。这一模式体现出政府主导和地方互惠的特点，在跨地区贫困治理中发挥了积极作用，形成"跨行政区域的府际网络"（林尚立，2011），强调实现 2035 年远景目标须坚持和完善东西部扶贫协作和对口支援制度。第二种观点认为，这一制度安排"劫富济贫"的色彩非常突出，应根据项目性质撤并到纵向财政转移支付中去，保留应急性对口支援（王玮，2017）。而且，其中的法律制度依据、央地权责划分、纵横关系协调等都是现实的面临困境（李楠南，2020），需要在法律层面肯定其属性与地位。第三种观点着重于有效性讨论，更多考虑脱贫的需求，较少考虑协作地区间的资源优势互补（吴国宝，2017），认为当前存在深度协作与精准对接困难、社会化协作程度低、协作扶贫的高质量发展受制约、项目管理机制不健全等实践困境（李云新、张文惠，2020）。

本章试图运用制度性集体行动的网络分析框架，系统性剖析东西部协作和对口支援在演进过程中形成的协作机制，重点回答以下几个问题：①作为消除绝对贫困、实现共同富裕的区域协作制度，东西部协作是如何演进的？参与协作的多方主体在实践互动中形成了哪些协作机制？②东西部协作面临怎样的时代要求以及挑战？③在共同富裕的新发展目标下，如何在全面实现乡村振兴发展阶段中完善东西部协作制度？

11.2 贫困治理：东西部扶贫协作
和对口支援的制度演进

中国向何处去？建设什么样的社会主义？中国共产党在领导中国人民建设社会主义的历史进程中不断探索和实践，走上了一条不同于西方国家现代化进程的道路。这条道路是马克思主义同中国实践相结合而产生的一条具有中国特色的迈向现代化的社会主义道路。在中国迈向现代化的进程中，从"土地革命""农村包围城市"到"脱贫攻坚""乡村振兴"，乡村人口始终是重要群体之一。因此，我们分析东西部协作和对口支援制度的演进，首先必须将其放在中国迈向现代化进程或者是实现中华民族伟大复兴的全局中。

11.2.1 对口支援相关制度的建立

1. 对口支援制度的建立

毛泽东同志在新中国成立之初就提出了共同富裕问题，指出"这个富，是共同的富，这个强，是共同的强，大家都有份"[1]；邓小平提出贫穷不是社会主义，共同富裕是社会主义的本质特征，鼓励一部分地区一部分人先富起来，先富带动、帮助后富，最终达到共同富裕（孙业礼，2013）。一方面，党的十一届三中全会做出改革开放的历史性决策。在经济政策上充分肯定生产责任制，给予地方、企业、生产队更多的经济

---

[1] 《毛泽东文集》（第六卷），人民出版社，1996，第 495 页。

自主权，并允许一部分地区、一部分企业、一部分人先富起来。1979 年
10 月，邓小平还提出"充分研究一下怎样利用外资的问题"，同年 11 月
再次提出，"社会主义也可以搞市场经济"。[1] 另一方面，针对边境地区
和少数民族地区经济发展相对落后的状况，中央做出对口支援的重大
决策。1979 年 4 月，中共中央在北京召开全国边防工作会议。乌兰夫
在大会上做了题为"全国人民团结起来，为建设繁荣的边疆、巩固的
边防而奋斗"的报告。同年 7 月 31 日，中共中央批转了乌兰夫所做的
报告。[2] 报告强调，国家将加强边境地区和少数民族地区的建设，增加
资金和物资的投入，并组织内地省市对口支援边境地区和少数民族地
区。对口支援是在邓小平共同富裕实现路径的指引下由中央提出的，其
主要目的就是增强民族团结、巩固边防、加强少数民族地区的经济文化
建设。

2. 对口支援财政体制的形成

　　1979 年 4 月全国边防工作会议召开后，一方面，国家制定《边疆建
设规划（草案）》，提出安排边疆建设资金，支持边疆地区发展。[3] 另一方
面，东部发达地区对口支援边境地区和少数民族地区。这在财政体制上就
形成了支援边境地区和少数民族地区的垂直转移支付和横向转移支付。我
们不能用西方联邦税制的理论，把这种横向转移支付单纯解释为"劫富济
贫"的不公平，主张撤并回到纵向财政转移支付中去，而是要把对口支援
制度的建立放在中国现代化进程中的时代背景下来理解，它是分税制下的

---

[1]《邓小平文选》（第二卷），人民出版社，1994，第 198、236 页。

[2]《全国边防工作会议》，《中国民族》2008 年第 11 期。

[3]《全国边防工作会议》，《中国民族》2008 年第 11 期。

再次分配。2012~2019 年，仅上海投入的东西部扶贫协作和对口支援资金就达 323.42 亿元（李楠楠，2020），持续稳定的财政援助有效填补了西部贫困地区脱贫攻坚战中的资金缺口。

3. 对口支援人才交流和技术转移机制的形成

边境和少数民族地区仅靠财政援助解决不了发展问题，人才和技术的短缺更加突出。1986 年，中央提出对口支援不仅是资金、物资支援，还包括人才、技术、信息、管理、劳动、产品支援。这标志着对口支援已经向更加广阔的领域拓展。1994 年《国家八七扶贫攻坚计划》明确指出："北京、天津、上海等大城市，广东、江苏、浙江、山东、辽宁、福建等沿海较为发达的省，都要对口帮助西部的一两个贫困省、区发展经济。动员大中型企业，利用其技术、人才、市场、信息、物资等方面的优势，通过经济合作、技术服务、吸收劳务、产品扩散、交流干部等多种途径，发展与贫困地区在互惠互利的基础上的合作。"

11.2.2　东西部扶贫协作制度的建立和发展

1. 东西部扶贫协作制度的建立

1979 年以来，对口支援的实践为东西部扶贫协作制度的提出积累了经验。邓小平关于"两个大局"的构想被写入《中共中央关于制定国民经济和社会发展"九五"计划和 2010 年远景目标的建议》："坚持区域经济协调发展，逐步缩小地区发展差距。改革开放以来，鼓励一部分地区发展得快一些，先富起来，提倡先富带动和帮助后富，各地经济都有很大发展，人民生活水平都有很大提高……沿海地区先发展起来并继续发挥优势，这是一个大局，内地要顾全这个大局。发展到一定时候沿海多做一些贡献支持内地发展，这也是大局，沿海也要服从这个大局……逐步缩小地区发展差距和解决好社会分配不公，最终实现共同富裕，是保持社会稳定的重要条件，是体现社会主义本质的重要方面。"[1]1996 年5 月，中央确定东部 9 个省份和 4 个计划单列市与西部 10 个省区开展扶贫协作；同年 9 月，中央扶贫开发工作会议进一步做出部署，东西部扶贫协作正式启动。这是党中央、国务院按照邓小平关于共同富裕的伟大构想，根据我国经济社会发展的客观需要所做出的一项重要决策。至此，中国初步形成了东西部扶贫协作和对口支援制度。

2. 东西部扶贫协作和对口支援制度的发展

东西部扶贫协作和对口支援制度既是我国治理贫困的有力举措，也是区域协调协同发展、逐步实现共同富裕的大战略，从两个制度的提出目的及实践发展来看，对口支援制度可以被视为东西部扶贫协作的制度基础。对口支援制度主要针对边境地区和少数民族地区，1979~1995 年支援的重点始终是边境地区和少数民族地区的建设。随着对口支援工作的稳步推进和不断取得成效，1996 年提出的东西部扶贫协作将对口支援的范围进行了扩大，将扶贫协作的对象拓展到西部其他贫困地区。区别于前一阶段以援助为主，这一阶段的东西部扶贫协作更加突出社会动员，以投资、贸易和人才协作为主。2016 年在银川召开的东西部扶贫协作座谈会上，习近平总书记指出："东西部扶贫协作和对口支援，是推动区域协调发展、协同发展、共同发展的大战略……必须长期坚持下去。"[2]东西部地方政府根据中央要求，针对各阶段发展特征，在协作理念、协作

---

[1] 《中国共产党第十四届中央委员会第五次全体会议文件》，人民出版社，1995，第38~39 页。

[2] 《习近平关于社会主义经济建设论述摘编》，中央文献出版社，2017，第 231 页。

目标、协作领域和协作方式上不断调整，逐渐在实践中形成了当前的制度结构（见表11-1）。

表11-1 东西部扶贫协作和对口支援制度阶段划分

	对口支援：制度初创 1979~1995 年	东西部扶贫协作：制度实践 1996~2015 年	决胜脱贫攻坚：制度强化 2016~2020 年
理念	对口援助	扶贫协作	互学互助，协同攻坚
目标	边境地区和民族地区的贫困问题	西部地区的贫困问题	西部贫困县退出，贫困村携手奔小康，贫困人口实现"两不愁三保障"
领域	以经济领域为主，重点是农业基础设施建设，改善农业生产条件；社会领域以教育基础设施建设为主	经济领域：产业协作和劳务协作；社会领域：教育和卫生基础设施改善，专业技术人才交流	经济领域：产业协作、劳务协作、消费扶贫；社会领域：教育和卫生基础设施、人才交流、人才培训；生态环境：移民搬迁、生态建设等
方式	以政府援助和技术援助为主	政府援助、企业协作、社会帮扶、互学互助、劳务合作	政府援助、企业协作、社会帮扶、互学互助、劳务合作，携手奔小康

资料来源：根据对口支援和东西部扶贫协作文件资料整理。

11.2.3 东西部扶贫协作制度的演进特征

1. 协作理念从单向援助向合作共赢演化

1979 年对口支援制度建立时，西部地区地理环境恶劣，基础设施落后，贫困人口的温饱问题难以解决，生产生活面临困境。此时东部地区的支援以输血式援助为主，向西部地区提供资金、物资等直接救济，以促进贫困地区经济发展为援助核心，以解决边境地区和少数民族地区贫困人口的温饱问题为首要目标。1996 年东西部扶贫协作制度的建立，标志着针对边境地区和少数民族地区的经济支援理念，开始向东西部地区更大范围的经济协作转变。2016 年东西部扶贫协作座谈会在银川召开，东西协作响应党中央脱贫攻坚精神，协作理念中注入更加明确的"互学互助"和协同攻坚"共享发展"的新发展理念。

2. 协作目的由缓解局部地区贫困向全面消除西部地区绝对贫困演化

从最初的对口支援制度以解决边境地区和少数民族地区的贫困问题为主，发展到缓解包括革命老区和其他西部地区在内的贫困问题，再到"十三五"期间全面消除绝对贫困问题，西部地区经济发展态势不断向好。2020 年底，贫困县全部"摘帽"，贫困村全部出列，贫困人口全部实现"一超过两不愁三保障"，即农村建档立卡贫困户家庭人均可支配收入稳定超过当年国家公布的扶贫标准线，贫困人口实现不愁吃、不愁穿，义务教育、基本医疗和住房安全有保障。

3. 协作领域从经济援助不断向多维度可持续发展演化

1979 年建立对口支援的经济援助制度之后，地方政府在实践中不断探索更加有效的援助方式。比如，1991 年，江苏省苏南地区支持陕西省陕南贫困地区，实行两地干部交流，并向西藏和新疆派送干部，开启了东西部干部交流机制，说明东西部扶贫协作转到依靠科技进步和提高干部群众素质的轨道上来。2016~2020 年，协作领域已经拓展到包括经济、社会和环境三大维度在内的可持续脱贫。在经济领域，除了产业协作和劳务协作外，还开启了大规模消费扶贫行动。在社会领域，不仅加强协作地区的教育、医疗基础设施建设，还大规模向协作地区派遣教师、医生。在生态领域，绿色发展理念贯穿到扶贫协作中，生态移民搬迁、生态扶贫工程、生态公益就业岗位等新的协作方式使保护生态环境成为东西部扶贫协作的一个重要领域。

4. 协作方式从政府单一援助向政府、市场和社会多部门协同推进演化

如果说对口支援是以政府财政援助和经济技术援助为主，那么东西部扶贫协作已经是政府、市场和社会的全方位协作，只是政府主导的特征更加明显。1996 年"闽宁协作"建立"联席推动、结对帮扶、产业带动、互学互助、社会参与"五项协作机制，奠定了东西部扶贫协作的制度基础。2016 年的东西部扶贫协作座谈会又提出了新的要求。东西部扶贫协作制度作为中国贫困治理和区域协作的一项特有制度，一方面，东部地区与西部地区开展产业扶贫、就业扶贫、教育扶贫、健康扶贫等扶贫行动，以携手奔小康为协作目标；另一方面，各地发挥比较优势，对接产业链，打造产业园，开展各种文化旅游交流合作，服务区域间协调发展大局。东西部扶贫协作已经超越东西部地方政府间的协作，更是将区域间的协作延伸到与市场、社会的协作之中，形成了政府主导、市场发力、社会参与的多元格局。

11.3　东西部扶贫协作和对口支援的作用机制

东西部扶贫协作和对口支援是在中央政府的要求下，地方政府间形成的一种制度性集体行动。制度性集体行动（Institutional Collective Action，ICA）分析框架（Feiock，2013）提供了理解协作中形成的网络机制的方法。在东西部扶贫协作和对口支援集体行动过程中，动员了市场和社会行动者。资源依赖理论认为，行动者很少有足够的资源来追求所有的活动以达到他们的目标。因此，地方政府除了纵向（上级政府）获取资源，还通过与地方政府之间的横向关系获取资源。这就会出现集体行动的网络关系（锁利铭等，2013）。这种地方政府之间的关系，从最初的非紧密的、非正式的碎片化的协调关系，逐步发展为由政策、合同等约束的较紧密的、正式的合作关系（Kwak et al., 2016）。东西部扶贫协作和对口支援制度的实践涉及中央政府、东西部地区的地方政府、市场主体、社会力量等多个复杂利益主体间的互动，形成了一个网络结构，而连接网络结构的"网线"可能是参与主体之间稳定紧密的联系（强关系），又或者是间接松散、不具有强制约束力的联系（弱关系）（Scholz et al., 2006）（见图 11-1）。

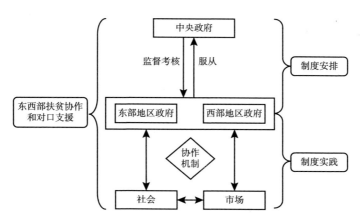

图11-1 理解东西部扶贫协作和对口支援的网络分析框架

11.3.1 中央政府与地方政府间的责任制和激励约束机制

在纯粹的市场机制下，劳动力、资本、人才、技术等要素会向发达地区聚集，东部发达地区实现良性循环发展，而西部贫困地区则长时间处于低水平发展的均衡状态，区域间的发展差距趋于扩大。为了缩小区域间发展差距，中央政府提出并建立了对口支援和东西部扶贫协作制度。

首先，中央政府把协助西部地区发展的责任委托给地方政府。中央政府作为委托方要求东西部地方政府承担对口支援和东西部扶贫协作的责任。其作为政策制定和组织设计的最高权威机构，拥有对下级政府人事任命、财政转移支付、绩效评估等权力，能对协作过程、协作结果进行监督管理，从而确保地方政府在东西部扶贫协作中履行好各自的职责。中央政府委托东部地区政府履行先富带后富的责任，要求西部地区积极配合，最终形成满足西部地区所需、发挥东部地区所能、实现中央政府所要求的央地关系下的地地政府之间的关系。央地关系实质为一种权威关系（温雪梅，2020），中央政府的权威与地方政府的行政自主权之间的互动，实际会影响具体制度安排下地方政府间的协作关系。这种中央政府的权威和地方政府的责任，也体现了中国的政治制度优势。

其次，在责任制的基础上，构建激励约束机制。激励约束是指在一个组织体内部，通过设计一系列奖惩制度规范，来激发、引导、约束组织内部成员的行为，以此来实现组织目标的一种手段。东西部扶贫协作和对口支援激励约束机制以 2016 年东西部扶贫协作座谈会为转换点，座谈会之前的激励约束主要通过声誉机制传导。声誉由中央政府对地方政府的表彰、批示、考察、典型案例、现场会、座谈会、经验总结、先进集体等"声誉符号"构成。例如，2005 年 8 月 6 日，闽宁互学互助对口扶贫第九次联席会议在银川召开，国务院扶贫办发去贺电，高度评价闽宁合作。2007 年 4 月，党中央领导考察了闽宁对口协作整村推进情况，对闽宁协作工作给予高度评价。2008 年 7 月，国务院扶贫办在银川召开全国东西部扶贫协作工作经验交流大会；同年 12 月，国务院扶贫开发领导小组授予宁夏扶贫开发办公室等 55 个单位"全国东西扶贫协作先进单位"称号。2015 年 2 月，中共中央办公厅刊发专题文章，充分肯定闽宁协作成效，全面介绍了闽宁协作模式。[1] 2016 年 7 月 20 日，习近平总书记在银川主持召开东西部扶贫协作座谈会，对闽宁协作给予充分肯定。而在 2016 年之前，东西部扶贫协作和对口支援并没有严格明确的约束机制，这些地方政府的声誉成为最为重要的激励机制。

因此，2016 年东西部扶贫协作座谈会的召开，也成为东西部扶贫协作和对口支援制度的一次重大变革，主要体现为中央要求结对关系进一步下沉，建立更加广泛的社会动员机制。同时，为了保证地方政府的行动与中央政府提出的脱贫攻坚目标的一致性和有效性，建立了东西部扶贫协作考核问责机制。2019 年 6 月，国务院扶贫开发领导小组印发的《东西部扶贫协作成效评价办法》包括扶贫协作协议完成情况（组织领导、资金支持 / 使用、人才支援 / 交流、产业合作、劳务协作、携手奔小康）、工作创新等。对协作结果的严格考核和对协作过程的自由裁量，激励着地方政府不断发挥主观能动性去选择适合两地的最优协作方式。随着东西部扶贫协作制度的完善，特别是在考核评估和奖励问责机制下，东西部扶贫协作中的央地关系和地地关系逐渐从弱关系转向强关系。

---

[1]《闽宁对口扶贫协作大事记》，国家乡村振兴局，https://www.nrra.gov.cn/art/2016/7/19/art_5_51753.html，2016 年 7 月 19 日。

11.3.2 东西部地方政府间的援助协作机制

东西部地区的地方政府是东西部扶贫协作实践中最重要的一环，其承担着上传下达、协作沟通及优化帮扶环境的重要职责。从垂直的领导关系来看，省级地方政府需要及时领会来自中央的政策文件要求，并正确地传递到市、县、乡镇等基层政府和具体工作部门。基层政府作为政策执行的最后一个环节，有责任去执行和落实来自上级的指令和政策。从这个角度看，省级政府作为委托代理链条的中间一环，实际承担了代理方和管理方的双重角色，既是中央政府的代理方，又对最终代理方——基层政府的政策执行过程进行管理和控制。从横向的伙伴关系来看，东西部各级政府要积极开展需求对接，西部贫困地区政府要对本地区的经济发展状况、优势资源、生产生活需要等有全面深入的认识，东部发达地区要尽自己所能，发挥本地区在市场、人员、资金、技术等方面的特有优势以帮助和带动西部贫困地区发展。

1996 年，时任福建省委副书记的习近平同志推动"闽宁协作"形成了"联席推进、结对帮扶、产业带动、互学互助、社会参与"五项援助协作机制。全国各地东西部扶贫协作机制虽然在具体叫法上略有差异，但都由政府援助、企业协作、社会帮扶、互学互助（领导考察互访、党政干部交流、专业技术人才交流、人员培育）、技术转移、劳务合作等主要内容共同构成。其中，联席会议机制已经成为东西部地区开展扶贫协作的一个重要抓手，结对双方党委或政府每年召开联席会议，主要领导出席会议，总结上一阶段结对帮扶工作，根据中央要求和双方所需研究部署协作计划、解决重大问题、推进协作工作。

联席会议后，东部地区根据辖区内各市县的经济发展实力、资源禀赋特征等因素，将协作任务"再分包"给各个市县，结对关系下沉，继而形成层层结对（见图11-2），落实到具体的扶贫协作工作中。各业务部门则积极开展教育、科技、卫生、文化、旅游等方面的帮扶合作，如教育部门负责教育扶贫协作有关事宜、卫健委负责健康扶贫协作有关事宜等，各相关部门的有效配合是扶贫协作取得成效的重要抓手。各级各部门经过沟通对接，强化工作协同机制，推动帮扶工作顺利开展，形成了对口部门间的横向协作交流。五项援助协作机制为协作的有效开展提供了保障。

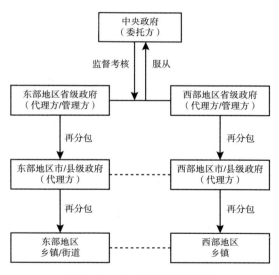

图11-2　政府间的协作机制

在东西部扶贫协作成效考核评价实行之前，官员间晋升考核制度通常会使地方政府处在一种区域竞争的状态。出于政绩考核的需要，地方政府通常会选择最能给当地带来经济利益的投资发展活动（周黎安，

2007），在这种情况下，较少会有东部地区的地方政府主动选择与西部地区开展合作。东西部扶贫协作成效考核评价建立后，在中央政府的驱动下，东部地区政府对西部贫困地区开展帮扶，形成结对关系。而这种结对关系的落实，通常体现在中央召开扶贫工作会议部署工作、东西地区政府"领任务"后，东西部省级领导共同组织召开联席推进会议进行落实。在原来以 GDP 增长率和财政收入为主的考核下，东部地区与西部地区政府之间形成的是一种基于双方比较优势下的自发的、不紧密的合作关系，属于弱伙伴关系。2016 年东西部扶贫协作座谈会召开后，针对东西部扶贫协作成效的考核评价办法出台，东西部地方政府援助机制迅速转换为强关系。

11.3.3　东西部地方政府与市场主体间的政企协作机制

在经典的经济学理论中，市场被认为发挥着基础性作用，能够自发调节经济运行，但由于市场失灵的存在，政府必须承担起修正的功能，这种政府和市场间的关系即"弱政府＋强市场"。在中国共产党的领导下，在实现共同富裕目标的驱动下，中国政府发挥了更强的资源配置和市场调节能力。但是在贫穷落后的地区，如果只有地方政府在社会保障、公共服务等方面发力，则很难形成可持续的减贫动力机制。在东西部扶贫协作和对口支援制度的安排下，政府和市场相互促进、相互激励，共同为贫困地区发展注入动能。东西部地方政府充分利用扶贫政策、扶贫专项资金，为企业的参与提供必要的基础设施、人才培训、产业园区等外部发展条件。东部地方政府还广泛动员和激励各类国企、民企积极参与扶贫协作。西部地区政府则出台相应的配套设施政策（如投资贸易便利化政策），营造良好的市场环境，积极动员贫困地区群众参与进来。在2016年东西部扶贫协作座谈会召开之前，东西部扶贫协作表现为"弱政府＋弱市场"关系，之后则因更加广泛的市场力量特别是民营企业的广泛参与，形成了脱贫攻坚期东西部扶贫协作的"强政府＋强市场"关系。其中，市场在打赢脱贫攻坚战中发挥了重要作用。

一是积极推动产业协作。要想改变西部地区贫困落后的局面，必须培育贫困地区的支柱产业。一方面，开发当地优势资源，推进西部贫困地区产业化发展，以市场为导向，充分利用当地原材料、能源、劳动力资源优势，加快资源开发，不断提高农产品和特色资源深加工水平，加大优势特色农产品开发，带动产业和农民走向市场，如碧桂园到贵州培育蔬菜。另一方面，挖掘东西部双方的比较优势，通过建设产业园区、搭建企业合作平台、实施产业开发项目，实现产业双向转移，如浙江省在四川省建设扶贫产业园，水星家纺在贵州省凤冈县建设桑蚕基地，联合利华在贵州省遵义市建设可持续茶园等。

二是多方助力消费协作。为打通生产到消费的最后一公里，东部地区企业积极帮助西部贫困地区企业培育具有区域特色和竞争力的农产品品牌，提升价值链、打通供应链、完善利益链，直接连通大市场和小农户。政府为扶贫产品入市提供质量认证、物流运输等配套服务，东部地区技术型企业帮助改良扶贫产品，成熟的平台型企业为扶贫产品开辟线上购买通道，形成种植、加工、营销一体化扶贫兴农产业链条，共同为东西部地区搭建起政府市场合作下的扶贫产品产销对接长效机制。

三是供需对接劳务协作。政府综合管理建档立卡贫困人员，及时摸清贫困劳动力的基本数据、背景情况和就业需求，开展就业培训，动员辖区内企业积极参与劳务协作，为企业招工和贫困户求职建立供需对接平台。例如，浙江省的东西部扶贫劳务协作动态管理平台联合公安、税务、社保等多个部门，对在浙建档立卡人员进行动态管理，并联合2000多家人力资源服务机构深度参与劳务协作，既解决了企业招工难问题，又解决了贫困群众就业问题。

11.3.4 东西部地方政府与社会间的社会动员机制

1996年"闽宁协作"五项援助协作机制包括"社会参与"，20多年来社会参与机制一直是东西部扶贫协作和对口支援的重要支柱。社会参与机制的建立，既符合中国传统文化，也符合资源依赖理论的基本假定。鼓励社会力量参与扶贫，就形成了政府和社会间的关系。东西部地方政府健全组织动员机制，搭建社会参与平台，支持社会团体、基金会、民办非企业单位等各类组织积极从事扶贫开发事业。地方各级政府和有关部门为社会组织开展扶贫活动提供信息服务、业务指导，鼓励其参与社会扶贫资源动员、配置和使用等环节，建设充满活力的社会组织参与扶贫机制。

东部地区地方政府通过培育多元帮扶主体，调动相关事业单位、社会组织、公民个人的积极性，形成了一个广泛的社会动员机制。它们发动机关事业单位参与东西部扶贫协作和对口支援，派出挂职干部、教师、医生、农业技术人员开展人才交流，学校、医院开展结对帮扶；广泛动员社会组织、社区居委会参与志愿服务，引导区域内社会组织充分认识自身责任，鼓励各类社会组织从自身业务特点和特长出发，采取多种方式参与脱贫攻坚。

通过完善社会帮扶机制，建立沟通交流渠道，精准对接帮扶需求，形成了一个创新的社会动员机制。地方政府对接民政及社会组织帮扶需求计划，研究帮扶具体问题。例如，上海派出的援滇干部在实际帮扶工作中将贫困地区的需求报告给上海市合作交流办，再由该部门与民政部门的各类社会组织进行项目对接。一线帮扶干部对接社会组织服务需求，市合作交流办和民政部门以平台形式对接社会组织。

11.3.5 市场与社会间的协同创新机制

贫困地区的发展要依靠政府、市场和社会的有效合作。2015 年 11 月 27 日，习近平总书记在中央扶贫开发工作会议上指出"我们必须动员全党全国全社会力量，向贫困发起总攻"[1]，再次强调社会力量参与帮扶的必要性和重要性。2017 年，国务院扶贫开发领导小组出台《关于广泛引导和动员社会组织参与脱贫攻坚的通知》，指出参与脱贫攻坚是社会组织的重要责任。在东西部扶贫协作中政府要充分利用市场力量，将东部优势企业引入西部贫困地区，通过有活力的市场经济行为提升西部地区内生发展动力，形成稳定的长效脱贫机制；发挥信息桥梁作用，组织、动员并鼓励社会各方力量积极参与，形成聚合力。

市场和社会在东西部扶贫协作和对口支援中各自发挥了重要作用。企业通过市场经济行为不断参与西部地区优势产业培育、产业链升级等过程，为西部地区贫困人口提供了广阔的就业平台；社会组织通过自发的社会行为不断为贫困地区提供教育、公共卫生等多方面的帮助，二者在培育西部贫困地区优势产业、激发贫困人口内生动力、保障贫困人口

---

[1] 《习近平：坚决打赢脱贫攻坚战》，人民网，http://cpc.people.com.cn/xuexi/n1/2017/1103/c385474-29626301-2.html，2017 年 11 月 3 日。

基本权益等方面相互促进。社会为贫困地区、贫困人口主动参与市场活动提供了技术培训和基本保障，市场为社会力量参与扶贫协作提供了平台，二者之间形成了协同创新机制。例如，西部地区的贫困人口通过劳务协作去东部发达地区务工就业，东部地区的社会团体／组织努力保障务工人群的基本权利，如成立劳务协作站，帮助开展职业技能培训使其尽快适应企业要求，帮助解决劳务纠纷、子女教育等问题使其适应异乡生活。像珠海市工贸技工学校"校企双制"的合作办学模式，就是市场与社会协同创新发力的典型案例。该校采取多种形式与珠海优势企业建立人才合作培养关系。学校与企业合作，根据企业岗位需求，制定人才培养方案，开展定向培养班。企业可派出技术人员组织专项技能训练，学校适时安排学生去企业实习，毕业后学校为公司优先推荐人才，最终形成招工即招生的"校企合作、定向培养"模式。

11.4 东西部协作和对口支援制度的时代变革

11.4.1 共同富裕背景下东西部协作的时代要求

1. 新的战略要求：以巩固拓展脱贫攻坚成果同乡村振兴的有效衔接为核心

党的十九大提出要实施乡村振兴战略，全面推进乡村振兴；"十四五"规划和二〇三五年远景目标提出，实现巩固拓展脱贫攻坚成果同乡村振兴有效衔接。这就要求东西部协作和对口支援首先要保持协作政策的总体稳定，对低收入人口建立动态监测机制，加强对贫困边缘人口、易返贫困人口的预警，确保对口协作地区不出现规模性返贫；充分发挥自身优势助力欠发达地区的乡村建设工作，不断激发重点帮扶县的内生发展动力。

2. 新的发展目标：从实现对口协作地区"两不愁三保障"，转向缩小东西部区域城乡差距和群体差距，进而走向共同富裕

2021 年 4 月，习近平总书记指出，开展东西部协作和定点帮扶，是党中央着眼推动区域协调发展、促进共同富裕做出的重大决策。要适应形势任务变化，聚焦巩固拓展脱贫攻坚成果、全面推进乡村振兴，深化东西部协作和定点帮扶工作。[1] 我们在具体的协作过程中要更加注重区域发展战略对接，促进区域间相互融通，努力形成区域协调发展、协同发展、共同发展的良好局面，最终实现共同富裕。

3. 新的发展环境：以国内大循环为主体，形成国内国际双循环相互促进的新发展格局

2020 年 4 月，习近平总书记把握中国当前发展阶段、发展环境和发展条件的变化，提出双循环的发展格局。畅通国内大循环要求在经济发展的过程中，把发展的立足点更多放在国内，实施扩大内需战略，挖掘国内市场需求潜力。东西部协作和对口支援是连接东部发达地区和西部欠发达地区的桥梁，能够推动国内特别是西部地区资源、技术、人才等要素实现自由流动，进而带动东部市场和西部市场的大融合，是促进国内大循环的重要抓手。这要求东西部协作主动融入新发展格局，在协作过程中不能只建设单个区域的小市场，也不能只停留于两地之间发展的

---

[1]《习近平对深化东西部协作和定点帮扶工作作出重要指示》，《人民日报》2021 年 4 月 9 日 01 版。

小循环，而是要推动整个东部与中西部、农村与城市的协同发展，建立东西部之间的要素、产品的大协作。

11.4.2 共同富裕背景下东西部协作的主要挑战

在共同富裕的大背景下，"东西部扶贫协作和对口支援"已经调整为"东西部协作和对口支援"，但是现有的东西部协作和对口支援机制还不能很好地满足新发展要求。考虑到未来更好地服务国家战略，东西部协作和对口支援面临以下挑战。

1. 促进东西部协作和对口支援由扶贫援助为主，转变为更加广泛的发展协作

国际发展援助的历史经验表明，任何一个地区单靠政府援助是无法实现可持续发展的。政府援助必须能够有效带动市场领域的投资和贸易便利化，市场主体力量只有有效发展才能为欠发达地区注入经济增长的动力。为西部地区经济增长提供动力始终是实现共同富裕的第一要务。如前所述，西部地区首先要解决欠发达问题。政府始终是东西部协作和对口支援中的重要推动力量。在脱贫攻坚中，为了实现底线目标，集中东部地区的政府援助资源帮扶西部地区如期打赢脱贫攻坚战，无疑是十分正确的战略决策。但是，这也在一定程度上进一步强化了政府援助的角色。随着发展目标的转变，东西部协作和对口支援制度如何推动各方更加广泛的发展合作成为主要挑战。各方广泛的发展合作的关键就是，更加有效地培育市场和社会力量，使其成为东西部协作和对口支援的主角。

2. 在东西部协作和对口支援中更好地发挥市场配置资源的作用

要想激发欠发达地区的内生动力，就需要更加强调市场的力量，发挥市场在资源配置中的决定性作用。理想情况下，在东西部协作和对口支援的经济活动中政府应更多地起到服务的作用，如加强企业与欠发达地区的对接、不断完善制度体系、持续优化营商环境等，实际的生产经营决策活动则应当交给企业，在市场中培育真正的产业，实现有活力的发展。东西部扶贫协作和对口支援中形成的一些产业项目，存在产权界定不清、资产管理不规范、利益分配机制等激励约束不相容问题，这些问题在制度上如果得不到及时有效解决，将影响现有投资项目的可持续性，也将影响企业家在乡村振兴阶段投资的积极性。因此，充分发挥市场机制的作用，形成政府引导和市场主导的资源配置方式，是新时期东西部协作和对口支援的重中之重。

3. 激发企业、社会组织等主体的积极性，提升东西部协作和对口支援的内生动力

如前文分析，市场和社会协同推进是东西部协作和对口支援的一个创新机制。共同富裕基于共同奋斗，实现共同富裕要求人人参与、人人尽力、人人享有。市场和社会协同推进，可以弥补市场在西部地区面临的一些微观社会问题，而社会力量的参与可以提升市场主体的效率。目前，一些头部互联网企业积极设立共同富裕投资项目，如腾讯先投入500亿元启动"可持续社会价值创新"战略，再投入500亿元启动"共同富裕专项计划"。一些上市企业也积极开展"环境、社会和治理（ESG）"投资与信息披露。本章把这些具有缩小发展差距、改善生态环境并提升企业商业价值的投资，统称为"企业共同富裕价值投资"。应完善东西部协作和对口支援中的市场与社会协同机制，高效用好企业共同富裕价值投资，推动西部地区乡村振兴、实现共同富裕阶段性目标。

11.5 共同富裕：东西部协作和对口支援制度升级

11.5.1 完善政府间治理结构，推动制度优化升级

1. 完善顶层设计

东西部协作和对口支援要强化协作过程中中央政府统揽全局、地方积极参与的责任制，要由巩固脱贫攻坚成果，向全面促进乡村振兴、推动共同富裕取得实质性进展转变。在不断推动声誉机制发挥作用的基础上，重点完善考核评估体系，考核评价指挥棒要有助于东西部地区发挥各自优势。考核指标的设定既要保障实现东西部协作发展的底线目标，又要不断激发地方政府根据其资源和要素优势创新协作方式的自主性，如可以设定促进东西部城乡融合发展、加强公共服务供给、保护生态环境等方面的考核指标，以此来激励两地政府转变协作重点，实现更高质量协作发展。

2. 适度开展新基础设施投资

数据作为新型生产要素，是数字化、网络化、智能化的基础，已快速融入生产、分配、流通、消费和社会服务管理等各环节，深刻改变着生产方式、生活方式和社会治理方式。但是，中国西部地区的数字基础设施还不足以支撑西部地区分享数字红利。因此，东西部地区积极开展协作，共同建设跨区域基础设施网络，既要帮助西部地区建设交通、通信等传统基础设施，又要加大对互联网、人工智能等新基础设施的投资力度，为双方人力、产品、信息等要素的流通提供渠道。

3. 优先推进公共服务均等化

通过分析发现，公共服务仍是中国已经脱贫地区、西部地区、东北

地区迈向共同富裕目标的短板。共同富裕要求不断缩小城乡间公共服务差距，东西部协作要求政府继续将社会保障作为政策发力点，通过远程教育、数字医疗等新兴技术手段，以及人才互派等交流学习手段，不断推进区域公共服务均等化。为了缩小发展差距，缓解相对贫困，应优化利用东部地区在公共服务均等化和数字化、智能化方面的优势，与西部地区合作推进基本公共服务均等化。

4. 推动支援协作绿色转型

践行生态文明观，探索"碳达峰碳中和"路径，注重生态协作，根据东西部地区不同城乡产业发展定位和未来发展规划，构建绿色循环产业，实现碳达峰碳中和目标。一是东西部协作打造绿色产品牌。加快打造"区域品牌＋企业品牌＋产品品牌"的"绿色产品"矩阵，不断强化农产品"丰富多样、生态环保、安全优质、四季飘香"的品牌形象，进一步提高农产品的绿色品牌价值。二是东西部协作打造绿色能源牌。帮扶西部地区加速产业迭代，加速绿色低碳转型和创新，控制和减少煤炭化石能源消耗、推动产业和工业优化升级以及遏制高能耗、高排放行业盲目发展等。深入挖掘西部地区水电、风电等清洁能源开发潜力。三是打造绿色文旅牌。东西部协作培育壮大乡村旅游、休闲农业，拓展农业多样性功能，打造全产业链的文旅新业态。推动健康产业与旅游、体育、文化、教育等产业融合发展。

11.5.2　完善政企之间协作，充分发挥市场作用

1. 完善融资和财税政策

对参与东西部协作和对口支援的企业获得信贷资源给予支持，优化

信贷结构，降低信贷成本。继续为贫困地区企业首次公开募股、在全国中小企业股份转让系统挂牌、发行公司债券等建立"绿色通道"，明晰税收优惠政策，制定专项优惠补贴。

2. 促进要素流动

推动土地、劳动和资本等要素市场的改革，特别是注重发挥科技和数据新要素在东西部协作中的作用。政府要充分利用信息优势，为两地产业发展、企业供需对接搭建信息中介平台，消除要素在城乡间、产业间和东西部地区间再配置的制度障碍，激发市场活力，吸引优秀企业参与东西部协作和对口支援。

3. 重视技术创新

在新产业培育中加强东西部地区的优势互补，盘活西部地区的优势资源，创新产业协作形式，如利用大数据对西部地区的生态资源进行数字赋能，帮助传统产业搭上数字经济的快车，实现乡村产业数字化转型。

4. 保障各方财产权利

对涉及多方主体的产业项目明晰产权，对财政资金、企业资产进行严格管理，避免出现强制性捐赠的情况。此外，在巩固现有协作成果的基础上，还需政府明晰权责边界，要不断完善制度建设，持续优化营商环境。

11.5.3 完善社会动员，倡导企业开展共同富裕价值投资

1. 鼓励社会公益创新

要适度拓展社会公益组织的参与空间，充分发挥互联网公共信息服务平台的作用，通过手机 App 等渠道更加便利地匹配社会公益需求与供

给，构建"人人公益"平台，营造"人人公益"环境，动员东部地区社会公众更加广泛地参与西部乡村建设行动。

2. 构建志愿服务平台

构建基于大数据的志愿服务平台，缓解西部地区乡村建设中教育、卫生、农业技术等的人才短缺问题。畅通各主体参与协作的渠道，发挥不同社会主体在东西部协作和对口支援中的作用，形成协同促进共同富裕的良好局面。

3. 树立企业共同富裕价值投资观

鼓励全社会积极主动参与，坚持强社会导向，建立最广泛的社会参与动员体系，加大对企业、社会组织、个人的动员力度，树立企业共同富裕价值投资观。如前所述，企业共同富裕价值投资是企业在追求经济利益价值投资的基础上，兼顾缩小发展差距的社会目标和生态友好的环境目标，集经济价值、社会价值和环境价值于一体，实现共同富裕的可持续发展的价值投资方式。鼓励东部企业优先在西部地区开展企业共同富裕价值投资，将有助于重塑企业价值理念与投资模式，为东西部协作注入新的市场和社会动能。

概言之，东西部协作和对口支援制度实质是中国共产党领导下的区域协调发展、协同发展、共同发展机制。有别于国外的区域间政府协作，我国中央政府对地方政府的责任制安排以及激励约束考核机制，大大加强了地方政府间的协作关系。在各级地方政府的执行和创新下，进一步形成了协作过程中政府、市场与社会间的协作网络关系。在脱贫攻坚期间，东西部扶贫协作和对口支援已经体现出了强大的制度优势。在全面推进乡村振兴实现共同富裕的要求下，东西部协作和对口支援制度创新应当与时俱进，更加强调在政府引导下发挥市场在资源配置中的决定性作用，倡导企业开展共同富裕价值投资，拓宽社会参与渠道，进而走向城乡融合发展、区域协调发展、全体人民全面发展的共同富裕。

参考文献

《邓小平文选》（第二卷），1994，人民出版社。

《全国边防工作会议》，2008，《中国民族》第 11 期。

《习近平关于社会主义经济建设论述摘编》，2017，中央文献出版社。

《中国共产党第十四届中央委员会第五次全体会议文件》，1995，人民出版社。

丛威青，2017，《务实推进新时期对口支援工作》，《中国党政干部论坛》第 11 期。

李楠楠，2020，《对口支援机制：法学检视、困境与出路》，《地方财政研究》第 12 期。

李云新、张文惠，2020，《东西部扶贫协作的理论逻辑与实践探索：杭州市—恩施州例证》，《中国公共政策评论》第 1 期。

林尚立，2011，《重构府际关系与国家治理》，《探索与争鸣》第 1 期。

孙业礼，2010，《共同富裕：六十年来几代领导人的探索和追寻》，《党的文献》第 1 期。

锁利铭、杨峰、刘俊，2013，《跨界政策网络与区域治理：我国地方政府合作实践分析》，《中国行政管理》第 1 期。

王玮，2017，《"对口支援"不宜制度化为横向财政转移支付》，《地方财政研究》第 8 期。

温雪梅，2020，《制度安排与关系网络：理解区域环境府际协作治理的一个分析框架》，《公共管理与政策评论》第 4 期。

吴国宝，2017，《东西部扶贫协作困境及其破解》，《改革》第 8 期。

周黎安，2007，《中国地方官员的晋升锦标赛模式研究》，《经济研究》第

7 期。

Feiock, R.C. 2013. "Institutional collective action framework." *Policy Study Journal*, 41: 397-425. https://doi.org/10.1111/psj.12023.

Kwak, C.-G., Feiock, R., Hawkins, C. , Lee, Y. 2016. "Impacts of federal stimulus funding on economic development policy networks among local governments." *Review of Policy Research*, 33: 140-159. https://doi.org/10.1111/ropr.12165.

Scholz, J. T., Feiock, R. C. , Ahn, T. K.2006. "Policy networks and institutional collective action: A research agenda." Working Group on Interlocal Services Cooperation. Paper 16. http://digitalcommons.wayne.edu/interlocal_coop/16.

图书在版编目（CIP）数据

中国的贫困治理 / 王小林等著. -- 北京：社会科
学文献出版社, 2023.6
　　ISBN 978-7-5228-1509-1

　　Ⅰ.①中…　Ⅱ.①王…　Ⅲ.①扶贫－研究－中国
Ⅳ.①F126

　　中国国家版本馆CIP数据核字（2023）第038319号

中国的贫困治理

著　　者 / 王小林　张晓颖　冯贺霞　等

出 版 人 / 王利民
组稿编辑 / 恽　薇
责任编辑 / 胡　楠　陈　荣　孔庆梅
责任印制 / 王京美

出　　版 / 社会科学文献出版社·经济与管理分社（010）59367226
　　　　　　地址：北京市北三环中路甲29号院华龙大厦　邮编：100029
　　　　　　网址：www.ssap.com.cn
发　　行 / 社会科学文献出版社（010）59367028
印　　装 / 三河市龙林印务有限公司

规　　格 / 开　本：787mm×1092mm　1/16
　　　　　　印　张：20.25　字　数：252千字
版　　次 / 2023年6月第1版　2023年6月第1次印刷
书　　号 / ISBN 978-7-5228-1509-1
定　　价 / 98.00元

读者服务电话：4008918866